COUP DE FOUDRE

DU MÊME AUTEUR
CHEZ LE MÊME ÉDITEUR

Danielle Steel

COUP DE FOUDRE

Roman

Traduit de l'américain par Catherine Berthet

PRESSES
DE LA CITÉ

Titre original : *First Sight*

Published in the United States by Delacorte Press, an imprint of The Random House Publishing Group, a division of Random House, Inc., New York.

© Danielle Steel, 2013. Tous droits réservés.
© Presses de la Cité, 2015 pour la traduction française
ISBN 978-2-258-10804-2

Presses
de
la Cité   un département **place des éditeurs**

place
des
éditeurs

Pour mes enfants adorés,
Beatrix, Trevor, Todd, Samantha,
Victoria, Vanessa, Maxx et Zara,
que tous vos coups de foudre se révèlent de vrais amours
et durent toute la vie.
Je vous souhaite un bonheur infini.

Avec tout mon cœur et tout mon amour,
Maman/d.s.

Pour toujours

premier trouble,
première lueur,
coup de cœur,
coup de foudre,
moments magiques,
éclairs
arcs en ciel
et sauts périlleux,
pluies d'été
et chants de grillons,
coups de tonnerre
et cœurs
qui chantent,
j'ai regardé
dans tes yeux
et j'ai vu
les rêves
inconnus,
tes douces caresses,
tes yeux
si grands,
et j'ai su
qu'enfin
les désirs
de ma vie
s'étaient
réalisés,
le jour
où ton cœur
toucha

le mien,
et dans un roulement
de tonnerre,
je sus
sans le moindre doute,
que j'étais
tombée
instantanément,
totalement,
absolument,
infiniment
et pour toujours
amoureuse
de toi

1

La voix du pilote du vol Milan-Paris, de Alitalia, tira Timmie du sommeil dans lequel elle avait sombré. Elle était exténuée. C'était en ce moment les célèbres Fashion Weeks du prêt-à-porter. Timmie était la fondatrice, principale styliste, et directrice générale d'une célèbre marque de prêt-à-porter aux Etats-Unis. La société possédait des filiales en Europe, ce qui lui donnait l'occasion de participer deux fois par an aux défilés européens. Pendant la première semaine, elle présentait ses modèles à New York, puis elle allait à Londres, Milan et enfin Paris.

Timmie O'Neill dirigeait seule, depuis vingt-trois ans, une affaire qu'elle avait créée elle-même. A quarante-huit ans, elle était à la tête d'un vaste empire qui comprenait, outre les collections pour femmes et hommes, des vêtements pour enfants et des articles de décoration intérieure tels que papier peint, draps, serviettes, linge de maison. Dix ans auparavant, elle avait ajouté à sa gamme de produits des cosmétiques, des soins de beauté pour hommes et pour femmes, ainsi qu'une demi-douzaine de parfums. Ces derniers avaient connu un succès quasi instantané dans tous les pays où ils étaient distribués. Le nom de Timmie O'Neill était connu dans le monde entier.

La créatrice et directrice générale se rendait à présent à Paris afin de superviser les défilés d'octobre pour ses lignes de prêt-à-porter européennes. Les autres stylistes américains, épuisés par la frénésie de la Fashion Week de New York, se dispensaient de plonger dans les folles semaines de la mode européenne. Seule Timmie, avec son énergie inépuisable, enchaînait les événements. Mais elle-même finissait par faiblir après une semaine passée à Milan.

Depuis le début de sa carrière, tout ce qu'elle touchait se transformait en or. Son style et son talent étaient inimitables. Sa ligne de sportswear, en particulier, avait immédiatement conquis le public : tout à la fois décontractée, facile à porter et élégante. Simple et chic. Le style Timmie, c'était la quintessence du chic décontracté. Un don mystérieux lui permettait de prédire quels vêtements les gens voudraient porter la saison prochaine, dans quel décor ils voudraient évoluer, quel parfum allait leur plaire... Bref, elle créait les tendances. Et puis, c'était une travailleuse acharnée ; elle était d'une extrême exigence envers elle-même.

De même que sa ligne de prêt-à-porter, ses parfums comptaient parmi les plus vendus dans le monde. Timmie avait choisi les fragrances et dessiné elle-même les flacons. Il y avait très peu de choses que Timmie O'Neill ne faisait pas avec talent. Elle était brillante dans tous les domaines, à l'exception peut-être de la cuisine. Et de l'habillement, se plaisait-elle à affirmer. Car elle avait beau avoir une sensibilité particulière et un don pour les croquis de mode, la plupart du temps elle n'accordait que très peu d'attention à ses propres tenues. Elle n'avait pas le temps d'y penser. Là, par exemple, elle portait un jean et un tee-shirt de sa marque, une vieille veste en vison chinée des années auparavant dans les ruelles de

Milan, et des ballerines noires qui faisaient partie de la collection de l'année précédente. A ses pieds se trouvait un immense sac vintage en crocodile noir de chez Hermès, un modèle précurseur du Birkin de la grande maison française. Sa taille inhabituelle, son aspect usé et vieilli par des années de voyages lui donnaient encore plus d'allure et de chic. A son poignet luisait un gros bracelet de diamants, qui avait attiré l'attention de quelques voyageurs. Mais elle le portait avec tant de désinvolture qu'ils auraient eu du mal à dire s'il était vrai ou faux.

Le pilote annonça la descente vers l'aéroport de Roissy-Charles-de-Gaulle. Calée dans son fauteuil de classe affaires, Timmie allongea les jambes devant elle, ferma les yeux. Elle était fatiguée. Le travail, la pression et les festivités de Milan l'avaient vidée de son énergie. Elle avait visité les usines dans lesquelles étaient fabriqués les lainages, le linge de table, les chaussures. Elle avait assisté à d'interminables réceptions, qui elles-mêmes engendraient de nombreuses rencontres et conversations. Personne ne dormait beaucoup au cours des Fashion Weeks.

Un prêtre était assis à côté d'elle dans l'avion. Il faisait sans doute partie de ces rares personnes qui ne la reconnaissaient pas et ne possédaient pas au moins un vêtement dessiné par ses soins. Ils s'étaient poliment salués d'un signe de tête quand elle s'était installée. Dix minutes plus tard, après avoir jeté un coup d'œil à l'*International Herald Tribune* pour voir ce qu'on disait de la collection qu'elle avait présentée à Milan, elle s'était profondément endormie.

Alors que l'avion sortait son train d'atterrissage, elle regarda par la fenêtre en souriant à la pensée qu'ils arrivaient à Paris. Elle se tourna vers ses deux assistants, assis de l'autre côté de l'allée. Eux aussi étaient somnolents. Ils venaient de passer trois semaines éreintantes.

A leur grand soulagement, Paris était la dernière étape de cet épuisant périple.

Tous les défilés étaient importants. Mais, à Paris, la tension était à son maximum, le rythme effréné, le stress incessant. Même si Milan était considérée comme la Mecque de la mode, ce qui comptait le plus pour Timmie, c'étaient les victoires remportées à Paris. Paris était la ville qu'elle aimait le plus au monde, celle qui avait donné naissance à ses rêves. Le regard encore ensommeillé, Timmie tendit des notes à David et à Jade. David travaillait avec elle depuis six ans, et Jade depuis douze ans. Ils lui étaient entièrement dévoués, appréciaient sa douceur et son honnêteté, et tout ce qu'elle leur avait appris aussi bien sur le plan personnel que professionnel. Elle était pour eux un modèle, que ce soit de par son génie dans le travail, ou par la considération et la compassion qu'elle manifestait à l'endroit de chacun. David disait qu'elle avait une lumière intérieure qui montrait le chemin aux autres, comme un phare dissipant l'obscurité. Le plus extraordinaire, c'est qu'elle n'avait absolument pas conscience d'être une femme remarquable. Or, l'humilité, dans le monde de la mode, était très rare.

C'était cette humilité qui faisait sa souplesse, et donc sa réussite. Elle ne s'entêtait jamais, n'hésitait pas à faire les ajustements et modifications nécessaires quand elle estimait s'être trompée. Timmie était toujours prête à essayer quelque chose de nouveau, même si le risque était grand. En fait, elle n'avait peur de rien. Elle menait sa vie tambour battant, avec audace et spontanéité. Elle était brillante, créative, drôle, passionnée, un brin obsédée par son job, perfectionniste, et, par-dessus tout, elle était généreuse et digne de confiance. Elle était autant une amie qu'un employeur pour David et Jade.

David Gold était venu vers elle tout de suite après son diplôme de styliste chez Parsons. Timmie avait rapidement constaté que ses modèles étaient banals et avaient tendance à s'appuyer sur des styles du passé. Il ne possédait pas la vision dynamique et futuriste qu'elle recherchait chez ses assistants stylistes. En revanche, elle avait décelé chez lui d'autres qualités très utiles. Il avait le chic pour trouver des idées de marketing, il était extrêmement organisé, attentif aux détails, et capable de diriger un grand nombre de personnes, qu'il parvenait à fédérer autour d'un même objectif. Timmie l'avait très vite choisi comme assistant. En six ans, ses responsabilités dans la société s'étaient considérablement étendues. A trente-deux ans, il était vice-président en charge du marketing. A eux deux, ils avaient perfectionné l'image de la maison et lui avaient donné un éclat incomparable.

Comme toujours, David avait géré au mieux les difficultés qu'ils avaient rencontrées au cours des semaines passées, tant à New York qu'en Europe. Timmie disait souvent qu'il devrait inscrire le mot « magicien » sur sa carte professionnelle. La créativité qui lui manquait en tant que designer était cent fois compensée par ses idées publicitaires et la façon dont il dirigeait les employés de la société. Timmie affirmait qu'elle aurait été incapable d'en faire autant. Elle adorait David. Quatre ans auparavant, elle n'avait pas hésité à rester à son chevet pour le soigner quand il avait eu une hépatite. Depuis, ils étaient très proches. David la considérait comme son mentor et proclamait qu'elle lui avait tout appris sur l'industrie du vêtement. Timmie protestait en disant que l'élève avait depuis longtemps dépassé le maître.

Jade Chin, quant à elle, avait été assistante de rédaction chez *Vogue*. Timmie l'avait remarquée lors des séances photo auxquelles elle assistait afin de s'assurer que ses vêtements étaient perçus et photographiés comme elle le désirait. Jade était aussi méticuleuse qu'elle, se souciant de chaque détail et ne reculant pas devant une journée de dix-huit heures de travail.

Lorsque Timmie l'avait recrutée, elle était chez *Vogue* depuis cinq ans, gravissant péniblement une échelle interminable dans l'espoir d'obtenir le titre de rédactrice d'une rubrique du magazine, en échange d'un salaire pathétique, assorti de divers petits avantages et d'un manque total de reconnaissance. Timmie lui avait offert un salaire qui lui avait paru à elle-même considérable, pour devenir son assistante personnelle. En dépit des nombreuses occasions d'évolution au sein de la société qui s'étaient présentées en douze ans, Jade avait préféré demeurer l'assistante personnelle de Timmie. Non seulement elle était en parfaite synchronisation avec sa patronne, mais elle avait une sorte de sixième sens qui lui permettait de deviner de quoi elle avait besoin, avant même qu'elle en ait conscience. Timmie aimait à répéter qu'une assistante comme elle était le rêve de toute femme chef d'entreprise. Jade était une compagne irremplaçable, qui pensait au moindre détail et allait jusqu'à emporter dans son sac, à chacun de leurs déplacements, les sachets de thé préférés de Timmie. Une tasse du réconfortant breuvage faisait toujours son apparition discrète au moment où Timmie en avait le plus besoin. Il en allait de même pour les déjeuners, dîners, goûters, ainsi que pour les vêtements qu'elle voulait porter pour une interview. Jade réglait pour Timmie une foule considérable de détails, lui déblayant la longue route qu'elle avait à parcourir chaque jour.

A eux trois, ils formaient une équipe formidable. Bien que la société soit basée à Los Angeles, Timmie sillonnait régulièrement l'Europe afin de superviser ses filiales du vieux continent. Faisant preuve de plus de courage que les autres stylistes américains, elle s'était ancrée là-bas pour y créer des sociétés. Bien lui en avait pris. Le voyage jusqu'à Paris ne lui semblait jamais trop long ni trop fastidieux, et tous les prétextes étaient bons pour s'y rendre. En douze ans, Jade l'y avait accompagnée une cinquantaine de fois, et David vingt ou trente fois. Comme les défilés parisiens étaient les derniers de ce qu'elle surnommait le « mois infernal », elle avait prévu, comme à son habitude, de passer deux jours de plus, seule dans la capitale française, après la Fashion Week. Timmie faisait partie des quelques irréductibles qui refusaient de transférer le siège de leur société à New York. Elle préférait la vie à Los Angeles et partageait son temps entre sa maison sur la plage de Malibu et celle de Bel Air. Elle n'avait aucune envie de vivre dans un appartement à New York, de geler en hiver et de faire des allers-retours dans les Hamptons en été. Elle aimait sa vie telle qu'elle était. Il lui suffisait de sauter dans un avion quand c'était nécessaire. Et elle ne s'en privait pas. David avait voulu la persuader d'acheter un jet privé, mais elle affirmait ne pas en avoir besoin.

Pour quelqu'un qui connaissait une telle réussite, Timmie était restée d'une étonnante simplicité. Elle n'oubliait jamais ses origines modestes, le coup de chance qui avait lancé sa carrière, ni le café dans lequel elle avait été serveuse, à l'époque où elle dessinait ses modèles la nuit et achetait avec ses pourboires des tissus bon marché et originaux. Elle fabriquait ses vêtements depuis sept ans lorsqu'un jour – elle avait alors vingt-cinq ans – le succès avait frappé à sa porte. Une acheteuse de chez Barney avait remarqué les vêtements que Timmie avait vendus à ses collègues de travail. Ils étaient drôles, stylés et extrêmement bien coupés. Elle avait pris une demi-douzaine de modèles, qu'elle avait mis en exposition dans l'ancien magasin Barney de West 17th Street, avant que celui-ci ait changé d'emplacement. Le succès avait été immédiat. Timmie avait reçu une nouvelle commande de vingt-cinq pièces, puis une autre de cinquante. L'année suivante, quand l'acheteuse avait commandé une centaine de pièces, Timmie avait quitté son job au café, loué un hangar en ruine dans le quartier de la mode de Los Angeles, et engagé une douzaine de filles dans un foyer de mères célibataires pour les travaux de couture. Elle leur avait versé des salaires corrects, ce qui avait été une aubaine pour elles. A partir de ce moment, la machine était lancée. A trente ans, Timmie était connue dans tout le pays et, au cours des dix-huit années qui avaient suivi, elle avait été projetée dans la stratosphère. Mais elle n'avait jamais oublié comment tout avait commencé, la chance qu'elle avait eue d'être remarquée et de connaître le succès.

Timmie regarda par le hublot avec un sourire las, tandis que l'avion atterrissait en tressautant à Charles-de-Gaulle, puis roulait le long de la piste jusqu'au terminal, où quelqu'un du service VIP devait l'attendre. Comme d'habitude, le séjour allait démarrer sur les chapeaux de roues. Par chance, elle n'avait pas le problème du décalage horaire puisqu'elle était en Europe depuis déjà deux semaines. Les jours suivants seraient consacrés à des rendez-vous avec des journalistes et avec des représentants de textiles. Elle devait choisir des tissus pour la collection d'hiver de l'année suivante. Bien qu'on ne soit qu'en octobre, c'était la collection de printemps et d'été qui était présentée actuellement. Timmie préparait déjà celle de l'automne et de l'hiver prochains. Les vêtements de croisière étaient en cours de fabrication et seraient expédiés au cours des deux prochains mois. Et les nouveaux modèles étaient sur papier ou prenaient forme dans sa tête.

— Qui dois-je voir cet après-midi ? demanda-t-elle tout en contemplant le paysage illuminé par un superbe soleil d'automne.

Quel soulagement, après cinq jours de pluie incessante à Milan ! Paris ne semblait pas encore avoir été frappé par la mélancolie hivernale. Timmie adorait cette ville. Elle se disait que, dans une vie antérieure, elle avait dû être française. Son premier voyage ici, à vingt-sept ans, avait eu pour but d'acheter des tissus pour ses collections. Ce n'est que plus tard qu'elle avait ouvert ses filiales européennes et avait été invitée à participer aux défilés de prêt-à-porter, ce qu'elle considérait comme un honneur.

Tout dans cette ville lui plaisait. Le temps, l'architecture, les gens, les musées, l'art, les restaurants, les parcs, les rues, les églises, la lumière, le ciel. La première fois qu'elle avait parcouru les Champs-Elysées en taxi, elle avait été émue aux larmes. C'était la nuit, un immense drapeau soulevé par la brise d'été surmontait l'Arc de triomphe illuminé, et elle avait été submergée par un sentiment d'admiration éperdue pour cette cité magique. Celui-ci perdurait encore aujourd'hui. Chaque fois qu'elle arrivait, son cœur se mettait à battre la chamade. Jamais elle ne se lasserait de la beauté de Paris. Elle avait pensé qu'elle y achèterait un jour un appartement, mais en fin de compte elle ne l'avait pas fait. A chacun de ses séjours, elle occupait la même suite au Plaza Athénée, où le personnel la chouchoutait comme une petite fille. Elle s'y sentait si bien qu'elle n'avait pas jugé bon d'acquérir un appartement à elle.

— Tu as rendez-vous avec des journalistes du *Washington Post*, du *New York Times* et du *Figaro*, annonça Jade d'une voix enjouée en observant sa patronne.

Timmie avait une expression que son entourage ne lui voyait que lorsqu'elle se trouvait à Paris. Elle avait beau être exténuée, elle était radieuse. Il y avait une histoire d'amour entre cette ville et elle.

— Tu as ton air spécial, fit remarquer Jade.

Timmie hocha la tête. Oui, elle était follement heureuse d'être là, n'en déplaise à ses concitoyens, qui, ces derniers temps, dénigraient abondamment les Français. Timmie prenait loyalement leur défense. Elle adorait les Français et Paris. Parfois, tard le soir dans sa chambre du Plaza Athénée, quand elle rentrait de ses dîners d'affaires, elle regardait par la fenêtre et contemplait la lumière nacrée de la nuit, ou bien le lever du soleil par les froids matins d'hiver... Le printemps... L'été... Quelle que soit la saison, c'était la ville du monde que Timmie préférait. Elle ne ressemblait à aucune autre.

Timmie passa distraitement la main dans ses longs cheveux et les attacha à l'aide d'un élastique. Elle ne prit pas la peine de se regarder dans un miroir ou d'aller dans les toilettes pour se coiffer. Elle ne prêtait pas attention à son apparence. Et pourtant c'était une belle femme aux épais cheveux roux et bouclés, aux grands yeux verts et aux longues jambes, mais elle semblait totalement inconsciente de sa propre beauté. Sa simplicité, son manque de narcissisme étaient à la fois adorables et rafraîchissants. Quand elle travaillait, elle faisait parfois penser à une adolescente qui s'était aventurée dans le monde des adultes et tentait de se faire passer pour l'un d'eux. Malgré son talent évident, elle avait quelque chose d'innocent. Comme si elle ignorait qui elle était et quel pouvoir elle détenait.

Timmie avait beaucoup à faire en France. Les essayages avec les mannequins étaient programmés à sept heures le lendemain matin. Après cela, elle devait se rendre en voiture à trois heures de Paris pour voir une fabrique de tissus et savoir si elle pourrait obtenir certains textiles spéciaux. Ensuite, le jeu des interviews avec les journalistes reprendrait. Elle venait de lancer un nouveau parfum au mois de septembre, qui faisait fureur dans la frange la plus jeune de sa clientèle.

Ils se levèrent en attendant que les portes de l'avion s'ouvrent, et David lui prit des mains son grand sac en crocodile.

— Je vois qu'une fois de plus tu n'as pas oublié d'emporter ta boule de bowling, dit-il avec un grognement dépité.

Timmie rit doucement. David avait l'allure d'un mannequin, et Jade était aussi apprêtée qu'elle-même était décontractée. On aurait très bien pu croire que Jade était la styliste et Timmie son assistante. Néanmoins, Timmie savait être éblouissante quand elle le décidait. La plupart du temps elle portait ses propres modèles, mélangés avec des pièces vintage et de fabuleux bijoux anciens, souvent indiens, qu'elle achetait chez Fred Leighton à New York, ou à Paris ou Londres. Elle aimait les pièces originales et le mélange du vrai et du faux ; d'ailleurs personne n'aurait pu dire que certains de ses bijoux étaient des fantaisies. Elle n'hésitait pas à porter un collier de diamants avec un tee-shirt, ou bien une robe de soirée avec une énorme bague ancienne provenant des collections fantaisie de Coco Chanel ou de Diana Vreeland. Elle pratiquait le mélange des genres à la façon d'une clocharde, prenant ce qu'elle avait sous la main. D'une façon fortuite, presque. Elle se levait et s'habillait le matin, laissant chaque vêtement trouver seul sa place, et cela fonctionnait. Jade faisait fréquemment observer que si elle avait employé la même technique que Timmie, les employés de l'hôtel ne l'auraient même pas laissée entrer par la porte de service. Car, pour le coup, elle aurait vraiment eu l'air d'une clocharde. Mais avec Timmie, cela marchait. Timmie avait du style.

David repéra la personne chargée de les accueillir et déposa avec un immense soulagement l'énorme sac en crocodile de Timmie sur le chariot. Celui-ci contenait une foule de notes, des carnets de croquis, un livre au cas où elle aurait eu envie de lire, un flacon de son parfum préféré du moment et un tas d'objets qu'elle appelait des « débris » et qui traînaient toujours dans ses sacs à main. Des clés, des tubes de rouge à lèvres, des briquets, un cendrier volé au Harry's Bar, ou plutôt qu'ils lui avaient offert quand elle avait essayé de le glisser subrepticement dans son sac. Un stylo en or qu'un admirateur lui avait envoyé. Et une douzaine de stylos en argent. Tout cela pesait des tonnes, mais lui donnait un sentiment de sécurité, et elle ne pouvait s'en passer.

Ils suivirent leur guide VIP jusqu'à l'aire de réception des bagages. Leurs valises et les nombreuses malles dans lesquelles se trouvait rangée l'intégralité de la collection seraient sorties de la soute en priorité. Une camionnette devait ensuite les transporter jusqu'à l'hôtel. David avait proposé d'accompagner lui-même le chargement afin que Timmie puisse partir devant, mais celle-ci préférait attendre. Elle voulait s'assurer que rien ne soit égaré. La perte d'une de ces malles aurait été catastrophique. Pendant que Jade et David discutaient en attendant les bagages, elle s'éloigna de quelques pas, songeant au chemin parcouru depuis ses débuts.

Timmie O'Neill éprouvait une vraie reconnaissance pour tout ce que la vie lui avait offert. Mais la route avait été longue, très longue, jusqu'à Paris. Elle ôta machinalement l'élastique qui retenait ses longs cheveux roux et bouclés, lesquels tombèrent en cascade sur ses épaules, lui donnant l'allure d'une jeune Rita Hayworth, au sommet de sa gloire. Timmie ne faisait pas son âge. Peu de gens lui auraient donné ses quarante-huit ans. Elle en paraissait à peine quarante, et encore. Ce n'était pas dû à des soins esthétiques particuliers. Elle ne devait remercier que la nature et une chance insolente. Elle détestait le sport et utilisait très peu de produits de beauté. Elle se contentait de s'asperger le visage à l'eau froide, de se brosser les cheveux et les dents, et le tour était joué.

Son regard se posa sur une jeune mère de famille qui portait un bébé sur son ventre et essayait d'attraper ses bagages sur le tapis roulant. Une petite fille d'environ deux ans, serrant une poupée contre elle, s'accrochait à sa jupe, et son fils, apparemment l'aîné des enfants, ne cessait de pleurnicher. Il finit par éclater en sanglots. Ce n'était pas un caprice. Il semblait bouleversé. Mais la mère, épuisée et exaspérée, continuait de se débattre avec ses valises. Sans réfléchir davantage, Timmie glissa la main dans la poche de sa veste où elle avait une provision de sucettes aux fruits, qui remplaçaient parfois ses cigarettes. Elle en prit deux et s'approcha de la jeune femme. De toute évidence, elle était française. Malgré la passion de Timmie pour ce pays, elle n'avait jamais appris la langue, se contentant de bredouiller quelques mots de la vie courante. Elle s'en sortait généralement avec des gestes et des sourires, et son chauffeur parisien palliait ses manques. Elle parvint à croiser le regard de la jeune femme et lui montra les friandises.

— Je peux ? fit-elle en souriant.

La jeune mère comprit, mais hésita, détaillant Timmie de la tête aux pieds. Elle était sur le point de refuser quand les enfants se retournèrent pour la regarder. De sa main libre, Timmie caressa les cheveux fins et bien coupés du garçon. Ils étaient de la même couleur que les siens quand elle avait cet âge, autrement dit carotte. Et, comme elle enfant, il avait le visage criblé de taches de rousseur. La fillette, apparemment peu touchée par les larmes de son frère, suçait son pouce ; c'était une petite blonde aux yeux bleus. Quant au bébé, il observait placidement la scène, une tétine dans la bouche.

Le geste de Timmie sembla apaiser le garçon. La mère hocha la tête, lança un nouveau coup d'œil à Timmie, lui sourit et accepta son offre. Timmie tendit les sucettes aux enfants, puis aida la jeune femme à déposer un gros sac de voyage dans le chariot. Ils la remercièrent poliment et s'éloignèrent. Mais le petit garçon se retourna plusieurs fois avec un sourire espiègle pour lui faire un signe de la main.

David et Jade n'avaient rien vu de ce bref échange entre Timmie et ces enfants, mais l'intermède ne les aurait pas surpris. Timmie adorait les enfants, même si elle n'en avait pas. Elle parlait spontanément aux tout-petits qu'elle croisait dans la rue. Elle avait une façon de se comporter qui abattait les barrières linguistiques et faisait oublier la différence d'âge. Depuis longtemps, l'envie d'adopter la taraudait. Mais elle n'avait jamais sauté le pas. C'était comme un rêve lointain. Elle savait qu'il était peu probable qu'elle le réalise, mais elle aimait à penser que c'était possible. David lui disait qu'il était encore temps. Même une femme comme elle ne pourrait travailler indéfiniment. Quoique... Timmie disait toujours qu'elle bosserait jusqu'à sa mort, même si elle devait vivre centenaire.

Si Timmie avait passé l'âge d'enfanter, l'horloge biologique de Jade tournait, et cela n'était pas sans inquiéter cette dernière. Jade avait trente-huit ans... Pendant dix ans, elle avait été la maîtresse d'un homme marié. Elle avait fini par rompre l'année précédente, mais depuis elle n'avait rencontré personne d'intéressant. Jade trouvait que l'idée d'adopter un enfant était idiote et que Timmie n'en avait pas besoin. C'était une femme sophistiquée, à la carrière brillante, qui se trouvait à la tête d'un énorme groupe d'affaires. Elle ne l'imaginait pas avec un bébé. Pourtant, de temps à autre, au cours de ses longues soirées solitaires, Timmie y pensait encore, le cœur lourd. La perspective de passer le reste de sa vie seule la déprimait. Ce n'était pas ainsi qu'elle avait imaginé son existence. Elle s'efforçait de rester philosophe, de profiter du quotidien et de ne pas penser à sa vieillesse. Sans le vouloir, elle s'était retrouvée avec une carrière professionnelle qui lui prenait tout son temps, sans homme pour l'épauler ni enfant à cajoler.

Gilles, le chauffeur parisien de Timmie, les attendait à la sortie de l'aérogare. Elle reconnut avec plaisir sa sil-

24

houette familière. Comme d'habitude, il avait une cigarette au bec et plissait les yeux derrière un nuage de fumée. Cela faisait dix ans qu'il conduisait Timmie partout dans Paris. Sa femme était sous-chef pâtissier au Crillon, et sa belle-mère s'occupait de leurs trois enfants.

Il éteignit sa cigarette avant de la saluer.

— Bonjour, madame O'Neill. Vous avez fait bon voyage ?

Il répéta sa question dans un anglais parfait avec un fort accent français. Gilles aimait travailler pour Timmie, qui était toujours aimable et n'avait jamais de demandes extravagantes. Elle s'excusait abondamment quand elle le retenait tard le soir, ce qui de toute façon ne le dérangeait pas beaucoup. Elle lui laissait des pourboires généreux et lui envoyait chaque année pour Noël un costume fait sur mesure. Grâce à elle, Gilles était le chauffeur le mieux habillé du Plaza Athénée, et même de tous les hôtels luxueux de la capitale. Elle offrait aussi des cadeaux à sa femme et à leurs enfants. Et l'amour immodéré de Timmie pour la France faisait qu'il était très agréable de la conduire. Enfin, il la trouvait belle et sexy. A quarante-huit ans, elle était pour lui une femme encore jeune et particulièrement en forme. Gilles ne partageait pas les préjugés des Américains sur l'âge des femmes.

Timmie s'installa à l'arrière de la voiture avec Jade, tandis que David montait dans la camionnette. Ce n'était pas vraiment la place du vice-président, mais il préférait ne pas quitter des yeux leur précieuse collection.

— Comment vont Solange et les enfants ? s'enquit Timmie.

— Très bien. Les enfants grandissent, annonça Gilles avec un grand sourire.

Timmie alluma une cigarette et encouragea Gilles à en faire autant. Elle avait arrêté de fumer pendant des années, mais elle avait recommencé onze ans plus tôt, après son divorce. Jade baissa sa vitre d'un air mécontent. Sa patronne fumait toujours plus en France, puisque tout le monde le faisait.

— Nous allons en avoir un autre, ajouta Gilles, la mine épanouie.

Le quatrième donc, songea Timmie. Gilles lui avait plus d'une fois demandé conseil pour ses investissements financiers. Sa femme et lui avaient de bons revenus, et ils possédaient une maison à l'extérieur de Paris, où vivait également la mère de Solange. Timmie aimait connaître la vie des gens qui travaillaient pour elle.

— Et vous, tout va bien ? demanda-t-il avec un coup d'œil dans le rétroviseur, tout en s'engageant habilement dans la file de véhicules qui quittaient Roissy.

— Oui, merci. Les défilés de prêt-à-porter ont lieu la semaine prochaine. J'aurai peut-être le temps de me détendre pendant le week-end.

Elle espérait que la préparation des défilés serait bouclée dès le vendredi, afin d'avoir un jour ou deux pour chiner chez les antiquaires et faire le tour des boutiques. Où qu'elle aille, elle était à l'affût des dernières tendances. Et elle adorait marcher le long de la Seine, jeter un coup d'œil sur les trésors des bouquinistes et s'imprégner de l'atmosphère de la ville. Elle aimait aussi aller à l'église. Gilles l'emmenait loin des sentiers battus, dans des endroits qu'elle n'aurait jamais découverts sans lui, et dans de petites églises dont elle ignorait l'existence. Il était fier de montrer sa ville à quelqu'un qui l'appréciait vraiment.

Timmie avait déjà prévenu Jade et David qu'ils pourraient s'échapper le week-end. Tous deux avaient envie de retourner à Londres pour y retrouver des amis. David avait même parlé de se rendre à Prague. Les couturières que Timmie avait engagées pour le défilé passeraient le samedi et le dimanche à faire les changements et les ajustements de dernière minute, mais la présence de Jade et David n'était pas indispensable. Timmie s'occuperait des détails avec eux le lundi. Le défilé avait lieu mardi, et, en soirée, Jade et David regagneraient New York. Timmie ne les rejoindrait que le vendredi, après avoir profité de deux jours de temps libre.

Elle continua de bavarder avec Gilles pendant que Jade relisait ses notes. La jeune femme laissa plusieurs messages à Los Angeles, et quelques autres à New York. Il était à peine plus de midi à Paris, et beaucoup trop tôt aux Etats-Unis pour que quiconque réponde au téléphone. Timmie n'avait pas de rendez-vous avant quatorze heures trente, ce qui lui laissait le temps de s'organiser et de préparer sa première interview. Le trafic était dense, et ils atteignirent l'avenue Montaigne juste avant treize heures. Le visage de Timmie s'éclaira quand elle aperçut le Plaza Athénée. Cet hôtel était sa deuxième maison. Son élégance, le personnel, le service exquis, tout lui plaisait. Elle aimait retrouver ses amis au Relais, pour déjeuner.

Le portier sourit en la reconnaissant et souleva son chapeau pour la saluer.

— Bienvenue, madame O'Neill.

Un des directeurs du Plaza sortit pour l'accueillir. Jade distribua discrètement quelques pourboires et informa Gilles de l'heure à laquelle il devait être de retour. Timmie déjeunait tard quand elle était à Paris. Elle aimait les petits bistrots où personne ne la remarquait et où elle pouvait manger une nourriture simple. Elle gravit les marches du perron, franchit la porte tournante et pénétra dans le hall cossu. Les membres du personnel la saluèrent et le directeur s'effaça pour la laisser monter dans l'ascenseur. L'effervescence causée par son arrivée la mettait moins mal à l'aise que dans d'autres endroits. Au Plaza Athénée, cette agitation avait quelque chose de familier et d'affectueux. Elle entra avec un large sourire dans la suite qu'elle occupait à chacun de ses passages. Le salon et la chambre étaient pourvus de hautes portes-fenêtres garnies de tentures de satin et accueillaient une décoration et un mobilier dignes d'un château : dorures, miroirs, lustres de cristal... On avait disposé sur un guéridon ses chocolats préférés, des fruits et un bouquet de fleurs magnifique. Timmie était très gâtée. Elle se réjouit à l'idée de rester là huit jours : ce séjour allait la remettre en forme.

Le directeur s'inclina, déposa ses clés sur le bureau et disparut alors qu'elle ôtait sa veste de vison et la jetait négligemment sur un gros fauteuil de velours. Elle consulta ses messages. Elle en avait déjà dix, en plus de cinq fax de son bureau. Les rendez-vous dans les usines de textiles étaient confirmés, et l'une de ses interviews avait été repoussée au lendemain. Pendant qu'elle discutait avec Jade du programme des jours à venir, un serveur entra avec un plateau pourvu de son thé préféré, de l'earl grey, et d'un assortiment de biscuits dont elle raffolait. Impossible de résister.

— Tu as l'air aux anges, lança David en pénétrant dans la suite.

L'expression béate de Timmie le faisait sourire. Avec son jean, son tee-shirt et sa crinière rousse, on aurait dit une petite fille. Affalée sur un canapé, ses pieds chaussés de ballerines posés sur une table basse, elle grignotait un cookie d'un air d'extase. C'était la première fois depuis des semaines qu'elle semblait détendue.

— Je suis tellement heureuse d'être là !

— On verra bien si tu diras la même chose mardi prochain, répliqua-t-il pour la taquiner.

Il était hautement probable que d'ici là ils s'arrachent les cheveux à cause de la mise en place de la collection, que les mannequins leur fournissent mille raisons d'avoir la migraine, que des problèmes techniques de son ou de lumière fassent leur apparition. Autant de petites misères qui survenaient presque immanquablement. Mais pour l'instant, Timmie ne voulait pas y penser. Elle profitait du moment présent.

— Tu devrais louer un appartement à Paris, puisque tu aimes autant cette ville.

— Je sais. Mais je suis tellement chouchoutée à l'hôtel. Je ne trouverai jamais mieux.

Elle désigna d'un geste vague les mille et une attentions déposées dans sa suite et le mobilier élégant.

— Quand je suis ici, j'ai l'impression d'être « Eloïse au Plaza », expliqua-t-elle en faisant référence à la jeune héroïne inventée par l'écrivain Kay Thompson.

— Très bien, Eloïse, tu as une heure pour te changer, décréta Jade d'un ton pince-sans-rire. Tu as deux interviews à la suite, un bref intermède, puis une réunion. Veux-tu que je commande à déjeuner ?

Timmie secoua la tête. Le thé et les biscuits lui suffisaient. Elle mangeait peu. Elle était d'ailleurs aussi mince qu'un mannequin. On lui avait suggéré dans sa jeunesse de poser pour des photos de mode, mais elle n'avait pas donné suite à ces propositions. Déjà à l'époque, elle préférait concevoir les vêtements plutôt que les porter.

— Je n'ai pas besoin de me changer, annonça-t-elle tranquillement en jetant un coup d'œil à sa montre avant d'avaler une gorgée de thé.

Elle devait donner un coup de fil à Los Angeles. Il était quatre heures du matin là-bas, et elle allait réveiller Zack, son compagnon du moment, mais il avait insisté pour qu'elle l'appelle dès son arrivée à Paris. Il voulait s'assurer que son avion avait atterri sans encombre. Timmie en avait été touchée, car il était rarement aussi attentionné, même s'il la surprenait parfois par des élans de gentillesse.

Il lui en voulait de ne pas l'avoir emmené avec elle. Il réagissait souvent comme un enfant gâté et lui avait battu froid quelque temps. Il ne la croyait pas quand elle expliquait que ses déplacements étaient consacrés à sa vie professionnelle et qu'elle n'aurait guère de temps à lui accorder. Preuve s'il en était : jusqu'ici, elle n'avait pas eu une journée, ni même une heure pour elle, depuis le début de sa tournée en Europe. Elle se demanda un instant si son appel téléphonique allait apaiser sa bouderie ou au contraire empirer la situation, vu son caractère : irresponsable et parfaitement égocentrique.

En dépit de leurs relations plutôt épisodiques, il s'attendait à ce qu'elle l'invite à l'accompagner : il se serait ainsi amusé pendant qu'elle travaillait. C'était typique des hommes dans son genre, qui sortaient avec des femmes comme elle. Un renversement des rôles traditionnels dans le couple qui ne plaisait pas à Timmie, mais auquel elle se prêtait malgré elle depuis quelques années. Les hommes comme Zack étaient le seul remède qu'elle avait trouvé pour barrer la route à la solitude.

Il y avait eu beaucoup de Zack dans la vie de Timmie depuis son divorce, onze ans plus tôt. Elle avait été mariée cinq ans, et les années qui avaient suivi sa séparation lui avaient semblé beaucoup plus longues que les autres, et surtout beaucoup plus vides. Elle les avait comblées principalement par un travail acharné, s'était consacrée à la construction de son empire de la mode avec un résultat impressionnant. Il restait peu de temps dans sa vie pour une relation sérieuse. De toute façon, elle était persuadée que les femmes dans sa position et qui possédaient une forte personnalité n'attiraient pas les hommes importants. En revanche, elles séduisaient ceux qui ne voient pas d'inconvénient à se laisser entretenir. Les hommes de son âge, qui avaient aussi bien réussi qu'elle en affaires, choisissaient généralement des femmes deux fois plus jeunes, qui ne demandaient pas mieux que de devenir leur maîtresse. Elles s'adaptaient au rôle décoratif qui leur était offert, se contentant d'être exhibées comme un trophée. En onze ans, aucun homme sans attaches, d'un statut social équivalent au sien et du même âge n'avait approché Timmie. Elle avait donc le choix entre une solitude digne et des compagnons occasionnels. Zack, heureusement, n'avait que quelques années de moins qu'elle. Non seulement elle se serait sentie ridicule avec un jeunot, mais de plus elle se serait ennuyée à mourir. Le problème avec les hommes jeunes, ce n'était pas tellement l'âge, mais surtout le fait qu'ils n'étaient pas plus amoureux d'elle qu'elle ne l'était d'eux. Elle aurait pu accepter beaucoup de choses s'il y avait eu de l'amour. Mais depuis son divorce, cela ne s'était jamais présenté.

Elle était sortie avec des acteurs, des mannequins, ou encore des soi-disant artistes vaguement engagés dans un projet. Des types qui n'avaient pas vraiment réussi. En revanche ils étaient beaux, narcissiques, gâtés par la vie, d'une gentillesse superficielle, du moins au début, impressionnés par sa réussite, et parfois jaloux de son succès. Elle leur procurait quelques avantages, qu'ils ne refusaient jamais. En échange de leur compagnie, elle les aidait à lancer leur carrière, les emmenait avec elle les rares fois où elle assistait à des événements mondains, et les invitait pour le week-end dans sa maison de Malibu. C'était toujours elle qui donnait et toujours eux qui recevaient. Ce déséquilibre de la relation finissait par la détruire. En fait, ce n'était pas la différence financière ou sociale qui gâchait tout, mais le manque d'amour.

Ces aventures aidaient Timmie à passer le temps, à remplir les longues nuits et les week-ends sans travail. Elles constituaient un remède à la solitude. La compagnie d'un homme pouvait être drôle ou réconfortante, et elle se sentait flattée. A quarante-huit ans, elle n'était pas encore prête à renoncer à toute vie amoureuse.

Néanmoins, Timmie se demandait parfois si elle ne ferait pas mieux de rester courageusement seule, à attendre que l'homme de sa vie daigne faire son apparition. Certes, Zack savait se montrer charmant quand il le fallait, et ils s'amusaient bien lorsqu'ils sortaient ensemble. Il n'était pas méchant, ne faisait de mal à personne, et une ou deux fois par semaine il lui tenait chaud la nuit, ce qui était agréable. Mais il l'avait agacée, avec sa réaction d'enfant boudeur. Il avait même été franchement irascible, et elle s'était montrée plus froide. Elle n'était pas sûre d'avoir envie de le revoir à son retour. A son avis, leur relation approchait de son terme. Ni Zack ni elle n'obtenaient ce qu'ils souhaitaient ou ce qu'ils pensaient mériter. Une fois la rancœur installée, la relation ne durait plus très longtemps.

Timmie l'avait tout de même appelé plusieurs fois depuis son départ, mais elle s'en voulait de ces compromis. Surtout, elle craignait d'être de nouveau seule. Bien qu'elle n'ait aucune illusion sur leur avenir ensemble, elle aimait bien savoir qu'il était disponible de temps en temps.

A quarante et un ans, Zack se partageait entre le métier d'acteur et celui de mannequin. Il avait tourné dans plusieurs films publicitaires et ne réussissait pas trop mal. Ils s'étaient rencontrés lors d'une audition pour une campagne publicitaire de Timmie, et ils étaient sortis ensemble après qu'il avait été refusé pour le spot. Il s'était montré beau joueur, mais Timmie savait qu'il espérait qu'elle finirait par lui fournir du travail. Il remettait assez souvent la question sur le tapis, ce qui la rendait mal à l'aise.

Zack était puéril, enjoué, et d'une beauté irrésistible. Pour autant, leurs échanges sexuels n'avaient jamais été extraordinaires. Avec le temps, Timmie avait appris que les hommes narcissiques n'étaient pas d'excellents amants. C'était logique, puisqu'ils ne s'intéressaient qu'à eux.

Zack n'avait jamais été marié. C'était une sorte de célibataire professionnel, qui ne pensait ni au mariage ni aux enfants. Tout ce qu'il voulait, c'était s'amuser. Tant qu'une relation répondait à ce critère et lui était utile d'une façon ou d'une autre, cela lui convenait. Il adorait être vu avec Timmie et cherchait toujours des situations ou des opportunités pour promouvoir sa carrière, comptant plus, pour cela, sur la chance que sur le travail.

Timmie ne se faisait aucune illusion. Tôt ou tard, leur liaison prendrait fin. Pour autant, elle se comporterait avec élégance. Jamais elle n'avait fait de mal à ses compagnons successifs, ne les avait écrasés de son succès. Elle s'était toujours montrée aimable jusqu'à la fin, ce qui n'était pas forcément le cas de ces messieurs. Mais Timmie était une lady jusqu'au bout des ongles. Tout compte fait, ces relations ne se poursuivaient jamais au-delà de quelques mois. Les périodes de solitude, en revanche, duraient beaucoup plus longtemps. Elle ne savait pas trop ce qu'elle préférait. Fréquenter un homme qui ne la satisfaisait pas ou rester seule ? Aucune de ces options ne lui convenait.

Cette alternance de périodes de célibat et d'aventures sans lendemain avait constitué comme un ballet au cours des onze dernières années ; elle en connaissait chaque pas. La plupart des femmes célibataires de son âge se trouvaient confrontées au même dilemme. La demande n'était pas très forte pour les divorcées de quarante-huit ans. Quant au succès professionnel, il semblait être un handicap en amour pour les femmes de tous âges. Au final, rencontrer un homme qui ne soit rebuté ni par son âge ni par sa réussite, qui ne cherche pas à tirer profit de sa relation avec elle et qui l'aime pour ce qu'elle était, relevait du miracle.

Timmie prit son téléphone et composa le numéro de Zack. Jade sortit sans faire de commentaire. Elle avait vu bon nombre d'hommes aller et venir dans la vie de

Timmie depuis qu'elles travaillaient ensemble, et elle les détestait. Sa boss méritait mieux. Mais Jade comprenait le comportement de Timmie. Elle non plus n'avait pas trouvé l'oiseau rare, elle aussi savait à quels compromis on consentait parfois. Dans son cas, c'était une histoire avec un homme marié qui lui avait volé dix ans de sa vie et l'avait laissée le cœur en miettes. Elle ne recommencerait plus jamais. Elle avait même fini par se dire que les histoires de Timmie avec ces gamins qui se prenaient pour des hommes valaient mieux. Au moins, celle-ci ne se faisait aucune illusion. Elle ne tombait pas amoureuse et n'avait pas le cœur brisé quand l'histoire se terminait. Les dommages étaient maîtrisés. Timmie savait à qui elle avait affaire et connaissait les règles du jeu. Son cœur était bien à l'abri.

Zack répondit à la deuxième sonnerie.

— Coucou, Zack, dit-elle d'un ton dégagé. Je t'avais promis d'appeler en arrivant à Paris. Mais tu dois être en plein sommeil, je te téléphonerai plus tard.

— Non, je suis réveillé. Ça va, toi ?

Il avait une voix grave et sexy, surtout quand il était au lit, à moitié endormi. Elle aimait cette voix-là.

— C'est comment, Paris ? poursuivit-il. Nul sans moi, n'est-ce pas ?

Elle se mit à rire : au moins il avait de la suite dans les idées. Il la taquinait, mais elle devinait qu'il lui en voulait toujours de ce voyage manqué.

— Absolument. C'est archinul. Bon, tu devrais te rendormir. Je pars travailler dans une heure.

— Oui, oui, je sais. Tu n'arrêtes pas de le dire. Mais tu ne peux pas travailler tout le temps.

Il ne déviait pas de son idée, pensant peut-être qu'elle finirait par céder et l'inviterait à la rejoindre.

— Si, je peux. Ces tournées sont terribles.

Zack ne voyait pas les choses sous cet angle. Pour lui, le travail de Timmie était drôle et excitant. Des mannequins, des réceptions, des interviews avec la presse, des défilés dans les plus belles capitales européennes. Que pouvait-on désirer de plus ? Zack aurait été comblé si elle l'avait laissé l'accompagner. Mais elle ne voulait pas avoir à se soucier de lui.

— Tu aurais pu au moins m'engager comme mannequin, lui reprocha-t-il avec douceur.

Elle sourit. Son compagnon ne faisait pas mystère de ce qu'il attendait d'elle : du boulot et un voyage gratuit en Europe.

— On engage les mannequins en Europe, Zack. Tu le sais bien.

Il savait aussi qu'elle aurait pu imposer qui elle voulait. Or, elle avait décidé de ne pas le faire, et il était ulcéré. Timmie avait le pouvoir de lui procurer des engagements, ou même de créer un job juste pour lui. Mais son credo était de ne jamais mélanger travail et plaisir. La présence de Zack à ses côtés en Europe aurait paru complètement déplacée à Timmie. Zack, lui, considérait qu'elle lui devait ce voyage. Ses raisons demeuraient opaques pour Timmie. Zack lui demandait trop, et elle refusait de céder.

— D'autre part, mon chéri, ajouta-t-elle d'une voix raisonnable, tu es trop vieux pour ces défilés. Les mannequins sont des gamins, des adolescents pour la plupart.

— Conneries d'Européens, répliqua-t-il.

Timmie se mit à rire. Il n'avait pas tort.

— Je serai rentrée dans deux semaines, grâce au ciel. J'ai l'impression d'être partie une année entière, répondit-elle, changeant de sujet.

— C'est aussi l'impression que j'ai, dit-il d'un ton plus chaleureux.

Timmie lui manquait plus qu'il ne s'y attendait. Il s'était attaché à cette femme agréable, douce et généreuse.

— Rentre vite. Nous irons prendre du bon temps à Malibu.

Zack appréciait particulièrement les week-ends qu'ils passaient là-bas. Tout comme elle, d'ailleurs. Cela faisait partie de l'accord tacite qu'ils avaient conclu au début de leur relation. Timmie lui offrait son style de vie, en échange de sa compagnie.

— Oui, j'ai hâte, affirma-t-elle, rassurante. Tu as des rendez-vous, cette semaine ?

— J'ai un casting pour des photos de mode aujourd'hui et une audition pour une publicité demain.

Il avait un bon nombre de propositions de travail pour un homme de son âge.

— J'espère que ça va marcher, dit-elle d'un ton encourageant.

C'était une des choses que Zack aimait le plus chez elle. C'était une battante. Quoi qu'il arrive, elle avait toujours une remarque positive à faire.

— Moi aussi. J'ai besoin d'argent, ajouta-t-il en bâillant.

Elle l'imagina allongé dans le lit, splendide. Il avait beau être égocentrique, on ne pouvait nier qu'il était d'une beauté à couper le souffle. Difficile de résister à un tel charme. C'était ce qui l'avait attirée, dès le début. Il était très agréable d'avoir un homme pareil à son bras. Pendant quelque temps du moins.

— Bon, j'espère que je vais te manquer et que tu vas t'ennuyer à mourir, dans ton Paris. Je ne vois pas pourquoi tu devrais t'amuser, et pas moi.

La remarque n'était pas des plus aimables, mais elle fut à peine étonnée.

— Je ne m'amuse pas, répondit-elle calmement. Sois certain que tes vœux seront exaucés. D'ici une demi-heure, je serai plongée dans le travail. Il faut que je remue les fesses.

— Que tu as fort jolies, soit dit en passant.

— Merci. Les tiennes ne sont pas mal non plus.

Et plus fermes, songea-t-elle. Inutile cependant de le lui faire remarquer. Non seulement il avait sept ans de moins qu'elle, mais il faisait plusieurs heures de sport par jour.

— Eh bien, reviens vite, avant que je n'aie oublié à quoi les tiennes ressemblent.

De toute évidence, il était de bonne humeur. Sans doute commençait-il à lui pardonner. Il avait clairement hâte de la revoir, et cette idée remonta le moral de Timmie. Elle n'avait pas encore envie de rompre avec lui. Pas avant Noël. Cela aurait été trop triste, de passer les fêtes toute seule.

— Je t'enverrai une photo, promit-elle, narquoise.

La réponse le fit rire. Timmie avait l'esprit vif, et une intelligence aiguisée. Zack se disait parfois qu'il l'aimait plus qu'il n'était souhaitable. Cette histoire de voyage l'avait contrarié, voilà tout. Mais pas au point de mettre un terme à leur relation. Il s'était donc contenté de montrer ostensiblement son mécontentement, espérant qu'elle l'emmènerait la prochaine fois.

— Rapporte-moi un souvenir de Paris, dit-il de but en blanc.

— Quel genre ?

La demande la prit de court. Jusqu'ici, elle avait été assez généreuse, lui offrant des vêtements luxueux issus de ses collections pour hommes. Cela ne lui coûtait rien, et elle savait qu'il en avait besoin. Elle lui avait aussi acheté une belle montre pour son anniversaire. Zack était ravi et ne semblait pas embarrassé de recevoir tous ces cadeaux.

— Je ne sais pas. Une tour Eiffel, peut-être ? Fais-moi une surprise.

— Je verrai ce que je peux trouver.

Parfois, elle avait l'impression de parler à un enfant et d'être pour lui une sorte de maman. Si cela ne le gênait pas, il n'en allait pas de même pour elle.

— Très bien, Timmie. Je te laisse, je vais me lever et aller à la gym.

Il n'avait jamais l'idée de lui demander comment elle allait ou si elle se sentait fatiguée.

— Passe une bonne journée, Zack. Je te rappellerai sans doute ce week-end. Les prochains jours vont être déments, ici.

— A plus, lança-t-il avant de raccrocher.

Timmie garda un moment les yeux rivés sur le téléphone. Jade pénétra dans le salon.

— Comment va le prince ? s'enquit-elle.

— Bien, je suppose. Toujours contrarié de ne pas faire partie du voyage, mais ça va mieux. Il a l'air de s'en remettre, bien qu'il m'ait souhaité de beaucoup m'ennuyer sans lui.

La plaisanterie n'était pas vraiment du goût de Jade.

— Rien d'étonnant de sa part, dit-elle d'un ton vif.

Elle déposa des documents sur le bureau. Une foule de fax venaient d'arriver, et il fallait que sa patronne en prenne connaissance sur-le-champ. Timmie fixa sur la jeune femme un regard vague. Elle se sentait un peu engourdie après cette conversation avec Zack.

— Parfois, je me demande pourquoi je me donne cette peine, avoua-t-elle dans un soupir.

— Tu sais très bien pourquoi. Et moi aussi.

Jade n'avait pas la langue dans sa poche. C'était un trait de caractère que Timmie aimait.

— Parce que ce n'est pas drôle d'être seule, continua la jeune femme. Alors, tu prends ce que tu as sous la main. En ce moment, c'est Zack. Mais l'autre choix, qui consiste à n'avoir personne, n'est pas franchement mieux. Et faire comme moi, sortir avec un homme marié, c'est encore pire. Toi au moins, tu n'as pas le cœur brisé. Au pire, tu es énervée.

— Ce n'est pas toujours vrai, répondit Timmie. Quelquefois, ils emportent un peu de ta personnalité. Ton amour-propre en prend un coup, ton estime de toi faiblit à la pensée que tu as supporté un salaud. Au bout d'un moment, c'est agaçant.

— De même qu'un homme marié qui ne veut pas quitter sa femme. Bon sang, Timmie, que faut-il faire ? Tous les hommes bien sont déjà mariés.

C'était une phrase que Timmie avait souvent entendue. Son refrain à elle, c'était que tous les hommes, du moins tous les hommes intéressants, étaient terrifiés par sa réussite sociale.

— Ils ne peuvent pas être tous pris, déclara-t-elle avec fermeté.

— Tu crois ? Quand as-tu rencontré pour la dernière fois un type respectable et attirant qui était libre ?

— Je ne sais pas.

Timmie soupira et prit un chocolat.

— Je n'y fais pas attention. Je crois que je ne veux pas d'une relation sérieuse. A mon âge, je n'en ai plus besoin. Mais je ne suis pas sûre non plus de vouloir encore de Zack. J'ai l'impression que les hommes de son genre s'attendent à ce que je remplace leur mère et leur donne tout ce dont ils ont envie. Ce n'est pas mon rôle.

— Il ne reste plus qu'à entrer au couvent !

— A une condition alors : qu'on m'autorise à redessiner les habits des nonnes. Les leurs sont vraiment trop laids.

Timmie prononça ces mots comme si elle envisageait sérieusement cette solution. Les deux femmes se mirent à rire.

— Je ne connais pas la réponse au problème, Jade, reprit Timmie. A ton âge, tu as toutes les chances de tomber sur l'homme de ta vie un de ces jours. Continue de chercher. Au mien, c'est différent, je crois que je vais renoncer. La dernière chose dont j'aie envie, c'est de me marier… Et je suis fatiguée de jouer les bienfaitrices pour des mannequins et des acteurs immatures et capricieux, qui deviennent grincheux quand je ne fais pas leurs quatre volontés. Ils s'imaginent que tout leur est dû ! J'aimerais avoir autant d'assurance qu'eux. C'est épuisant, les narcissiques...

— Tu vas peut-être rencontrer quelqu'un à Paris, suggéra Jade, d'un ton plein d'espoir.

— Tu plaisantes ? Sur qui comptes-tu ? Sur les mannequins de dix-neuf ans qui viennent de République tchèque, ou bien sur les journalistes de gauche agressifs de la presse française ? Sinon, il reste les stylistes, qui sont soit des femmes soit des homosexuels, soit les deux. Non, mieux vaut que je ne cherche personne. De toute façon, si je rencontrais quelqu'un ici, rien ne serait possible, pour des raisons géographiques. Que ferais-je d'un homme qui habite à Paris, c'est-à-dire à l'autre bout du monde ? Mais, merci tout de même de cette suggestion, ajouta Timmie en fourrant un autre chocolat dans sa bouche.

— Je crois que je vais essayer les sites de rencontres, déclara Jade avec le plus grand sérieux. Je connais quatre femmes qui se sont mariées cette année avec des hommes qu'elles avaient connus sur Internet.

— Sois prudente. Cela me ferait peur à moi, ces rendez-vous en ligne.

Timmie se leva. La première interview avait lieu dans quelques minutes. La course folle allait commencer.

— Je ne vois pas comment ça pourrait être pire que ce que nous vivons actuellement. Moi avec mon mec marié, et toi avec tes crétins. Si ça se trouve, Internet va me dégoter un gentil tueur en série, que j'épouserai et qui me fera des bébés. A trente-huit ans, je ne peux pas être trop difficile.

— A trente-huit, tu peux te permettre de choisir qui tu veux. Ne te case pas à n'importe quel prix, Jade.

La jeune femme se leva à son tour et quitta la pièce. Timmie songea aux paroles de Zack, qui lui avait souhaité de ne pas s'amuser sans lui. Il y avait trop longtemps qu'elle fréquentait des bellâtres égoïstes. Elle avait pris l'habitude de ces hommes beaux et drôles soit, mais qui ne songeaient jamais à la réconforter ou à lui masser les épaules quand elle était fatiguée. Elle portait seule le poids de sa vie et de ses responsabilités. Parfois, le fardeau était trop lourd, comme en ce moment.

Elle était toujours plongée dans ses réflexions quand Jade revint pour l'informer que le journaliste l'attendait dans l'un des salons de l'hôtel, une salle magnifique, dans laquelle le thé était toujours servi avec de fabuleuses pâtisseries. Pourtant, Timmie soupira, et son assistante vit qu'elle était fatiguée.

— Veux-tu que je le fasse monter ici ?

— Oui, ce serait mieux.

Elle n'était pas d'humeur à travailler. Tout ce qu'elle aurait voulu, c'était se promener tranquillement dans Paris.

Cinq minutes plus tard, elle se levait en souriant pour accueillir le journaliste. Un homme grand et mince, aux tempes dégarnies et à l'air hargneux, qui semblait vouloir en découdre avec elle et sa conception de la mode. Soudain, elle sentit tout esprit combatif l'abandonner. Elle joua les maîtresses de maison bien élevées, salua l'homme avec chaleur, l'invita à s'asseoir et lui proposa de boire quelque chose. Il accepta une tasse de café et engloutit quatre chocolats à la suite.

— Quelle opulence ! lança-t-il. Cela ne vous gêne pas de dépenser ainsi l'argent que vous gagnez en exploitant la naïveté des gens qui aiment la mode ? attaqua-t-il sans reprendre son souffle.

Timmie lui sourit d'un air affable tout en se demandant ce qu'elle allait bien pouvoir répondre.

L'après-midi allait être très long, et le vœu de Zack n'était pas loin de se réaliser. Le séjour s'annonçait détestable sans lui.

Mais le séjour aurait pu tout aussi bien être exécrable s'il était venu.

On ne pouvait être sûr de rien dans la vie.

2

Les deux rendez-vous du mercredi après-midi furent aussi longs et ennuyeux qu'elle le prévoyait. Cela faisait vingt-trois ans qu'elle donnait ce genre d'interviews. Elle n'avait jamais aimé cet aspect de son travail. Ce qui lui plaisait, c'était de dessiner ses modèles et de trouver de nouvelles idées pour ses collections. Le travail était encore plus amusant depuis qu'elle avait ajouté des filiales supplémentaires à la société. Les possibilités s'élargissaient à l'infini.

La présentation des collections à New York et en Europe était très importante. C'était aussi un travail très excitant pour elle, puisqu'elle était la seule styliste américaine à montrer ses collections de prêt-à-porter en Amérique et en Europe. Elle prenait ces événements très au sérieux, et tout devait impérativement se dérouler à la perfection. Timmie avait toujours eu le souci du détail. Elle adaptait elle-même les vêtements sur les mannequins, choisissait chaque accessoire avec le plus grand soin et suivait les répétitions du défilé la gorge nouée. Elle était naturellement de bonne composition et d'humeur égale. Mais si quoi que ce soit se passait mal, si les mannequins n'avaient pas l'allure attendue, s'ils étaient mal coiffés, s'ils ne savaient pas marcher ou si un vêtement ne tombait pas correctement, elle devenait folle.

Le vendredi après-midi, tous les essayages avaient été faits. La répétition était prévue pour le lundi. Après son dernier rendez-vous du vendredi, Timmie se rendit compte qu'elle avait eu mal à l'estomac toute la semaine. Elle n'avait presque rien avalé, et moins elle mangeait, plus elle se sentait mal.

Dans la soirée, Jade et David se préparèrent à prendre l'Eurostar pour Londres, où ils avaient trois fêtes de prévues. David avait finalement renoncé à son week-end à Prague. Il préférait accompagner Jade et, en outre, il voulait absolument visiter la Tate Gallery.

— Tu es sûre que ça va aller ? demanda Jade à Timmie avant de partir. Tu n'as pas l'air bien.

La jeune femme était inquiète. Sa boss était d'une pâleur inhabituelle, et elle avait paru nerveuse toute la semaine. Rien de très étonnant, les jours précédant les défilés. Timmie était toujours stressée en pareille occasion, mais cette fois elle semblait encore plus agitée.

— Oui, je ne me sens pas bien du tout, avoua Timmie en souriant. Je suis fatiguée. Je préférerais que les défilés parisiens aient lieu au début du « mois infernal » plutôt qu'à la fin. Quand nous arrivons ici, je suis au bout du rouleau. Je crois que je me suis trop surmenée à Milan.

Le défilé s'était très bien passé en Italie, et elle espérait que celui de Paris serait aussi satisfaisant. Elle avait sélectionné les meilleurs mannequins et les vêtements étaient superbement mis en valeur.

— Ne te fatigue pas pendant le week-end, lui recommanda Jade d'un air soucieux. Tu n'as plus rien à faire. Tout est fin prêt.

La jeune femme savait que Timmie était enthousiasmée par les tissus qu'elle avait commandés pour la prochaine collection. Elle avait obtenu tout ce qu'elle voulait, et le fabricant avait consenti à faire tisser plusieurs étoffes rien que pour elle. Ses modèles seraient absolument uniques.

— Vas-tu assister à l'une des réceptions prévues ici ?

— Il faudra sans doute que je fasse une ou deux apparitions.

Plusieurs maisons de couture donnaient des cocktails ce week-end, mais Timmie O ne faisait pas partie du nombre cette fois. C'était un soulagement pour eux, et cela permettait à Jade et à David de partir pour le weekend. Sans cela, ils auraient été coincés à Paris.

— Je couve peut-être la grippe, dit pensivement Timmie. J'irai mieux après une bonne nuit de sommeil.

Elle envisageait de faire appel au room service ce soir, plutôt que d'aller dîner dans un de ses bistrots préférés. Elle n'était pas d'humeur à sortir, et une soirée douillette dans sa chambre lui parut soudain très séduisante. Elle allait commander un bol de potage et se coucher de bonne heure.

— Appelle-nous si tu as besoin de quoi que ce soit, dit Jade en l'embrassant.

Elle savait que Timmie serait très heureuse de vagabonder dans Paris pendant tout le week-end et de visiter ses lieux favoris. Si elle n'était pas malade...

— Je n'aurai besoin de rien. Amusez-vous bien, tous les deux.

Jade et David étaient assez jeunes pour avoir envie de filer faire la fête à Londres, même après trois semaines de travail éreintant. Timmie avait fait une réservation pour eux au Harry's Bar. Un peu plus tard, quand elle entra dans la baignoire après leur départ, elle se dit qu'elle avait l'impression d'avoir mille ans. Elle paressa un long moment dans l'eau chaude, ce qui était une merveilleuse détente, après le rythme infernal des trois semaines précédentes.

Alors qu'elle se prélassait dans son bain, ses pensées retournèrent vers Zack. Elle ne l'avait pas rappelé depuis le matin de leur arrivée. Cela ne lui semblait pas utile, et par ailleurs il savait où elle était. Il aurait pu l'appeler, lui aussi. Malgré tout, elle pensait à lui et lui envoya un bref message par mail en sortant de la baignoire, histoire de garder le contact. Elle ne tenait pas à couper les liens tout de suite.

Elle appela le room service, commanda un potage au poulet, lut un chapitre du livre qu'elle avait emporté et n'avait pas encore eu le temps d'ouvrir, puis s'endormit vers dix heures.

Elle s'éveilla aux alentours de deux heures du matin, en proie à de violentes nausées, et passa le reste de la nuit à vomir. Exténuée, elle se rendormit vers six heures, alors que le ciel de Paris commençait à s'éclaircir. Le pire qui pouvait lui arriver, c'était d'être malade et de rater l'occasion de profiter de cette ville qu'elle adorait. De toute évidence, elle avait contracté la grippe pendant le voyage. Il était midi quand elle s'éveilla. Bien qu'encore étourdie par les vomissements de la nuit, elle se sentait un peu mieux et put se lever. Le pic de la crise semblait être derrière elle.

Elle appela Gilles et lui demanda de venir la chercher à treize heures, puis commanda du thé et des toasts. Encore une fois, elle songea à appeler Zack, mais il était trois heures du matin pour lui. Bizarrement, elle éprouvait un petit pincement au cœur en pensant à lui. Après tout, bon ou mauvais, il faisait partie de sa vie. Même si ce n'était qu'à temps partiel. Elle avait failli l'appeler pendant la nuit, comme par réflexe. Mais vu la nature de leur relation, elle n'aurait pas pu se faire plaindre. Il se serait probablement moqué d'elle, ou bien aurait pris son appel à la légère. En quatre mois, elle avait pu constater que la compassion n'était pas son fort. Quand elle était fatiguée, il ne faisait absolument aucun cas de son état et lui proposait même de sortir. A plusieurs reprises, elle l'avait suivi pour lui faire plaisir.

Après avoir pris une douche, elle enfila un pull-over, un jean, des chaussures confortables, et quitta l'hôtel. Gilles l'attendait devant la porte et sourit en la voyant. Il la conduisit dans quelques endroits qu'elle aimait mais, à quatre heures de l'après-midi, elle se sentit mal de nouveau. Elle aurait voulu se rendre au Palais-Royal, pour fouiller dans les trésors de la boutique de Didier Ludot, mais elle annula cette visite et retourna à l'hôtel. Elle n'avait plus le courage de faire les magasins. A peine rentrée au Plaza Athénée, elle se coucha. A sept heures du soir, elle se remit à vomir. Les nausées étaient encore plus violentes que la nuit précédente. Le virus qu'elle avait attrapé était coriace. A neuf heures, elle avait l'impression d'être à l'article de la mort. Elle faillit tomber en se levant pour aller à la salle de bains. La panique la saisit. Après avoir passé une demi-heure de plus à gémir dans son lit, elle envisagea enfin d'appeler un médecin. Ce n'était sans doute qu'une banale grippe intestinale, mais elle se sentait très mal. Puis elle se rappela le nom d'un médecin que lui avait donné une amie à New York, au cas où elle en aurait besoin lors de ses séjours parisiens. Timmie avait noté ses coordonnées dans son agenda et elle lui laissa un message sur son téléphone mobile. Puis elle retourna s'allonger et ferma les yeux, terrassée. Elle détestait être malade quand elle était en voyage, loin de chez elle. Elle eut une fois de plus l'idée d'appeler Zack et se sentit idiote. Qu'aurait-elle pu lui dire, sinon qu'elle était malade et qu'elle se sentait très mal ? Pas question non plus de déranger Jade et David. Elle demeura sur son lit, attendant que le médecin la rappelle, ce qu'il fit au bout de quelques minutes, lui promettant de venir dès qu'il pourrait.

Vers vingt-trois heures, le concierge avertit Timmie que le médecin montait dans sa chambre. Elle n'avait plus vomi depuis deux heures, et elle espérait qu'elle était en voie de guérison. Elle se sentit confuse d'avoir dérangé un médecin pour quelque chose d'aussi banal. Il ne pourrait sans doute rien faire pour elle, de toute façon. Un peu penaude, elle alla lui ouvrir la porte. Jean-Charles Vernier était un homme grand et beau, aux cheveux blonds, âgé d'une cinquantaine d'années. Il portait un élégant costume bleu nuit et une chemise blanche, ce qui lui donnait plus l'allure d'un homme d'affaires que d'un médecin. Timmie s'excusa de l'avoir dérangé un samedi soir, mais il lui expliqua qu'il dînait chez des amis dans le quartier et qu'il était enchanté de pouvoir lui venir en aide, bien qu'il n'eût pas l'habitude de voir ses patients dans des hôtels. Timmie savait que le Dr Vernier était un professeur réputé de la faculté de médecine. Il était surqualifié pour ce genre de consultation. Mais il était ravi de rendre service à l'amie d'une amie. Timmie quant à elle était soulagée d'avoir affaire à lui plutôt qu'à un médecin anonyme envoyé par l'hôtel. Cet homme était connu et respecté à Paris.

Il la suivit dans la chambre et constata qu'elle marchait lentement, en chancelant. Et bien qu'elle eût une peau de rousse et donc le teint très clair, elle lui sembla d'une pâleur inquiétante. Elle ne put réprimer une grimace en s'asseyant, comme si tout son corps était endolori.

Sans dire un mot, il vérifia sa température et l'ausculta. Elle n'avait pas de fièvre, et sa respiration était normale. Quand il rangea son stéthoscope, elle remarqua qu'il portait une alliance et ne put s'empêcher de penser qu'il était très bel homme, avec des yeux d'un bleu profond et des cheveux encore blonds, à peine teintés de gris sur les tempes. L'idée la traversa qu'elle n'était pas spécialement en beauté, mais elle se sentait trop mal pour se soucier de son apparence. Le médecin lui sourit gentiment, lui palpa l'abdomen, et se rembrunit. Il lui demanda alors de décrire précisément ses symptômes, puis toucha encore son estomac. Son ventre était douloureux ; elle ne put retenir un petit cri quand il pressa la main au niveau du nombril.

— Je pense que c'est juste une grippe intestinale, dit-elle d'un air inquiet.

Le médecin sourit de nouveau. Il parlait très bien l'anglais, mais avec un accent français prononcé. Son allure était également très française, bien qu'il fût plus grand que la moyenne de ses compatriotes.

— Seriez-vous aussi médecin ? fit-il d'un air malicieux. En plus d'être styliste... Vous savez, je devrais vous en vouloir, car vous me coûtez très cher : ma femme et mes deux filles s'habillent souvent chez vous.

Timmie sourit. Il rapprocha une chaise du lit et s'assit pour lui parler. Il devinait son inquiétude.

— Est-ce grave ? demanda-t-elle.

Elle songeait déjà qu'elle devait avoir un cancer, ou au moins un ulcère perforé, mais elle n'avait pas vomi de sang, ce qui était probablement bon signe. Néanmoins, l'expression du médecin ne lui disait rien qui vaille.

— Je ne pense pas que ce soit grave, dit-il prudemment, tandis qu'elle triturait une de ses longues mèches rousses. Mais je suis un peu inquiet. J'aimerais vous faire entrer à l'hôpital dès ce soir, pour faire quelques examens.

L'angoisse de Timmie se transforma en panique.

— Mais pourquoi ? A quoi pensez-vous ?

Finalement, elle devait avoir un cancer, c'était sûr.

— Je ne peux pas l'affirmer à 100 % avant d'avoir vu les résultats du scanner, mais il est possible que ce soit une crise d'appendicite.

En fait, il était presque sûr du diagnostic.

— Je vais vous faire admettre à l'Hôpital américain, à Neuilly. C'est un endroit agréable, ajouta-t-il pour la rassurer en voyant qu'elle avait les larmes aux yeux.

Il savait que l'Hôpital américain lui paraîtrait moins redoutable que la Pitié-Salpêtrière, où il travaillait le plus souvent.

— Je ne peux pas. J'ai un défilé mardi, et les répétitions ont lieu lundi. Il faut que j'y sois ! s'exclama-t-elle, désespérée.

— Je vous assure que si votre appendice se perfore, madame O'Neill, vous ne pourrez pas assister au défilé. Je me doute que c'est important pour vous, mais je serais irresponsable si je ne vous faisais pas passer quelques examens sur-le-champ.

— Va-t-il falloir m'opérer ? demanda-t-elle d'une voix étranglée.

Il hésita avant de répondre.

— C'est possible, finit-il par admettre. Nous en saurons plus après le scanner. Avez-vous eu des symptômes identiques ou proches au cours des semaines passées ?

Timmie fit un signe négatif de la tête. Elle s'était sentie mal à l'aise un soir, à Milan, mais Jade et David ne s'étaient pas sentis très bien non plus, et ils avaient pensé tous trois que ce devait être à cause des pâtes aux truffes blanches, dont la sauce était un peu trop riche. Mais le lendemain matin, Timmie s'était levée en pleine forme. Cependant, elle se garda bien d'en parler au médecin, de crainte que cela ne le conforte dans son idée de lui faire passer des examens sur-le-champ.

— Je me sens mieux. Je n'ai pas vomi depuis quelques heures, dit-elle, avec l'air buté d'une petite fille.

Le médecin ne se laissa pas prendre à son charme. Il n'aimait pas avoir affaire à des patients difficiles au beau milieu de la nuit, pas plus qu'il n'avait l'habitude de soigner des VIP américains et têtus. Généralement, ses patients obéissaient sans discuter, son autorité n'était jamais remise en cause.

— Je pourrais me reposer et voir comment je me sens demain ? suggéra-t-elle.

Il la regarda, agacé par ces négociations. Elle n'avait pas du tout l'intention d'aller à l'hôpital.

Si elle faisait ce qu'il disait et qu'elle était opérée, elle savait que le défilé serait un désastre. Personne ne savait l'organiser comme elle, pas même Jade et David. Timmie n'avait pas manqué un seul défilé au cours de sa carrière. De plus, elle ne voulait pas se faire opérer en France. Elle se ferait soigner aux Etats-Unis, chez elle ou bien à New York.

— Docteur, s'il vous plaît, ne pourrions-nous pas attendre un jour de plus ?

Ses grands yeux verts étaient dévorés d'inquiétude.

— Votre état pourrait s'aggraver rapidement. Vous ne voulez pas que votre appendice éclate, je suppose ?

Timmie fut parcourue d'un frisson d'appréhension.

— Non, mais cela n'arrivera pas forcément. J'ai peut-être quelque chose de moins grave, comme une gastro-entérite. Je voyage beaucoup depuis trois semaines.

— Vous êtes très entêtée, madame O'Neill, dit-il en la toisant. Il n'y a pas que le travail dans la vie. Il faut aussi vous soucier de votre santé. Quelqu'un vous accompagne ?

Il était évident que personne ne partageait la chambre avec elle. La place à côté d'elle était intacte.

— Mes deux assistants, mais ils sont partis à Londres pour le week-end. Je pourrais rester au lit jusqu'à lundi. Même si c'est l'appendicite, ça se calmera peut-être ?

— C'est possible. Mais le fait que votre crise dure depuis vingt-quatre ou quarante-huit heures n'est pas bon signe, madame O'Neill. Je vous conseille de vous rendre à l'hôpital.

Le ton était ferme, voire excédé. Timmie n'apprécia pas son attitude ; l'agacement était réciproque. Il la trouvait idiote, obstinée, capricieuse, habituée à faire uniquement ce qu'elle voulait. Encore une Américaine obsédée par l'argent et le travail. Il avait déjà eu quelques patients dans son genre, mais en général les accros au travail étaient des hommes. Le Dr Vernier était franchement énervé de devoir discuter avec une patiente qui ne voulait pas de son aide, en dépit de son prestige dans la profession. Car dans son domaine, il était au moins aussi connu qu'elle dans le monde de la mode.

— Je préfère attendre, décréta-t-elle.

— Je vois. Laissez-moi vous dire que vous avez tort.

Le Dr Vernier prit un stylo dans la poche intérieure de sa veste et un bloc d'ordonnances dans sa sacoche. Il griffonna quelques mots sur une feuille, qu'il lui tendit. Timmie la prit et la regarda en espérant que c'était une prescription pour un remède magique qui arrangerait tout. Pas du tout. C'était un numéro de téléphone, celui-là même qu'elle avait composé pour le joindre.

— Si votre état empire, vous pouvez m'appeler à n'importe quelle heure. Mais alors, je vous ferai admettre à l'hôpital. Etes-vous d'accord ? ajouta-t-il d'un ton glacial.

— Très bien. J'accepte.

Elle était prête à tout pour gagner du temps. Avec un peu de chance, les symptômes auraient disparu d'ici mardi. Et puis, il pouvait se tromper, elle n'avait peut-être qu'une banale gastro-entérite.

— Marché conclu, dit-il en se levant et en remettant la chaise à sa place. Dans votre propre intérêt, je vous obligerai à tenir parole. Ne craignez pas de m'appeler, je répondrai quelle que soit l'heure.

Il voulait lui faire comprendre la gravité de la situation, sans pour autant lui paraître trop antipathique, afin qu'elle n'ait pas d'hésitation à l'appeler.

— Pourriez-vous me donner quelque chose pour empêcher les vomissements ?

Elle se sentait nauséeuse, mais ne l'aurait avoué pour rien au monde. Ce médecin était du genre alarmiste, ou bien il cherchait à se couvrir. Il craignait probablement d'être poursuivi pour une erreur médicale s'il ne lui conseillait pas une hospitalisation.

— Ce ne serait pas raisonnable, répliqua-t-il avec raideur. Un médicament risquerait de masquer l'affection dont vous souffrez, ce qui serait dangereux.

— J'ai eu un ulcère il y a quelques années, c'est peut-être une rechute ?

— Raison de plus pour passer un scanner. Vous devriez le faire avant de reprendre l'avion. Quand quittez-vous Paris ?

— Pas avant vendredi. Je pourrais passer ces examens mercredi, après le défilé de mardi après-midi ?

D'ici là, tout serait rentré dans l'ordre, songea-t-elle avec espoir.

— Très bien. Appelez-moi mercredi matin, je vous prendrai un rendez-vous pour le scanner.

Il prononça ces mots avec une distance toute professionnelle, et Timmie se dit qu'il devait être vexé qu'elle ne suive pas ses conseils.

— Merci, docteur. Je suis désolée de vous avoir dérangé pour rien.

Elle semblait sincère. L'espace d'un instant, il songea qu'elle était peut-être quelqu'un de sympathique, malgré tout. Elle lui était apparue comme une personne entêtée, habituée à ce que tout le monde cède devant elle. Rien de surprenant, vu sa réussite sociale. C'était une femme accoutumée à tout contrôler autour d'elle. La seule chose qui échappait à sa volonté, c'était sa santé.

— Je ne suis pas venu pour rien, dit-il poliment. Vous deviez vous sentir très mal.

Elle n'était pas le genre de personne à déranger un médecin au milieu de la nuit à moins d'être à l'article de la mort. Jean-Charles avait accepté de la voir car elle était envoyée par son amie new-yorkaise. Et aussi parce que le ton désespéré de sa voix l'avait touché.

— En effet, mais ça va mieux à présent. Vous savez, vous m'avez fait peur.

Cet aveu le fit sourire.

— Visiblement, je ne vous ai pas fait assez peur pour vous décider à passer un scanner ce soir. N'attendez pas, si les douleurs reprennent. Si c'est bien ce que je crois, votre appendice pourrait exploser, et l'infection serait fatale.

— J'essaierai de ne pas exploser avant mercredi matin, répondit-elle en souriant.

Le médecin souleva sa sacoche en riant. Cette femme était attachante, en dépit de son caractère.

— J'espère que votre défilé se passera bien, déclara-t-il d'un ton formel.

Un instant plus tard, il était sorti.

Timmie demeura couchée, terrifiée, avec l'impression d'avoir échappé à un sort terrible. Elle avait refusé catégoriquement d'aller à l'hôpital, car elle avait peur. Elle détestait les hôpitaux et les médecins. Quelques minutes après le départ du Dr Vernier, elle appela Zack. Elle se sentait seule, elle avait peur, mais elle ne voulait pas inquiéter David et Jade en les appelant à Londres. Il était trois heures de l'après-midi pour Zack, et il devait être chez lui. Il était sans doute rentré de son club de sport. Mais il ne répondit ni sur son téléphone mobile ni sur le fixe, et elle dut se contenter de lui laisser un message en lui demandant de la rappeler. Il fallait qu'elle parle à quelqu'un, et son compagnon du moment était le mieux placé pour l'écouter. Elle avait juste besoin d'être réconfortée par une voix familière. Timmie demeura allongée encore une heure, tourmentée par le souvenir de ce que le médecin lui avait dit. Finalement, vers une heure et demie, elle s'endormit. Zack ne l'avait pas rappelée.

Elle ouvrit les yeux à dix heures du matin. Elle se sentait mieux. Un miracle. Elle appela Gilles pour lui dire qu'elle ne sortirait pas. Elle avait projeté d'aller au Sacré-Cœur pour écouter les religieuses chanter pendant la messe, mais il était préférable qu'elle reste au lit. Elle dormit un peu pendant la journée, avala du bouillon et du thé, et demanda une assiette de riz en fin d'après-midi. Quand Jade et David rentrèrent ce soir-là, après un week-end enchanteur, elle allait beaucoup mieux. Ils la remercièrent pour le dîner qu'elle leur avait offert au Harry's Bar, lui racontèrent les fêtes où ils avaient été invités. David était intarissable sur sa visite à la Tate Gallery. Timmie ne leur dit pas un mot de ce qui lui était arrivé en leur absence, passant sous silence la visite du médecin.

Elle se coucha tôt, avec le sentiment d'avoir frôlé la catastrophe. Le lundi, elle était complètement rétablie. Le médecin s'était bel et bien trompé, en dépit de sa bonne réputation. De toute évidence, elle n'avait été victime que d'une grippe intestinale. Après avoir enfilé un jean, un pull noir et des ballerines, elle descendit superviser les préparatifs dans les salles réservées pour le défilé.

Comme de coutume, la répétition fut un désastre. Les mannequins avançaient en dépit du bon sens, partaient dans la mauvaise direction, l'air hagard. Certaines filles arrivèrent en retard, les lumières étaient mal réglées, l'enregistrement musical qu'ils avaient apporté était perdu, et on ne le retrouva que lorsque tout le monde fut reparti. Un chaos total, donc, et elle fut doublement contente de ne pas s'être laissé persuader d'aller à l'hôpital pour y subir une intervention inutile. Elle n'avait aucune confiance dans les services médicaux français.

Ce soir-là, elle alla dîner au Voltaire avec Jade et David, puis se rendit à une réception donnée par la maison Dior. Comme toujours, la soirée était fabuleuse. Un sol en verre transparent recouvrait la piscine illuminée, et des mannequins topless déambulaient dans les salons. Ils rentrèrent à l'hôtel à trois heures du matin. Rompue de fatigue mais nullement nauséeuse, Timmie alla directement au lit.

Le jour suivant, le défilé se déroula à la perfection, contrairement à la répétition de la veille. Sans ses directives et sa surveillance constante, une foule de détails auraient été ignorés. A huit heures du soir, Jade et David prirent leur vol pour New York, où plusieurs jours de réunions les attendaient. Timmie prévoyait de les rejoindre le vendredi et de passer le week-end à New York après une visite à leur usine du New Jersey. Elle avait des réunions le lundi et le mardi. Puis, le mardi soir, tout le monde retournait à Los Angeles.

Zack ne l'avait pas rappelée. Il voulait certainement la punir de ne pas l'avoir emmené, et le message qu'elle avait laissé sur sa boîte vocale le plaçait en position de force. L'occasion était trop bonne, et il voyait son souhait se réaliser : seule et malade, Timmie ne risquait pas de profiter de son séjour parisien. C'était mesquin, mais elle connaissait bien sa tournure d'esprit et savait à quoi s'en tenir.

Après avoir pris quelques verres avec des journalistes et des directeurs de *Vogue,* Timmie se sentit si fatiguée qu'elle remonta directement dans sa suite, ne prit pas la peine de goûter au dîner qu'elle avait commandé, et s'endormit tout habillée sur son lit.

Elle n'aurait su dire quelle heure il était quand une violente douleur au côté droit la réveilla. Il faisait encore nuit. Elle souffrait tant qu'elle avait la respiration coupée. Cette fois, cela ne faisait aucun doute : c'était son appendice. Les larmes aux yeux, elle chercha désespérément les coordonnées du Dr Vernier dans les papiers entassés sur sa table de chevet. La panique commençait à la submerger, quand elle remit soudain la main sur sa carte et put composer son numéro. Sa pendulette indiquait quatre heures du matin. C'est à peine si elle put articuler quelques mots quand le médecin décrocha. Pendant deux ou trois secondes, il ne comprit pas qui était au bout du fil. Terrassée autant par la douleur que par la terreur, Timmie sanglotait. Puis, au moment même où elle prononçait son nom, il comprit. Et devina instantanément ce qui se passait. L'appendice s'était rompu ou n'allait pas tarder à le faire. N'ayant pas eu de nouvelles pendant trois jours, il s'était dit qu'elle allait bien et qu'il avait dû se tromper.

— Je suis désolée de vous déranger si tard, docteur... je... j'ai terriblement mal.

— Je sais, répondit-il calmement. Je vous envoie une ambulance tout de suite. Restez au lit, ne bougez pas. Inutile de vous habiller. Je vous retrouve à l'hôpital.

Son ton posé et professionnel était rassurant. Elle sut qu'elle pouvait compter sur lui.

De son côté, le médecin était conscient de la détresse de sa patiente et du danger qu'elle courait. Il fallait intervenir d'urgence.

— J'ai peur ! s'écria-t-elle, comme une enfant. J'ai tellement mal. Que vont-ils faire ?

Il ne répondit pas à la question directement, s'efforçant de la rassurer.

— Vos assistants sont avec vous ?

Il était très inquiet. Elle avait été stupide de ne pas suivre ses conseils trois jours plus tôt, mais ce n'était plus le moment d'y penser. Il fallait la faire entrer d'urgence à l'hôpital et la confier à un chirurgien. L'équipe ferait les scanners dans le bloc opératoire, avant l'intervention.

— Non, ils sont repartis à New York.

— Vous êtes seule ?

— Oui.

— Demandez à un employé de l'hôtel d'attendre l'ambulance avec vous. Tout se passera bien, madame O'Neill, déclara-t-il d'une voix ferme qui ne réussit pas à endiguer la panique de Timmie.

— Non, ça ne va pas...

Elle pleurait comme une petite fille, et il comprit que quelque chose d'autre n'allait pas, en plus de la crise d'appendicite. Mais il ne pouvait pas perdre de temps.

— Je vous retrouve à l'hôpital, répéta-t-il calmement avant de raccrocher.

Il n'avait pas le choix, il fallait la faire entrer sur-le-champ à l'Hôpital américain.

Timmie sonna la femme de chambre. Celle-ci attendit avec elle l'arrivée des ambulanciers, les aida à la hisser sur la civière, l'enveloppa dans des couvertures et les guida dans les couloirs déserts de l'hôtel. L'entrée des ambulanciers avait causé un certain remue-ménage dans le hall, et le directeur apparut à la réception. Quelques minutes plus tard, l'ambulance l'emporta, en larmes. Les ambulanciers ne parlaient pas anglais et ne pouvaient rien dire pour la rassurer. Quand ils la sortirent de la voiture et qu'elle ouvrit les yeux, la première personne qu'elle vit fut le Dr Vernier. Il lui prit la main et l'accompagna jusqu'au bloc, où une équipe médicale se préparait à l'intervention.

— Vous êtes entre les mains d'un des meilleurs chirurgiens de Paris, lui dit-il à voix basse.

— J'ai trop peur, murmura-t-elle en lui agrippant la main. Ne me laissez pas seule, je vous en prie.

Il hocha la tête en souriant, et une infirmière s'approcha pour lui faire signer les formulaires d'admission. Le Dr Vernier demanda à Timmie s'ils devaient prévenir quelqu'un. Elle donna le nom de Jade Chin, qui se trouvait en ce moment à l'hôtel Four Seasons, à New York, mais précisa de ne l'appeler que si l'opération se passait mal. Inutile de l'inquiéter pour rien, elle était trop loin.

Le Dr Vernier trouva cela triste : cette femme si importante et respectée dans le monde n'avait personne à appeler en dehors d'une secrétaire. Cela en disait long sur sa vie, sur les choix qu'elle avait faits, et ce qu'ils lui avaient coûté. Il se sentit désolé pour elle. Les scanners révélèrent que son diagnostic était exact. L'appendice s'était rompu et les toxines se répandaient dans son organisme.

— Ne partez pas ! supplia-t-elle en se cramponnant à sa main.

— Je ne vous quitterai pas, affirma-t-il tandis que l'anesthésiste se préparait à lui faire une injection.

Tout allait très vite, car le danger était considérable à présent. Il fallait lui retirer l'appendice de toute urgence et réparer les dégâts. Il lui traduisit ce que l'anesthésiste disait et continua de lui tenir la main.

— Vous resterez, même quand je serai endormie ?

— Si vous le voulez, oui, madame O'Neill.

Sa présence était rassurante, et en un instant elle lui accorda toute sa confiance.

— Je veux... que vous restiez et... s'il vous plaît, appelez-moi Timmie.

Elle était si contente d'avoir au moins un visage familier vers lequel se tourner. Et elle se savait entre de bonnes mains, ce qui ne l'empêchait pas d'être terrifiée.

— Je suis là, Timmie, déclara-t-il en plongeant son regard bleu dans le sien. Tout ira bien, vous êtes en sécurité. Dans une minute, vous serez endormie. Nous nous reverrons à votre réveil.

Dès que le produit anesthésique aurait fait son effet, il irait enfiler une blouse de chirurgien. Il resterait avec elle, comme promis. Il tenait toujours parole.

Une minute plus tard, l'anesthésiste lui plaça un masque sur le visage et, en quelques secondes, elle fut endormie. Jean-Charles sortit brièvement du bloc pour mettre une blouse et un masque. Tout en se préparant, il pensait à cette femme, à tout ce qu'elle avait sacrifié pour obtenir cette réussite professionnelle. Aujourd'hui, elle n'avait personne à appeler, personne qui puisse venir lui tenir la main. Il n'avait jamais vu quelqu'un d'aussi effrayé. On aurait dit un enfant abandonné.

L'intervention se passa bien, le chirurgien était satisfait. Jean-Charles accompagna Timmie en salle de réveil. Trois jours plus tôt, cette femme lui avait semblé obtuse et déraisonnable. Mais à présent, qui qu'elle soit en réalité, quoi qu'il lui soit arrivé dans sa vie, il ne pouvait pas la laisser seule. Il fallait que quelqu'un veille sur elle, et elle n'avait personne d'autre que lui. Il avait perçu chez elle une immense solitude.

Quand elle reprit conscience, elle le vit près d'elle. Son esprit était encore embrumé par l'anesthésie, mais elle le reconnut immédiatement et sourit.

— Merci, chuchota-t-elle avant de refermer les yeux.

— Dormez bien, Timmie. Je reviendrai vous voir demain, dit-il à mi-voix.

Elle était de nouveau profondément endormie. Il sortit, salua les infirmières impressionnées par son dévouement, et retourna à sa voiture.

Il n'aurait su dire pourquoi cette femme lui inspirait une telle tristesse. Quelque chose dans ses yeux élargis par la terreur laissait penser qu'elle avait vécu beaucoup de choses dans sa vie, mais que tout n'avait pas été bon. Celle que voyaient les autres, la femme puissante qui dirigeait un empire, n'avait rien à voir avec celle qu'il avait accompagnée ce soir et dont les bleus à l'âme lui serraient le cœur. Alors qu'il traversait les rues vides de Paris dans l'aube à peine naissante, il ne cessa de penser à elle.

A l'hôpital de Neuilly, Timmie dormait paisiblement. Sans s'en rendre compte, Jean-Charles Vernier avait tenu à distance ses vieux démons du passé.

3

Timmie était allongée dans son lit et regardait par la fenêtre quand Jean-Charles Vernier entra dans sa chambre d'hôpital le lendemain. Il portait une blouse blanche et avait un stéthoscope autour du cou. Dès son arrivée, il avait consulté son dossier et parlé aux infirmières. Aussi savait-il que tout allait bien. Timmie était complètement réveillée et n'avait voulu prendre que très peu de médicaments contre la douleur. En revanche, on lui administrait de fortes doses d'antibiotiques afin de combattre l'infection. Fort heureusement, ils étaient intervenus assez tôt après la rupture de l'appendice pour que la situation soit maîtrisée. Timmie avait eu beaucoup de chance. Après quelques jours d'observation, elle pourrait rentrer à l'hôtel. Jean-Charles était souriant en entrant dans la chambre, et impatient de constater par lui-même que tout allait bien. Il avait tout son temps, puisque sa tournée de visites était terminée pour la journée. Timmie avait les traits tirés, mais elle semblait en meilleure forme qu'il ne s'y attendait après l'épreuve qu'elle avait subie.

— Eh bien, Timmie, comment vous sentez-vous aujourd'hui ? demanda-t-il avec son fort accent français.

Elle sourit. Elle s'était un peu attendue à redevenir Mme O'Neill, maintenant que la crise était passée. Dans sa bouche, son prénom avait une consonance presque française.

— Je me sens beaucoup mieux qu'hier soir, admit-elle avec un sourire timide.

Le point où avait été pratiquée l'incision était encore douloureux, mais ce n'était rien à côté de la souffrance intense éprouvée la veille.

Jean-Charles s'assit sur la chaise près du lit.

— Vous permettez ? dit-il avec une politesse formelle mais chaleureuse.

Elle se rappela qu'il ne lui avait pas lâché la main un seul instant avant l'intervention, et elle retrouvait à présent la même bonté dans son regard d'un bleu intense.

— Bien sûr, docteur. Merci d'avoir été si gentil hier soir, ajouta-t-elle en levant les yeux vers lui. J'avais très peur. Cela m'arrive quelquefois, avoua-t-elle en hésitant. Ce sont de vieux souvenirs d'enfance qui resurgissent, et c'est comme si j'avais cinq ans de nouveau. C'est pourquoi je vous suis très reconnaissante d'être resté avec moi hier soir.

Les mots moururent sur ses lèvres. Elle posa le regard sur lui, puis le détourna, gênée de révéler sa vulnérabilité.

— Que vous est-il arrivé quand vous aviez cinq ans ? demanda-t-il avec douceur.

Il ne parlait pas seulement en tant que médecin. La terreur qu'il avait vue dans ses yeux la veille était telle qu'il pressentait qu'elle était de celles qui hantent une personne pendant toute sa vie.

— J'ai perdu mes parents à cette époque, dit-elle à voix basse.

Elle garda le silence un instant, et il se demanda si elle allait lui raconter la suite. Néanmoins, l'information en elle-même était déjà suffisante pour expliquer son traumatisme, surtout si elle avait assisté à leur mort. Elle reprit d'une voix lente :

— Ils ont eu un accident de voiture, la veille du jour de l'an. Ils sont partis et ne sont jamais revenus. Les policiers ont débarqué à la maison en ambulance. Je ne sais pas pourquoi ils sont venus en ambulance, d'ailleurs. C'était peut-être le seul véhicule dont ils disposaient, ou bien ils ont pensé qu'une voiture de police me ferait peur. Depuis, je ne supporte pas les ambulances. Le bruit des sirènes me donne la nausée.

Ainsi l'état de panique dans lequel il l'avait trouvée s'expliquait-il.

— Je suis désolé, je ne savais pas. J'aurais dû passer vous chercher à l'hôtel, mais je tenais à venir ici le plus vite possible pour m'assurer que le chirurgien vous attendait et que le bloc était prêt.

Elle sourit.

— Ne dites pas de sottises, docteur. Comment auriez-vous pu savoir ? De toute façon, j'avais tellement mal que je n'ai même pas fait attention à l'ambulance. Je ne pensais qu'à ce qui allait se passer dans la salle d'opération.

Il lui sourit et elle se sentit rassurée, comme la veille lorsqu'il lui avait tenu la main. Tout en lui évoquait le réconfort, la chaleur, et aussi un mélange de force et de tendresse. C'était un homme bon, digne de confiance. Timmie le connaissait à peine, mais elle se sentait en paix en sa présence, protégée.

— Où cette ambulance conduite par des policiers vous a-t-elle emmenée après la mort de vos parents ? s'enquit-il en l'observant attentivement.

Il vit qu'un souvenir lointain et douloureux lui revenait en tête. Elle réprima une grimace. Les images qui avaient repris vie dans son esprit la nuit précédente étaient là, de nouveau.

— Dans un orphelinat. J'y suis restée onze ans. Au début, ils disaient que je serais rapidement adoptée. Ils m'ont envoyée dans plusieurs familles, sans grand succès.

Le regard de Timmie se voila. Jean-Charles ne dit rien, mais il avait le cœur serré. Il imaginait ce qu'elle avait dû ressentir seule, orpheline, parmi des étrangers. C'était la pire chose qui puisse arriver à un enfant.

— Certaines familles m'ont gardée quelque temps. Quelques semaines, je crois. Un mois. Cela me paraissait très long, à l'époque. Chez d'autres, je ne suis restée que deux ou trois jours. Je suppose que les choses n'ont pas changé. Les gens veulent adopter des bébés, des nouveau-nés de préférence. Pas des petites filles de cinq ans osseuses, décharnées, avec des cheveux roux et des taches de rousseur.

— Cela me paraît pourtant adorable.

Elle eut un sourire triste.

— Je n'étais pas adorable. Je pleurais beaucoup, j'avais peur. Mes parents me manquaient, et tous ces adultes inconnus me semblaient bizarres. Je faisais pipi au lit, je me cachais dans les placards. Une fois, je me suis glissée sous mon lit et je refusais d'en sortir. La famille m'a ramenée à l'orphelinat le lendemain en disant que je n'étais pas gentille. Les religieuses m'ont grondée ; j'aurais dû faire un effort. Une autre famille m'a coupé les cheveux, parce qu'ils étaient trop difficiles à coiffer. Ils se sont servis d'un rasoir, et m'ont fait une coupe en brosse. Je suis repartie de chez eux presque chauve. J'étais horrible... Et traumatisée. Les gens avaient toujours une bonne raison pour ne pas vouloir de moi. Parfois ils étaient polis et optaient pour les mensonges : ils n'avaient pas les moyens d'adopter un enfant, ou bien ils allaient déménager, ou encore le papa avait perdu son emploi. Des choses comme ça. La plupart du temps, ils ne disaient rien. Ils préparaient ma valise et me ramenaient à l'orphelinat. Je devinais presque toujours quand ils ne voulaient plus de moi. Je reconnaissais leur expression, et j'avais le cœur lourd. Parfois, ils me prenaient par surprise, mais pas souvent. J'avais cinq minutes pour faire mes bagages ! Certains me donnaient un cadeau. Un ours en peluche, une poupée, un petit jouet, comme un prix de consolation. J'ai cru que j'avais fini par m'habituer à tout ça. Mais je me demande si on peut vraiment s'habituer un jour. Maintenant que les années ont passé, avec le recul, je pense que mon cœur se brisait un peu plus à chaque nouveau rejet. Et chaque fois qu'on m'envoyait dans une nouvelle famille, j'avais peur. Je savais que ça allait recommencer. Comme toujours.

« Ça a duré comme ça jusqu'à mes huit ans. A ce moment-là, j'étais trop grande pour être adoptée. J'ai été envoyée dans une famille d'accueil, comme les autres enfants qui ne peuvent pas être adoptés, généralement parce que leurs parents biologiques refusent de renoncer à leurs droits parentaux. Les miens étaient morts, mais ça revenait au même : personne ne voulait de moi. Le principe des familles d'accueil est excellent : cela évite aux enfants d'être placés en institution, et il y a des personnes adorables qui accueillent des enfants chez elles. Mais il y en a aussi de mauvaises. Qui ne voient là qu'une occasion de mettre de l'argent de côté. Elles vous font travailler, vous affament, vous exploitent, vous font faire les tâches les plus rebutantes et vous traitent comme une moins que rien. J'ai appris à leur rendre la monnaie de leur pièce. Je faisais les pires bêtises pour être renvoyée à l'orphelinat. Je préférais être là-bas. J'ai connu un nombre incalculable de foyers. J'étais un cas. A la fin, les religieuses ont renoncé à m'envoyer chez des inconnus et m'ont laissée tranquille. Je restais discrète, sage et polie, j'allais en classe, je faisais les corvées qui m'étaient assignées. A seize ans, je les ai quittés sans regret. J'ai trouvé un poste de serveuse. Je passais tout mon temps libre à fabriquer des vêtements avec des bouts de tissus glanés à droite et à gauche. J'en faisais pour moi, pour mes amies, pour mes collègues de travail. C'était magique. Je transformais une vulgaire étoffe en quelque chose de beau, et une serveuse de bar en princesse. Et puis un jour, la chance a tourné et ma carrière a démarré. Il a suffi d'une occasion pour que ma vie change et devienne extraordinaire.

Elle s'interrompit un instant. Ses yeux brillaient comme si ce souvenir datait d'hier.

— Mais quand j'ai peur, reprit-elle, lorsque quelque chose se passe mal, tout me revient. Je me revois à cinq ans, à l'orphelinat. Mes parents viennent de mourir, je suis envoyée chez des inconnus qui ne veulent pas de moi, ou qui me font une peur bleue. Je crois que c'est ce qui s'est passé hier soir. J'étais malade, effrayée, et quand l'ambulance est arrivée j'étais en proie à une telle panique que je ne pouvais plus respirer normalement. J'avais de l'asthme quand j'étais enfant. Quelquefois, dans mes familles d'accueil, je faisais semblant d'avoir une crise pour qu'ils me renvoient à l'orphelinat. Ça marchait à chaque fois. Personne ne voulait d'une petite rousse bizarre et asthmatique. Au début, les crises étaient bien réelles. Mais par la suite, c'était de la comédie. Je ne voulais plus être adoptée. J'en avais eu marre d'être rejetée. Tout nouvel échec aurait été trop douloureux. Aussi était-ce moi qui provoquais les séparations.

« La meilleure chose qui me soit arrivée, c'est de quitter l'orphelinat et de chercher du travail. Je pouvais enfin contrôler ma vie, mon destin. Plus personne ne pouvait me faire peur ou me renvoyer. Cela doit paraître un peu fou, maintenant.

Timmie se tut et regarda Jean-Charles. Celui-ci était stupéfié par sa franchise et par la sagesse qui émanait d'elle : elle acceptait tout ce qui lui était arrivé avec tant de philosophie. Son histoire était déchirante. Mais le plus étonnant, c'était de savoir ce qu'elle était finalement devenue. Non seulement elle était parvenue à surmonter des épreuves qui auraient eu raison de bien des femmes, mais encore elle avait accompli un miracle professionnel. Elle avait escaladé l'Everest et atteint le sommet !

Seuls quelques amis proches et ses associés connaissaient son passé. Mais elle se sentait en confiance avec le Dr Vernier et avait éprouvé le besoin de s'épancher. Il avait sûrement déjà entendu pire.

Jean-Charles était à la fois choqué et profondément ému.

— Cela va peut-être vous paraître idiot, mais je ne veux absolument pas me retrouver dans cette situation, reprit-elle. Cette situation où j'ai l'impression que je vais être rejetée, abandonnée. Qu'on ne voudra plus de moi. Je préfère être seule.

Seule, ou avec des hommes qu'elle n'aimait pas. Il ne douta pas un instant que sa confession venait droit du cœur. Mais le plus triste, c'était que visiblement son vœu était exaucé. D'après ce qu'il constatait, elle était seule.

— Que pouvons-nous faire pour éliminer tout risque d'abandon, Timmie ? demanda-t-il avec philosophie. Parfois, les gens que nous aimons nous quittent, même si nous n'avons plus cinq ans, parfois ils meurent, et ce n'est pas notre faute. Il arrive aussi que des personnes qui s'aiment se fassent du mal sans le vouloir. La vie est douloureuse, et rien n'est garanti. Vous aimez quelqu'un, mais ce quelqu'un peut vous quitter, vous renvoyer à l'orphelinat, en quelque sorte. Nous avons tous connu cela, à des degrés divers, mais vous plus que la moyenne. Je suis désolé que vous ayez dû traverser de telles épreuves quand vous étiez enfant. Cela a dû être terrible.

Timmie acquiesça. Elle avait vécu onze ans de cauchemar, dont le souvenir la hantait encore. Le trajet en ambulance lui avait tout ramené à l'esprit. A son arrivée à l'hôpital, elle s'était sentie aussi faible et vulnérable qu'une petite fille.

A présent, son côté adulte avait repris le dessus. Cependant, Jean-Charles avait eu le temps d'apercevoir l'enfant de cinq ans la veille, et il s'en souvenait, malgré le courage et la force que déployait Timmie aujourd'hui. Une ombre subsistait, celle de la fillette dont il avait tenu la main dans la salle d'opération. Comment avait-elle pu survivre à ces années terrifiantes ? Elle y était parvenue pourtant. Et était devenue une personne saine, brillante, créative. Nul n'aurait pu se douter en la voyant de ce qu'avait été son départ dans la vie. Nul ne pouvait deviner les souffrances qu'elle avait endurées. Mais du fait que Jean-Charles avait entendu son histoire, un lien s'était formé entre eux, changeant à jamais leur relation. En lui révélant cet aspect terrible de son passé, elle lui avait dévoilé une partie de son âme. C'était une femme incroyablement forte. Et son dynamisme était le moyen qui lui permettait de refermer ses vieilles blessures. Celles-ci étaient trop graves, trop douloureuses, pour qu'elle les laisse se rouvrir.

Jean-Charles était effrayé. Ce qu'il avait perçu la veille, tandis qu'il lui tenait la main, c'était un tsunami de douleur qui aurait tout noyé sur son passage si elle lui avait laissé libre cours. Hier soir, les démons du passé s'étaient réveillés, mais par chance il s'était trouvé là pour l'aider à les repousser. L'espace d'un moment, il lui avait donné l'impression qu'elle n'était plus seule.

Le sourire qu'elle lui adressa était empreint de gratitude. Le passé avait reculé, les fantômes s'estompaient et ne pouvaient plus lui faire de mal. Pendant toutes ces années, Timmie avait lutté contre eux, refusant de se laisser paralyser par ces souvenirs. De temps à autre ils tentaient une nouvelle offensive, mais elle les rejetait de toutes ses forces. Elle ne laisserait pas l'ombre d'une fillette de cinq ans diriger sa vie. Elle n'avait pas le choix, il fallait qu'elle soit forte. Jean-Charles admirait son courage.

— Vous êtes une héroïne, Timmie.

Elle sourit, prenant la remarque pour une taquinerie.

— Je ne plaisante pas. Vous êtes la femme la plus courageuse que je connaisse. Vos parents n'avaient donc pas de famille qui aurait pu vous élever ?

Timmie fit un signe de tête négatif.

— Tout ce que je sais, c'est qu'ils étaient irlandais et qu'ils sont morts. Rien d'autre. Un jour, lors d'un voyage en Irlande, j'ai tenté de retrouver des membres de ma famille. Mais il doit y avoir trente pages de O'Neill dans l'annuaire. Je suis donc seule au monde. Par chance j'ai des amis merveilleux.

Ils savaient tous deux cependant que, quand ça allait mal, comme la veille avec sa crise d'appendicite, elle n'avait personne vers qui se tourner, en dehors des gens qui travaillaient pour elle et qui avaient leur propre vie. Elle avait donné le nom de Jade, comme plus proche relation, et ce détail en disait long. Jean-Charles avait pourtant du mal à croire qu'une femme aussi belle et fortunée n'ait pas quelqu'un dans sa vie. Comment s'était-elle retrouvée seule ? Etait-ce elle qui le voulait ? Difficile de la blâmer, après le départ tragique de son existence. Il devait lui être quasiment impossible de s'ouvrir aux autres, d'aimer, de s'attacher, d'accorder sa confiance. Sans doute n'avait-elle jamais connu ces sentiments. Le destin avait été cruel, mais ensuite la vie l'avait gâtée matériellement. Il faut dire qu'elle avait travaillé dur pour obtenir ce qu'elle avait aujourd'hui. La réussite matérielle ne suffisait pas à vous apporter le bonheur, mais c'était tout de même une chose importante, et elle aimait son travail. Elle pensait certainement que sa vie était accomplie.

Allongée dans son lit, Timmie semblait calme et sereine. Il était touché par ses confidences. En quelques heures, il était passé du statut de médecin à celui d'ami, et il en était profondément honoré, car Timmie était une femme remarquable.

Celle-ci éprouvait elle aussi une grande admiration à la fois pour le médecin et pour l'homme qu'il était. Il était si attentif et si chaleureux qu'elle s'était confiée comme cela ne lui était jamais arrivé. Elle parlait rarement de son passé.

— Je suis désolée de vous avoir ennuyé avec ces vieux souvenirs. En général, je garde cela pour moi, mais j'étais en proie à une telle panique hier soir que je pensais vous devoir une explication, avoua-t-elle, gênée.

— C'est tout naturel, Timmie. Il est très effrayant de devoir être opéré alors qu'on se trouve seul dans un pays étranger. N'importe qui dans ces conditions serait terrorisé, mais votre traumatisme d'autrefois constitue une raison supplémentaire. Je ne suis pas étonné que vous n'ayez pas d'enfants. Vous avez craint probablement d'infliger à un petit être innocent les souffrances que vous aviez vous-même connues.

La plupart des gens de sa connaissance qui avaient eu une enfance douloureuse n'avaient pas fondé de famille. Timmie ne faisait pas exception à la règle. Mais quand il croisa son regard, il comprit qu'il venait de mettre le doigt sur un autre point délicat. Le chagrin qu'il décela dans ses yeux le réduisit au silence.

— J'ai eu un fils... que j'ai perdu, dit-elle sans le lâcher des yeux.

— Oh ! Je suis désolé, vraiment. Je suis stupide d'avoir cru... Je ne pensais pas... Quand je vous ai posé la question, vous m'avez dit que vous n'aviez pas d'enfants, et j'ai supposé...

Il l'avait vue comme la femme d'affaires classique, trop occupée par son travail pour s'encombrer d'un enfant.

— Ne vous inquiétez pas, le rassura Timmie. C'était il y a longtemps, j'ai réussi à faire mon deuil. Mon fils avait quatre ans quand il est mort d'une tumeur au cerveau. C'était il y a douze ans. Ils n'ont pas pu le sauver. Ce serait sans doute différent aujourd'hui. La chimiothérapie et l'oncologie ont fait des progrès.

Elle eut un sourire triste, ses yeux étaient pleins de larmes.

— Il s'appelait Mark, ajouta-t-elle comme si elle voulait que son souvenir demeure.

Mark était un petit garçon qu'elle avait aimé et continuait de porter dans son cœur.

Six mois après cet événement tragique, Derek, son mari, l'avait quittée. Cela représentait une autre période de cauchemar dans sa vie, et c'était pourquoi elle ne voulait plus entendre parler de mariage, ou même de compagnon sérieux. Tout ce qu'elle voulait à présent, c'était avoir la paix, s'occuper de son travail, et de temps à autre rencontrer un homme comme Zack, qui lui tenait compagnie le week-end. Elle ne voulait plus aimer, elle ne voulait plus avoir le cœur brisé. La vie était tellement plus simple comme ça. Il y avait bien quelques cahots, parfois, mais rien qu'elle ne puisse maîtriser. Elle ne connaissait ni grand bonheur ni grande souffrance. Plus jamais elle ne sombrerait dans un puits sans fond et ne souhaiterait mourir comme après la disparition de Mark et le départ de Derek. Tout ce qu'elle voulait, c'était aller de l'avant dans sa vie professionnelle et ne plus songer au passé, ne penser qu'aux collections qu'elle dessinait, ne s'inquiéter que pour des défilés de mode, et profiter de l'amitié de ses employés et de quelques proches. Elle ne voulait rien de plus que cela. Jean-Charles le devinait.

Certaines portes chez elle étaient fermées à double tour. Elle l'avait laissé jeter un bref coup d'œil avant de refermer le battant. Quand elle avait parlé de son fils, son regard était devenu lumineux. Puis elle avait songé à son mari, et elle s'était rembrunie. Elle avait survécu aux années les plus difficiles de sa vie, oubliant tout son passé, à l'exception de Mark qu'elle gardait dans son cœur. Il serait toujours avec elle. Mais elle ne voulait plus de relation sérieuse avec un homme, et plus d'enfants. Le risque de souffrir de nouveau était trop grand.

— Je suis vraiment désolé pour votre fils, dit Jean-Charles avec compassion. Et pour votre enfance. Vous avez eu une incroyable malchance.

— Je suppose. Mais j'ai aussi eu de la chance. Il faut tirer le meilleur parti des cartes que la vie vous distribue. Parfois c'est très dur, et parfois les choses s'arrangent. Je m'efforce de m'accommoder des événements à mesure qu'ils surviennent.

Timmie s'interrompit et observa Jean-Charles. Il devait certainement se demander pourquoi elle n'avait pas de mari, mais il était trop poli pour poser la question.

Jean-Charles, de son côté, supposait qu'elle avait été mariée au moment de la naissance de l'enfant, mais il la savait aussi assez forte pour avoir eu un bébé toute seule. Plus rien ne pouvait le surprendre, venant d'elle.

Timmie reprit la parole : elle avait décidé de lui parler de son mariage simplement, sans amertume.

— Mon mari est parti six mois après la mort de notre enfant. Ce décès avait été une terrible épreuve. Nous étions mariés depuis cinq ans, ce qui n'est pas beaucoup. C'était un styliste que j'avais engagé quand j'avais créé la ligne pour hommes. Il était excellent dans son travail et nous étions très bons amis avant de nous marier. C'est quelqu'un de bien. A la disparition de Mark, j'ai cru mourir, et lui aussi. Rien n'a plus été comme avant entre nous. Nous étions trop dévastés par le chagrin pour nous occuper l'un de l'autre. C'est alors que j'ai découvert ce que tout le monde savait depuis longtemps. Il était bisexuel et ne m'avait épousée que pour avoir un enfant. J'étais tombée enceinte tout de suite après notre mariage, qui d'ailleurs s'était décidé très vite, sur un coup de tête. Je n'étais même pas sûre de vouloir des enfants, pour les raisons que vous avez devinées. Mais il m'a persuadée de l'épouser pour fonder une famille. De fait, c'est la meilleure chose que j'aie jamais faite dans ma vie. Et puis, après la mort de Mark, Derek m'a annoncé qu'il voulait divorcer. Non seulement nous n'avions plus le courage d'avoir d'autres enfants, mais il avait aussi une autre vie. Après la mort de Mark, Derek s'est mis à boire. Il a rencontré un homme, dont il est tombé amoureux. Il ne voulait pas me faire de mal, juste rompre avec son ancienne vie. Et moi aussi. Etant donné les circonstances, c'était la seule chose qu'il nous restait à faire. Il a quitté la société, nous avons divorcé, et maintenant il vit en Italie avec cet homme.

Jean-Charles ne dit mot. Un traumatisme de plus auquel elle avait survécu.

— Comme il était le créateur de la ligne pour hommes et qu'il nous avait aidés à acquérir une renommée mondiale, je lui ai donné une somme importante à son départ. Et moi, pour surmonter tout ça, je me suis mise à travailler comme une malade et mon affaire est devenue toute ma vie. J'ai des nouvelles de Derek de loin en loin, mais chacun de nos échanges ravive la douleur. De toute façon, nous n'avons plus rien à nous dire. L'homme avec lequel il vit est un de nos anciens mannequins. Ils sont heureux. J'ai ma vie de mon côté, et j'ai tourné la page. Ce n'est pas une histoire très heureuse à raconter, mais je crois que de toute façon notre mariage n'aurait pas tenu. On ne peut pas aller contre sa nature. C'est notre fils qui maintenait notre couple et, quand il n'a plus été là, Derek est retourné à sa vie d'autrefois, dont j'ignorais tout. Des gens m'avaient glissé des allusions, à plusieurs reprises, mais je ne les croyais pas. En fait, ils avaient raison. Mais le fait d'avoir eu Mark, même très peu de temps, compensait tout. Ce fut la plus belle période de mon existence.

Timmie soupira, avant de reprendre d'une voix sourde :

— La vie est étrange. Elle vous envoie des défis à relever, des cadeaux inattendus. Mark était un don du ciel, un pur bonheur. Je ne regrette pas d'avoir épousé Derek, puisque cela m'a permis de l'avoir. Ma vie est simplement différente, à présent.

Jean-Charles songea une nouvelle fois qu'il avait sous-estimé cette femme exceptionnelle lors de leur première rencontre. Elle avait autant de force que cent personnes réunies, et encore bien plus de cœur. Malgré les pertes qu'elle avait subies, les plaies encore mal refermées, elle considérait la vie comme un cadeau. Il n'y avait en elle que de la beauté et de la fierté.

Ils échangèrent un regard, et Timmie se rendit compte qu'elle lui tenait la main. Son histoire n'était pas de celles qu'on peut raconter sans un soutien moral. Et c'était ce que Jean-Charles était devenu en l'espace de quelques heures. Il était entré dans sa vie pour un bref épisode, afin de la soutenir dans une épreuve difficile, mais elle allait emporter un peu de lui avec elle quand elle repartirait. Elle lui avait révélé ses plus profonds secrets. Timmie disait souvent que son cœur ressemblait à un vase chinois ancien : craquelé et vieux, mais solide.

— Quel dommage que vous ne vous soyez pas remariée pour avoir des enfants, dit Jean-Charles avec un peu de tristesse.

Elle n'avait que trente-six ans à la mort de son fils, et seulement un an de plus quand elle avait divorcé. Elle aurait eu le temps de commencer une nouvelle vie, mais elle avait choisi de ne pas le faire. Trop risqué ? Peut-être.

Le temps s'écoulait sans qu'ils s'en rendent compte. Jean-Charles se sentait très proche de cette femme dont il tenait toujours la main, et pourtant il n'avait aucune intention, ne nourrissait pas de sentiment amoureux pour elle. Tout ce qu'il ressentait, c'était qu'un lien profond les unissait.

— Je ne veux plus d'enfants ni de mari, déclara-t-elle posément. Derek avait besoin d'une nouvelle relation après la mort de Mark, mais pas moi. Je voulais juste rester seule pour panser mes plaies. Et c'est mon travail qui m'a gardée en vie.

— Et aujourd'hui ? interrogea Jean-Charles avec curiosité. Il n'y a personne dans votre vie ?

Timmie haussa les épaules et secoua la tête en souriant. La pensée l'effleura que Zack ne l'avait même pas rappelée. Elle lui avait laissé un message ce matin pour lui dire qu'elle avait été opérée, mais elle n'avait pas eu de nouvelles. Elle n'aurait su dire si cela la décevait ou non. Elle savait qu'il était vain de compter sur lui : il se complaisait dans l'apitoiement sur soi et ne pensait qu'à lui. Il n'y avait pas de méchanceté en lui, mais pas de profondeur non plus. Il n'était là que pour prendre du bon temps et n'avait jamais essayé de lui faire croire le contraire.

— Personne d'important, répondit-elle. Les hommes entrent dans ma vie et en ressortent aussi vite. Je fais des compromis que je peux supporter pendant de courtes périodes. Je n'ai pas eu de relation sérieuse depuis mon divorce. Je n'en veux pas. Le prix à payer est trop important et je suis trop vieille pour cela.

— A quarante-huit ans ? s'exclama-t-il en riant. Des femmes bien plus vieilles que vous tombent amoureuses et se marient. L'amour n'a pas d'âge. Ma propre mère est devenue veuve à soixante-dix-neuf ans et s'est remariée à quatre-vingt-cinq. Cela fait deux ans maintenant, et elle adore son mari. Elle est aussi heureuse avec lui qu'elle l'a été avec mon père.

Timmie sourit en imaginant la vieille dame. L'idée était délicieuse et attendrissante.

— Quand j'aurai quatre-vingt-cinq ans alors, répondit-elle avec un petit rire. Je pense que je vais attendre jusque-là. Je suis encore trop jeune. Et puis, quand j'aurai un alzheimer, j'aurai oublié ce qui me fait peur.

— Vous passez à côté de quelque chose, fit gentiment remarquer Jean-Charles. De quelque chose d'important, en fait. L'amour, Timmie. Vous en avez peur, et je ne vous blâme pas. Mais sans amour la vie est dure, on se sent seul.

— C'est vrai, admit-elle, mais c'est plus sûr. Je n'ai plus personne à perdre, maintenant.

Pour une femme aussi merveilleuse qu'elle, c'était une triste constatation. Il songea au nom de la personne à prévenir qu'elle avait donné à l'accueil de l'hôpital. Celui de son assistante. Ce n'était pas celui d'un homme. Pas de mari, même pas de petit ami. Elle n'avait ni frère ni sœur, aucune famille. La providence cependant mettait des gens comme Jean-Charles sur son chemin. Ils étaient en train de devenir amis. Elle était consciente qu'il l'admirait, mais en même temps elle voyait de la tristesse dans son regard. Elle n'aurait su dire s'il s'apitoyait sur elle ou sur lui, mais elle préférait ne pas poser la question. Les confidences étaient un don que l'on faisait spontanément à quelqu'un, on ne pouvait les provoquer. Visiblement, Jean-Charles n'était pas prêt à se confier. Une partie de lui demeurait fermée.

— Comment avez-vous fait pour ne pas devenir la proie de l'amertume ? s'enquit-il doucement.

Apparemment, elle ne nourrissait pas de rancune. Elle ne faisait de reproches à personne. Ni à ses parents, ni à son mari, ni même aux médecins qui n'avaient pas su sauver son fils. Jean-Charles aurait aimé pouvoir être comme elle. Lui-même était d'un tempérament rancunier et il éprouvait beaucoup de regrets concernant son passé. Cela l'attristait parfois profondément. C'est peu dire que Timmie l'inspirait ; il savait qu'il garderait longtemps le souvenir des instants qu'ils avaient passés ensemble cet après-midi. Ils avaient parlé pendant des heures. De temps à autre, une infirmière passait la tête dans l'embrasure, puis se retirait discrètement. Leur patiente était entre de bonnes mains, et il n'était pas question de les déranger. Leur conversation était grave, intense. La nuit tombait, cependant. Timmie semblait fatiguée.

— Je vous ai épuisée, dit-il sur un ton coupable.

Il n'avait pas vu le temps s'écouler. Il trouvait cette femme fascinante et espérait avoir l'occasion de la revoir lors d'un de ses prochains séjours à Paris. Soudain, il se dit que la vie lui avait fait un immense cadeau en lui permettant de la rencontrer. De son côté, Timmie n'oublierait jamais que Jean-Charles s'était trouvé là pour elle, la nuit précédente, et aujourd'hui encore il l'écoutait.

— Cela m'a fait du bien de bavarder avec vous, affirma-t-elle en laissant retomber sa tête sur l'oreiller. Je ne parle plus jamais de toutes ces choses.

Après la mort de son fils et la fin de son mariage, elle avait été suivie pendant plusieurs années par un psychiatre. Finalement, celui-ci avait décidé que la thérapie était terminée. Il avait fait tout ce qui était en son pouvoir, il fallait maintenant qu'elle vive avec son destin et qu'elle l'accepte. Le passé était ce qu'il était.

— Vous revenez de loin, Timmie, dit-il sobrement.

— Quand pourrai-je rentrer chez moi ? demanda-t-elle alors qu'il se levait.

— Je ne sais pas encore. Pas tout de suite. Dans une semaine, peut-être. Je vous laisserai d'abord retourner à l'hôtel, pour voir comment vous vous sentez. Vous repartez directement à Los Angeles ?

— Non, je suis censée m'arrêter à New York pour des réunions, dès vendredi soir.

— Je ne pense pas que vous en aurez la force, Timmie. Vous pourrez voyager d'ici une semaine, mais à votre place je rentrerais chez moi pour me reposer. Vous venez de subir une opération importante.

Timmie avait envisagé de demander à Jade et à David d'assister aux réunions sans elle. Ils pourraient toujours la mettre au courant ensuite. Elle s'était occupée du plus important, c'est-à-dire du défilé de prêt-à-porter. Le reste passait au second plan. Jean-Charles le comprit, car elle n'insistait pas pour quitter l'hôpital.

— Avez-vous besoin de quelque chose ? Un médicament contre la douleur ? lui proposa-t-il.

Elle refusa d'un signe de tête.

— Je préfère ne pas prendre de médicaments. Et la douleur est supportable. J'ai connu pire.

Après avoir parlé avec elle tout l'après-midi, il savait que c'était vrai. Elle faisait face aux événements. Toujours.

— Appelez-moi si vous avez besoin de quoi que ce soit.

Elle le remercia d'un sourire. Il lui tapota l'épaule, et elle sourit de nouveau en le regardant sortir. Après son départ, elle pensa longuement à lui. Cela faisait des années qu'elle n'avait plus ouvert son cœur ainsi. Peut-être même ne l'avait-elle jamais fait, dans toute sa vie. Elle se sentait parfaitement à l'aise avec lui. La crise de la nuit précédente avait abattu les barrières entre eux, et elle avait trouvé naturel de se raconter.

De son côté, Jean-Charles avait exactement les mêmes pensées. Timmie faisait partie des rares femmes auxquelles on pouvait se confier complètement. Il aurait aimé pouvoir aussi lui faire partager ses secrets. Pour l'instant, elle seule s'était livrée. Elle avait mis son âme à nu en lui exposant son histoire douloureuse. Il sentait que certaines plaies étaient encore à vif, et qu'elles le seraient toujours. Le temps avait guéri d'autres blessures, bien que les cicatrices soient toujours visibles. Il avait conscience d'avoir fait une rencontre capitale dans sa vie.

Elle n'éprouvait aucun regret d'avoir mis son âme à nu. En fait, elle se disait qu'à une certaine époque elle aurait aimé partager sa vie avec un homme comme lui. Elle n'avait pas eu cette chance. Derek et elle s'étaient intéressés au travail, à leur enfant, mais rien de plus. Ils n'avaient pas grand-chose en commun, en dehors de leur profession. Plus tard, elle s'était rendu compte qu'elle le connaissait très mal, et qu'il la connaissait encore moins.

Jean-Charles Vernier semblait être un partenaire idéal. Un allié sur lequel on pouvait compter. Mais, comme tous les hommes dotés de ces qualités, il était marié. Timmie repensa à la conversation qu'elle avait eue avec Jade. Il y avait des hommes égoïstes et superficiels – dont Zack était un spécimen – et, à l'autre extrémité de la chaîne, il existait des hommes tels que Jean-Charles. Extraordinaires, admirables, dignes de respect. Mais inaccessibles.

Néanmoins, elle était contente d'avoir pu parler avec lui tout l'après-midi. Ils avaient des affinités de cœur. Ce fait en lui-même était si rare que c'était déjà bien. Elle ne demandait rien de plus.

4

Timmie continua de se reposer les deux jours suivants. Jean-Charles passait la voir avant de visiter ses patients, puis après avoir quitté son service à l'hôpital. Elle avait meilleure mine et se sentait mieux. Le vendredi, il vint la voir une troisième fois, au sortir d'un dîner particulièrement long et ennuyeux. Vêtu de son costume sombre de soirée, il passa la tête dans l'entrebâillement de la porte et eut la bonne surprise de la trouver éveillée. Il était aussi beau et élégant que lors de leur première rencontre.

Timmie feuilletait un magazine anglais que lui avait donné une infirmière. Elle venait juste d'avoir Zack au téléphone. Sans surprise, celui-ci n'avait fait preuve d'aucune compassion, la taquinant au sujet de l'intervention comme si elle avait voulu lui faire une mauvaise blague en tombant malade. La générosité n'était pas son fort, et il traitait les problèmes des autres par-dessus la jambe. Il ne trouva rien de mieux à faire que de conclure que c'était bien fait pour elle puisqu'elle n'avait pas voulu l'emmener. Timmie trouva qu'il poussait le bouchon un peu loin. Pour lui, il était inconcevable qu'une personne aussi forte qu'elle soit bouleversée ou ait peur de quoi que ce soit, fût-ce une intervention chirurgicale impromptue !

Timmie avait eu également des nouvelles de Jade et David. Les réunions à New York s'étaient bien déroulées, malgré son absence. Tous deux étaient inquiets, et Jade lui avait proposé de revenir à Paris, mais elle avait refusé. Le plus dur était passé. Tout ce qui lui restait à faire, c'était se reposer, prendre ses antibiotiques et regagner des forces. Un peu plus tôt, elle avait effectué quelques allées et venues dans le couloir, en marchant lentement, à pas prudents. Seul Jean-Charles savait à quel point l'épreuve avait été rude. Pour les autres, elle affichait son assurance et sa force coutumières. Elle détestait exposer sa vulnérabilité.

Quand Jean-Charles passa la tête dans la chambre, elle leva les yeux et sourit. Il pénétra dans la pièce avec l'allure espiègle d'un adolescent. Il remarqua aussitôt qu'elle avait le teint plus animé que dans l'après-midi, et elle lui raconta son expédition dans le couloir.

— Mais que faites-vous ici, à une heure aussi tardive ? demanda-t-elle, étonnée.

Les médecins ne rendaient généralement pas visite à leurs patients à onze heures du soir. Ils échangèrent un sourire chaleureux.

— J'ai décidé de faire un petit saut ici avant de rentrer chez moi. Après tout, vous êtes quelqu'un d'important, ajouta-t-il pour la taquiner.

— Je suis surtout quelqu'un qui s'ennuie, répondit-elle en riant.

Elle posa le magazine sur le lit, heureuse de cette visite surprise.

— Il faut croire que je vais mieux, car j'ai l'impression d'être en prison. Quand allez-vous me laisser sortir ?

— Nous verrons demain. Vous pourrez sans doute retourner à l'hôtel dans deux ou trois jours avec une infirmière. Elle s'occupera de vous.

Leurs conversations allaient lui manquer, une fois qu'elle serait partie. Ils avaient découvert qu'ils avaient tous deux une passion pour l'art, et une préférence pour Chagall. Timmie possédait une de ses toiles, dans sa maison de Bel Air. Par ailleurs, Jean-Charles avait commencé à lui confier des bribes de sa propre histoire. L'avant-veille, il lui avait raconté qu'il avait décidé d'étudier la médecine à l'âge de seize ans, après que sa sœur de vingt et un ans avait succombé à une hémorragie cérébrale. Sa disparition brutale avait été un tournant dans sa vie.

— Je n'ai pas besoin d'une infirmière, protesta doucement Timmie, tandis qu'il prenait place à côté d'elle.

Elle admira son costume et se demanda quel styliste l'avait dessiné. La coupe splendide était sobre, masculine. Elle eut envie tout à coup de lui en offrir un, mais elle craignait de le mettre mal à l'aise. Il était toujours extrêmement élégant. Même dans ses tenues décontractées. Lors de sa visite du matin, il portait un pantalon de toile kaki, une chemise bleu pâle, un blazer et des mocassins de daim brun. Son style était plus britannique que français. Et comme il était grand et mince, tout lui allait.

— Oh si ! Il vous faut une infirmière, affirma-t-il. Sans cela, vous seriez tentée de sortir.

Il lui avait déjà dit qu'elle allait devoir observer le repos pendant une semaine. Ce qui semblait à Timmie une punition cruelle et inutile.

— Je ne me suis pas sauvée ce soir après le dîner, quand j'étais dans le couloir, lui fit-elle remarquer dans un sourire.

Elle s'était lavé les cheveux le matin, et sa crinière cuivrée retombait en cascade sur ses épaules. Jean-Charles vit que l'équipe du Plaza Athénée lui avait envoyé un énorme bouquet de fleurs. Jade et David lui en avaient fait livrer un autre, qu'ils avaient commandé de New

York, par téléphone. La chambre était parfumée comme un jardin.

— Comment était votre dîner ? demanda-t-elle avec l'air d'une petite fille qui avait dû rester à la maison avec une baby-sitter.

— D'un ennui mortel. L'atmosphère était guindée, le repas exécrable et, d'après les autres invités, le vin imbuvable. J'avais hâte de partir.

Timmie n'osa pas poser de question, mais se demanda pourquoi il n'était pas rentré chez lui avec sa femme. Elle avait eu l'impression, à une ou deux reprises, qu'il n'était pas heureux en ménage, mais il ne s'était jamais exprimé sur ce sujet. Il préférait parler de ses enfants. Il avait deux filles, Julianne et Sophie, respectivement âgées de dix-sept et quinze ans, et un fils, Xavier, qui était en première année de médecine et projetait de devenir chirurgien, ce dont son père était visiblement très fier. Ses filles avaient à peu près l'âge qu'aurait eu Mark, et il avait craint de l'attrister. Mais elle l'avait elle-même questionné à leur sujet, aussi s'autorisait-il à les évoquer quand l'occasion se présentait.

— Je n'aime pas trop les dîners mondains, avoua-t-elle, confortablement calée dans son lit d'hôpital.

Elle trouvait agréable d'avoir une visite à cette heure tardive, surtout maintenant qu'elle allait mieux. Elle ne sentait même plus l'aiguille de l'intraveineuse, au creux de son bras.

— Je préfère passer du temps dans ma maison de la plage, ou bien dans une brasserie avec des amis. Les réceptions sont des corvées pour moi.

Elle se trouvait parfois dans l'obligation de participer à des événements importants, à Hollywood. Sa société fournissait fréquemment des costumes aux studios, et elle habillait un bon nombre de stars.

— Où est située votre maison ? demanda-t-il avec intérêt.

— A Malibu.

Elle lui parla de ses longues promenades sur la plage, mais passa sous silence ses séjours avec Zack. Elle s'était gardée jusqu'ici de prononcer son nom. Il faisait partie des compromis qu'elle avait faits dans sa vie et dont elle n'était pas spécialement fière.

— J'ai toujours eu envie de connaître Malibu, dit Jean-Charles, pensif. Les photos sont tellement belles. Votre maison se trouve-t-elle dans la Colony ?

— Oui, répondit-elle en souriant. Il faudra que vous veniez la voir.

Un silence s'installa, chacun se demandant s'il reverrait l'autre un jour. C'était peu probable ; il aurait fallu qu'elle retombe malade lors d'un de ses séjours à Paris, ce qui n'était pas à souhaiter. Cependant, ils pouvaient aussi fort bien décider d'entretenir les liens d'amitié qui s'étaient tissés entre eux...

— Il y a des années que je ne suis plus allé à Los Angeles, dit Jean-Charles en se levant. J'ai assisté une fois à une intéressante conférence à la faculté de médecine de UCLA, et j'y ai donné quelques cours.

Mais il était tard. Timmie était sa patiente, et elle avait besoin de repos. Celle-ci hocha la tête en le voyant prendre congé. Bien qu'elle fût fatiguée, elle avait plaisir à bavarder avec lui.

— Je reviendrai vous voir demain, promit-il. Nous déciderons ensemble de la date de votre sortie. Probablement dimanche, si vous me promettez d'être sage.

— Et quand pensez-vous que je pourrai regagner Los Angeles ?

Cela faisait des semaines à présent qu'elle était partie de chez elle.

— Nous verrons. Peut-être à la fin de la semaine prochaine. Ou même plus tôt, si tout va bien.

Jade lui avait proposé de revenir la chercher, pour effectuer le voyage de retour avec elle. Timmie lui avait répondu que ce n'était pas nécessaire, bien que l'idée de devoir porter son énorme sac de voyage lui paraisse encore inenvisageable. Il était plus logique de laisser Jade repartir de New York avec David.

— Bonne nuit, Timmie, lança Jean-Charles depuis le seuil.

Avec un dernier sourire, il sortit.

Timmie s'endormit en pensant à lui et en se demandant comment était sa femme. Etait-elle aussi élégante et sophistiquée que lui ? Aussi ouverte aux autres ? Jean-Charles se montrait alternativement formel et chaleureux. Il lui avait montré des photos de ses enfants, et il semblait évident à Timmie que sa femme devait être aussi belle que lui, puisque leurs enfants étaient magnifiques. Pourtant, il ne parlait pas beaucoup de son épouse. Tout ce qu'elle savait, c'est qu'ils étaient mariés depuis presque trente ans, qu'elle avait étudié le droit, mais n'avait jamais travaillé.

Timmie aurait eu du mal à dire s'il était heureux dans son mariage. Elle supposait que oui, puisqu'ils étaient encore ensemble après tout ce temps. Mais il était très discret sur le sujet, ne faisant jamais aucune allusion à son épouse.

En dépit de leurs conversations profondes et intimes et de leurs nombreux points communs, Timmie n'avait pas eu l'impression qu'il flirtait avec elle. Il était attentif, intéressé, respectueux et savait rester distant. Cette réserve faisait penser à Timmie que, quoiqu'il parlât très peu de sa femme, il devait en être amoureux, ce qu'elle trouvait admirable. C'était un homme qui méritait l'admiration. Pour son dévouement, son talent professionnel, ses connaissances, son esprit, sa culture, son sens de l'humour, et pour l'intérêt qu'il portait à ses patients. Timmie n'avait jamais été aussi bien soignée par un médecin, et elle avait décidé de lui faire un cadeau avant de repartir pour les Etats-Unis. Mais pour cela, il fallait qu'elle sorte de ce satané hôpital.

Quand il revint la voir le lendemain matin, vêtu d'un pantalon de velours et d'un pull gris en cachemire, elle aborda de nouveau le sujet.

— D'accord, d'accord, Timmie. Je vois bien que vous allez me harceler tant que je ne vous aurai pas renvoyée au Plaza, dit-il en plaisantant.

Elle n'avait plus besoin d'injections d'antibiotiques par intraveineuse, et elle prendrait le reste de son traitement sous forme de comprimés.

— Vous pourrez rentrer à l'hôtel demain, à condition que vous me promettiez de continuer à vous reposer. Je suppose que ce sera plus confortable pour vous qu'ici.

C'était exact, bien qu'elle n'ait eu aucune raison de se plaindre de son bref séjour à l'hôpital.

Avant de la quitter, il l'avertit qu'il s'absentait de Paris jusqu'au lendemain. Son associé le remplacerait. De toute façon, elle avait son numéro de téléphone et ne devait pas hésiter à s'en servir si un problème quelconque surgissait. Elle songea au soir où elle l'avait appelé, terrassée par la douleur. Il lui semblait que cela remontait à des années en arrière. Après toutes ces heures passées à bavarder, Jean-Charles Vernier n'était plus un inconnu. C'était un ami.

— Je passerai vous voir au Plaza Athénée demain, à mon retour, promit-il.

Timmie ne douta pas un instant qu'il tiendrait parole. Il faisait toujours ce qu'il disait.

— Ce soir, je pars dans le Périgord, chez mon frère. Mes enfants adorent sa maison, et moi aussi.

Ce n'est qu'après son départ qu'elle se rendit compte qu'il n'avait pas parlé de sa femme, ce qu'elle trouva bizarre. Celle-ci n'aimait peut-être pas le Périgord, ou bien elle ne s'entendait pas avec le frère de Jean-Charles.

Après tant d'années de mariage, tout était possible. Les gens prenaient des habitudes, acceptaient de faire des concessions, ou au contraire tiraient un trait sur les personnes de la famille qu'ils n'aimaient pas. Jean-Charles ne lui avait donné aucune explication sur l'absence de sa femme. Bien qu'ils aient échangé des opinions très personnelles, allant du domaine de la politique jusqu'à l'éducation des enfants, en passant par le droit à l'avortement, Timmie ne se sentait pas le droit de le questionner. En y réfléchissant, elle prit conscience du fait qu'elle lui enviait un peu ce week-end avec ses enfants. Ceux-ci avaient beaucoup de chance d'avoir un père comme lui.

La soirée fut calme. Timmie regarda la chaîne CNN à la télévision. Les nouvelles n'étaient pas sensationnelles. Jade et David lui firent un rapport positif sur leur journée à New York. Ils avaient encore plusieurs rendez-vous après le week-end et devaient reprendre l'avion pour Los Angeles le mardi soir. Timmie espérait pouvoir les rejoindre à la fin de la semaine. Elle redoutait l'amoncellement des dossiers sur son bureau à son retour.

Car elle était encore très fatiguée. Lorsqu'elle s'habilla pour quitter l'hôpital le dimanche matin, ce simple effort l'épuisa. Elle regretta presque d'avoir refusé de se faire aider par une infirmière, comme l'avait suggéré Jean-Charles. Gilles vint la chercher pour la ramener au Plaza. Il était soulagé de la voir sur pied et lui avait apporté un énorme bouquet de roses rouges. Quand elle quitta l'hôpital avec son bouquet, les jambes flageolantes, Timmie eut l'impression d'être une star de cinéma ou une diva. Le retour à l'hôtel fut un bonheur. Elle retrouva avec délices sa suite luxueuse, et une femme de chambre vint l'aider à s'installer.

Après avoir pris une douche, elle commanda le déjeuner dans sa chambre, consulta ses messages et lut les fax que Jade et David lui avaient envoyés. Puis elle se coucha dans le grand lit aux draps impeccablement repassés. Cela lui semblait le comble du luxe. Aucun lieu au monde n'était aussi merveilleux que le Plaza Athénée.

En fin d'après-midi, elle était dans son lit, en train de siroter une tasse de thé, quand le concierge l'appela pour lui annoncer la visite du Dr Vernier. Cinq minutes plus tard, Jean-Charles apparut. Il semblait heureux et détendu et déclara qu'il lui trouvait très bonne mine.

— Ce doit être à cause des chocolats, répondit-elle en lui présentant la boîte.

Il résista vaillamment à la tentation, et elle enchaîna :

— Comment s'est passé votre week-end dans le Périgord ?

Elle ne précisa pas qu'il lui avait manqué, mais constata avec une légère surprise que c'était vrai. Elle n'avait eu personne avec qui discuter depuis la veille.

— Très bien, répondit-il. Et vous, comment vous sentez-vous, ici ? Vous êtes-vous reposée ?

Il lui posa la question d'un air sévère, et elle se mit à rire, ce qui le dérida. Son rire était contagieux. Et elle avait retrouvé son regard malicieux.

— Je n'ai absolument rien fait depuis ce matin. Je suis restée au lit, même pour manger.

— C'est exactement ce qu'il vous faut.

Il lui avait dit à plusieurs reprises qu'il fallait qu'elle prenne un peu de poids. Pour lui, toutes les Américaines dans le milieu de la mode étaient anorexiques. Ce n'était pas le cas de Timmie, mais elle avait maigri depuis son intervention chirurgicale. Quoi qu'il en soit, elle semblait enchantée de se retrouver dans cet hôtel luxueux. C'était son élément, elle se sentait redevenir elle-même, loin de l'hôpital de Neuilly. Bien qu'en chemise de nuit, elle avait mis des boucles d'oreilles en diamant et s'était fait les ongles. Il était indéniable que l'élégance et l'opulence lui seyaient à merveille. Dès que Jean-Charles lui donnerait le feu vert, elle prendrait la clé des champs.

Il avait du mal à se l'avouer, mais elle allait lui manquer. Elle lui proposa une coupe de champagne, mais il refusa en riant.

— Je bois rarement, expliqua-t-il. Et en outre je suis de garde ce soir.

— Vous ne buvez pas ?

Cela sembla la surprendre. Elle ne put s'empêcher de penser une fois de plus que sa femme avait de la chance. Les hommes comme Jean-Charles Vernier étaient rares et ne restaient jamais libres longtemps. Du moins, d'après son expérience. D'ailleurs, ils ne divorçaient pas. Impossible d'imaginer Jean-Charles célibataire ou accompagné d'une jeune femme dans le genre de celles que fréquentaient les hommes de sa connaissance. Des starlettes, des mannequins, des bimbos. L'idée même était risible. Il n'aurait sans doute pas supporté dix minutes une telle compagnie. Il visait beaucoup plus haut.

Timmie lui offrit alors une tasse de thé, qu'il refusa également. Il n'était pas son invité, mais son médecin, fit-il observer avec un sourire.

— Je pensais que nous étions amis, rétorqua-t-elle, déçue.

— Vous avez raison. Nous le sommes. J'aime beaucoup converser avec vous, admit-il. Vous allez me manquer quand vous serez partie.

Il aimait leurs discussions philosophiques sur l'humanité, sur l'évolution de la planète, sur la politique de leurs pays respectifs. Et surtout il avait été touché par ses confidences. Son enfance à l'orphelinat, ses passages dans les familles d'accueil. La plupart des gens à sa place auraient été détruits, mais ces épreuves l'avaient rendue plus forte. Puis il y avait eu la mort de son fils. Sachant ce qu'il éprouvait pour ses enfants, il ne pouvait rien imaginer de pire.

Jean-Charles n'avait pas l'habitude de se lier personnellement avec ses patients. Mais cette femme avait quelque chose de différent, qui l'attirait et lui donnait envie d'approfondir leur relation. Il était parfaitement à l'aise, assis dans le salon de sa suite, bavardant avec elle à bâtons rompus. Elle avait quitté son lit pour lui tenir compagnie, au milieu d'une profusion de fleurs envoyées par ses relations du monde de la mode. La nouvelle de son opération s'était répandue comme une traînée de poudre, de Paris à New York.

— Quels sont vos projets ? s'enquit-il avec intérêt.

Il semblait plus détendu qu'avant son week-end dans le Périgord.

— C'est à vous de me le dire, docteur. Quand pourrai-je rentrer chez moi ?

— Vous êtes pressée ?

— Non, répondit-elle avec franchise. Mais il faut que je rentre. J'ai une société à diriger, lui rappela-t-elle.

— Que diriez-vous de jeudi ? Pourrez-vous tenir jusque-là ?

Il était conscient qu'il ne pourrait la retenir indéfiniment au Plaza Athénée.

— Cela me paraît acceptable.

Timmie songea que David et Jade disposeraient ainsi d'une journée pour préparer le travail qui l'attendait et organiser son emploi du temps.

— Aurai-je le droit de sortir un peu, avant mon départ ? Au moins pour faire une petite promenade ?

Elle avait une idée en tête.

— Je pense que oui. Ne vous surmenez pas, c'est tout, et n'allez pas trop loin. Et ne portez pas de paquets. Si vous êtes raisonnable, tout ira bien.

— C'est un bon conseil, dit-elle en souriant. Mais je n'en ai pas besoin. Je suis toujours raisonnable, malheureusement. Et je suis trop vieille pour changer.

— L'âge n'a rien à voir avec la raison, rétorqua-t-il. Vous êtes assez jeune pour faire des folies si ça vous chante. Cela vous ferait peut-être du bien, de temps en temps.

Il imaginait le stress qu'elle devait subir avec son travail, la pression à laquelle elle était soumise quand les choses allaient de travers. Le monde de la mode était impitoyable, et elle devait se battre pour garder sa place au sommet, depuis vingt-trois ans. Toujours à tenter de se surpasser.

La nuit commençait à tomber et Timmie eut l'impression que Jean-Charles n'était pas encore disposé à prendre congé. Elle décida de but en blanc de lui poser une question personnelle. Mais elle était curieuse et, après tout, s'il n'avait pas envie de répondre, il ne le ferait pas. C'était un grand garçon, tout à fait capable de se défendre.

— Au fait, Jean-Charles, vous ne m'avez pas dit : votre femme vous a-t-elle accompagné dans le Périgord ?

La question le déstabilisa.

— Pourquoi me demandez-vous cela ?

Il se sentit mal à l'aise. L'intuition de Timmie lui parut surprenante. Elle semblait deviner ce qu'il lui avait tu. Et de toute évidence, elle suivait plus volontiers son instinct que la plupart des gens.

— Je ne sais pas, avoua-t-elle. Vous n'avez pas fait allusion à elle, et j'ai trouvé cela bizarre.

— Non, elle n'est pas venue. Elle ne s'entend pas avec mon frère.

En fait, elle se querellait depuis des années avec son frère au sujet d'une maison dont Jean-Charles et lui avaient hérité. Ils avaient fini par la vendre, car ils ne parvenaient pas à la partager en bonne intelligence. Depuis, elle n'adressait plus la parole à son beau-frère et refusait d'accompagner Jean-Charles lorsqu'il lui rendait visite dans le Périgord.

— Je me doutais qu'il y avait quelque chose comme ça, dit Timmie en hochant la tête.

Une sorte de querelle de famille.

— Nous ne voyageons pas toujours ensemble.

Un muscle tressauta presque imperceptiblement sur la joue de Jean-Charles. Il lui cachait quelque chose et Timmie le dévisagea, essayant de comprendre.

— Nous sommes tous deux très indépendants, et nous n'avons pas les mêmes centres d'intérêt.

— Etes-vous allé dîner seul, l'autre soir, à Neuilly ?

Elle se montrait franchement curieuse à présent et avait conscience d'être indiscrète. Qu'allait-il répondre ?

— En effet, dit-il, une fois de plus impressionné par sa perspicacité. Elle n'aime pas beaucoup ces gens. Nous n'avons pas les mêmes amis, en fait. Pourquoi cette question ?

— Juste une impression que j'avais. Mais cela ne me regarde pas, je suis désolée.

L'arrangement qu'il avait conclu avec sa femme l'intriguait. D'une certaine façon, c'était très français. En France, les couples préféraient régler leurs problèmes en menant des vies séparées plutôt qu'en divorçant. A l'inverse des Américains.

— Il me semble que vous n'êtes pas vraiment désolée, fit-il remarquer, narquois. Vous vouliez savoir. Maintenant, vous savez.

— Ce doit être difficile, d'avoir des vies sociales séparées et de partir en week-end chacun de son côté.

Elle se demanda s'il avait une maîtresse. Ou des maîtresses... Il n'avait cependant pas l'air d'être un coureur, et il s'était montré très circonspect avec elle. Il n'était pas le genre d'homme à flirter, du moins pas avec ses patientes.

— Quand un couple n'est pas très uni et que chacun a ses propres goûts, le fait d'avoir des vies séparées peut sauver un mariage. Après trente ans de vie commune, on ne peut pas s'attendre à ce qu'une union soit idyllique, expliqua-t-il posément.

Timmie acquiesça poliment.

— Je suppose que non. Je ne peux pas savoir, je n'ai pas été mariée assez longtemps.

— Cinq ans, c'est une durée respectable. Je trouve dommage que les gens baissent les bras, n'essaient pas de trouver une solution. D'après moi, les parents devraient rester unis pour leurs enfants. Ils leur doivent au moins cela, même si leur relation de couple a changé.

— Vous croyez vraiment que les gens qui ne s'entendent pas rendent leurs enfants heureux en restant ensemble malgré tout ? Ils finissent un jour ou l'autre par leur reprocher le sacrifice qu'ils ont fait pour eux, ce qui doit être très culpabilisant. Et pourquoi passer sa vie avec quelqu'un qu'on n'aime pas, avec qui on ne s'entend pas et qu'on ne supporte plus ? Je ne crois pas que les enfants retirent grand-chose de cette situation, à part du stress.

— On n'obtient pas toujours ce que l'on veut dans la vie, déclara Jean-Charles. Ou bien ce que l'on croyait avoir. Mais ce n'est pas une raison pour fuir.

— Vous êtes dur. Oui, il faut faire des efforts, mais je ne crois pas qu'il faut se résigner à être malheureux pendant le restant de ses jours. Parfois, il vaut mieux reconnaître qu'on s'est trompé, ou bien que les choses ont changé. Mon mari a fait cela, et je le respecte, même si j'en ai souffert. S'il n'avait pas eu le courage de partir, nous aurions vécu dans le mensonge. Je préfère être seule.

Apparemment, Jean-Charles n'était pas de son avis. Timmie ne le lâchait pas des yeux, consciente qu'il lui cachait un certain nombre de choses.

— Il faut savoir se résigner, dit-il en prenant un chocolat.

— Je ne suis pas d'accord. La résignation est quelque chose de triste.

— Oui, mais il y a une certaine noblesse dans le sacrifice.

— Il n'y a pas de prix à gagner, rétorqua sèchement Timmie. Vous devenez vieux, triste, fatigué avant l'heure, pendant que vos rêves meurent. Et tout cela pour quoi ? La vie, ce n'est pas cela.

Il ne répondit pas, semblant réfléchir à ce qu'elle venait de dire. Malgré tout ce qui lui était arrivé, elle croyait encore que l'amour était possible, sinon pour elle-même, au moins pour les autres. Car elle aussi s'était résignée et avait laissé ses rêves partir en fumée. En réalité, leur situation était similaire, bien qu'il soit marié et elle non. Chacun d'eux avait accepté qu'il lui manque quelque chose dans la vie, comme la plupart des gens. Et ils remplissaient leur existence du mieux qu'ils pouvaient, en travaillant trop. Lui avait ses enfants, et elle occupait ses nuits, à l'occasion, avec des hommes dans le genre de Zack.

Ils continuèrent de bavarder un moment, puis il se leva à regret. Le salon de la suite était confortable, et il aurait pu rester des heures à parler avec elle. Mais il avait d'autres choses à faire. Avant de partir, il lui promit de revenir la voir le lendemain, dans l'après-midi. Il lui restait encore trois jours à passer à Paris.

Le jour suivant, quand elle se leva et s'habilla, elle se sentit plus faible qu'elle ne voulait l'avouer, même à son médecin. Malgré tout, elle s'obligea à sortir. La boutique dans laquelle elle comptait se rendre n'était qu'à quelques pas de l'hôtel, avenue Montaigne. On y trouvait les plus beaux articles de Paris. Timmie tenait à acheter un cadeau à Jean-Charles. Celui-ci avait été d'une exceptionnelle gentillesse. Il l'avait très bien soignée et elle voulait le remercier. C'était à la fois un geste de gratitude et un témoignage d'amitié.

Timmie descendit dans le hall de l'hôtel juste avant midi et se dirigea à pas lents vers l'horlogerie de l'avenue Montaigne. Elle avait l'impression d'avoir vieilli de cent ans en une semaine. Son corps n'avait pas encore récupéré après le choc qu'il avait subi, et les antibiotiques lui donnaient un peu la nausée. Une fois dans le magasin, son esprit fut distrait par les articles présentés par les vendeurs, et elle trouva exactement ce qu'elle cherchait. Une montre très belle et simple, en platine, avec un cadran noir. Elle espérait qu'il la trouverait à son goût et, dans le cas contraire, le vendeur lui assura qu'il pourrait toujours venir l'échanger.

Contente de son achat, Timmie reprit le chemin de l'hôtel et retrouva sa suite avec plaisir. C'était sa première sortie depuis l'opération, et cette heure passée à l'extérieur l'avait vidée de ses forces. Après un déjeuner léger et une courte sieste, elle se sentit beaucoup mieux.

Quand Jean-Charles vint pour sa visite quotidienne, elle avait récupéré et avait de belles couleurs. Elle lui expliqua qu'elle avait marché dans l'avenue Montaigne, en passant toutefois sous silence son achat à l'horlogerie. Elle avait l'intention de lui offrir la montre le jour de son départ, quand elle le verrait pour la dernière fois.

Le téléphone cellulaire de Jean-Charles sonna plusieurs fois pendant la visite ; de toute évidence, il avait quelques patients très malades. Il lui était impossible de rester plus longtemps ce jour-là. En revanche, il la rappela dans la soirée pour prendre de ses nouvelles. Le lendemain matin, l'amélioration de son état se poursuivit. Elle décida de faire de nouveau un tour dans l'avenue Montaigne, puis revint à l'hôtel avec l'impression d'avoir franchi un cap important sur le chemin du rétablissement. Jean-Charles lui-même fut très heureux quand il la vit l'après-midi.

— Si vous marchez encore un peu demain, vous vous sentirez certainement assez forte pour prendre l'avion jeudi, comme prévu.

Timmie était un peu triste à l'idée de quitter Paris, sans qu'elle sache vraiment pourquoi.

Le mercredi, Jean-Charles vint la voir pour la dernière fois. Il était cinq heures de l'après-midi, il avait sa sacoche de médecin à la main, portait un blazer avec un pantalon gris, et une très belle cravate Hermès. Son allure était grave, professionnelle, et son regard mélancolique. Timmie ne savait pas si quelque chose l'avait bouleversé dans la journée ou s'il était attristé par son départ, comme elle l'était elle-même à l'idée de lui dire au revoir et de quitter Paris.

— Quand reviendrez-vous ? demanda-t-il, alors qu'ils étaient assis sur le canapé du salon.

Le cadeau qu'elle lui destinait était posé sur la table. La boîte était enveloppée d'un simple papier bleu nuit, maintenu par un ruban doré.

— Pas avant février. Pour le défilé de prêt-à-porter d'été. Cette fois, je ne me rendrai qu'à Milan et à Paris, après un saut à New York, bien entendu. Je n'irai pas à Londres, mes représentants sur place s'occuperont eux-mêmes des défilés. Quatre villes, c'est trop. Ce voyage m'a tuée, indépendamment de la crise d'appendicite.

— J'espère que nos chemins se croiseront de nouveau, énonça-t-il d'un ton guindé.

Timmie éprouva un peu de tristesse. Il était déjà différent. Rigide, vaguement mal à l'aise de se retrouver seul dans cette suite avec elle, et préoccupé, comme s'il avait mille autres choses en tête. Mais elle ne le connaissait pas assez bien pour lui demander si c'était le cas.

Ils bavardèrent pendant près d'une heure avant qu'il ne se décide à prendre congé. Un de ses patients l'attendait à son cabinet, et il s'était mis en retard. Timmie n'avait pas envie de lui dire adieu. Elle savait que, même s'ils se revoyaient un jour, ce ne serait plus pareil entre eux. Sa maladie et la solitude dans laquelle elle s'était trouvée avaient créé un rapprochement entre eux.

Elle aurait aimé se dire qu'elle avait un ami à Paris, mais elle n'était pas sûre que ce soit vrai. Cet homme était son médecin, il l'avait bien soignée et avait fait preuve d'une grande gentillesse. Elle aurait voulu qu'ils soient amis. Elle espérait qu'en février ils pourraient consolider ces liens, mais elle ignorait s'il en avait envie aussi.

Alors qu'il se dirigeait vers la porte, elle lui tendit le petit paquet bleu nuit. Il se figea, l'air décontenancé.

— Qu'est-ce que c'est ?

— Pour vous remercier d'avoir été si gentil, dit-elle doucement.

Elle lui avait confié des choses dont elle n'avait jamais soufflé mot à quiconque auparavant. Elle avait eu confiance en lui, comme en un ami. Mais il n'attendait rien d'elle, en dehors du temps qu'ils avaient passé ensemble. Le seul fait de parler avec elle était un cadeau suffisant. Il eut une légère hésitation avant de s'emparer de la boîte.

— Je n'ai fait que mon travail, dit-il à mi-voix.

Pour Timmie, il avait fait beaucoup plus que cela. Il l'avait soutenue et réconfortée, comme personne n'avait su le faire avant lui. Elle avait perçu beaucoup de bonté et d'humanité en lui. Ce cadeau exprimait sa gratitude.

— Merci... de m'avoir écoutée et d'avoir été là... de m'avoir tenu la main quand j'avais peur.

Elle avait connu tant d'épreuves terribles avant celle-ci qu'il n'imaginait pas avoir pu faire une différence dans sa vie. Pour lui, ce n'était rien, et il ne méritait pas de cadeau.

— Soyez prudente, recommanda-t-il en souriant. Reposez-vous. Vous allez encore vous sentir fatiguée quelque temps.

Il semblait mal à l'aise et parlait en médecin. Il n'aimait pas les adieux et ce cadeau inattendu l'avait troublé.

— Prenez bien soin de vous. Et n'hésitez pas à m'appeler si vous pensez que je peux vous aider.

— Je serai peut-être malade quand je reviendrai, en février ! s'exclama-t-elle en riant.

— J'espère que non ! Merci pour ce cadeau, Timmie. Il ne fallait pas.

— Cela me fait plaisir. Vous avez été si gentil.

Il songeait sans doute que ce devait être un stylo en argent, ou quelque chose dans le genre, comme ses patients lui en offraient parfois. Il allait être surpris.

Et tout à coup, sans prévenir, elle le serra dans ses bras et l'embrassa sur les deux joues. Il sourit.

— *Bon voyage, madame O'Neill,* dit-il en français.

Il la salua d'un signe de tête, ouvrit la porte et sortit.

Timmie le regarda gagner l'ascenseur et appuyer sur le bouton. La cabine arriva en quelques secondes, deux Japonais en sortirent et Jean-Charles s'engouffra à l'intérieur. Il lui fit un dernier signe de la main et disparut.

Timmie rentra dans sa suite, la gorge serrée. Elle détestait les adieux. Elle avait l'impression à chaque fois d'être un peu abandonnée. C'était idiot. Après tout, il n'était qu'un médecin. Pas son amant.

Et elle savait par expérience que toutes les bonnes choses, même les amitiés, ont une fin.

5

Le lendemain, en se levant, Timmie appela Zack pour le prévenir de son arrivée prochaine. A Paris on était jeudi matin, mais pour Zack c'était encore le mercredi soir. Le voyage jusqu'à Los Angeles lui prendrait douze heures, et le décalage horaire était de neuf heures. Elle serait donc chez elle en début d'après-midi.

Il paraissait détendu au téléphone, comme s'il avait été couché, mais il lui affirma qu'il ne dormait pas.

— Je pars aujourd'hui, lui dit-elle. Je t'appelle pour savoir si tu veux passer chez moi demain soir.

Ils ne s'étaient pas vus depuis quatre semaines. Il l'avait appelée deux ou trois fois, en essayant d'être drôle, et avait dit qu'elle lui manquait. Timmie aurait cependant apprécié qu'il la surprenne un peu en se montrant plus attentionné, notamment depuis qu'elle avait été malade. Mais il n'en était pas capable. Leur relation avait toujours été superficielle.

Zack appartenait à une race totalement différente de celle de Jean-Charles. Il n'y avait chez lui aucune profondeur de pensée ou de sentiment, et il n'avait jamais essayé de lui faire croire le contraire. Tout ce qu'il voulait, c'était passer du bon temps, et elle ne lui demandait rien de plus. Il ne fallait pas qu'elle perde cela de vue à présent. Les vacances approchaient et il serait bien plus agréable de les passer avec Zack, plutôt que seule.

— Désolé, Timmie, je ne pourrai pas, répondit-il d'un ton vague. J'ai quelque chose de prévu demain.

De fait, ils menaient des vies séparées, indépendantes. Il n'était pas le genre de petit ami qui attendait son retour avec impatience. Il avait une vie à lui. Et elle aussi.

— Tant pis, dit-elle d'un ton détaché.

Elle avait l'habitude d'essuyer des refus. Ils se voyaient quand cela les arrangeait, ils étaient libres. Zack avait eu l'habitude d'être recherché par les femmes, il faisait donc rarement des efforts pour elles. Néanmoins, sa relation avec Timmie flattait son ego, et il n'hésitait pas à dire dans son entourage qu'il sortait avec elle.

— Je dois aller à San Francisco pour voir un gars avec qui j'ai joué dans une pièce il y a quelques années, expliqua-t-il. Il vient de m'appeler. Je ne savais pas que tu allais rentrer.

Bon, au moins, il lui donnait une raison. Mais il ne lui proposait pas d'annuler son voyage à San Francisco pour elle. Sans doute était-ce une façon de se venger du fait qu'elle ne l'avait pas emmené en Europe avec elle. Il fallait qu'il marque un point.

— Dommage. Nous nous croiserons peut-être à l'aéroport, lança-t-elle avec légèreté.

Elle ne prenait pas l'affaire au sérieux. De toute façon, elle ne mourait pas non plus d'impatience de le retrouver. Ils auraient simplement pu passer un moment agréable, après quatre semaines de séparation.

Alors qu'elle l'écoutait, elle se rendit compte à quel point les conversations qu'elle avait eues avec Jean-Charles étaient différentes. Ce n'était pas seulement une question d'intelligence. C'était surtout qu'elle et Zack avaient peu de points communs. Ils se fréquentaient et couchaient ensemble depuis plusieurs mois, mais il n'y avait pas d'échanges entre eux. Il n'y en aurait jamais. Etrangement, elle se sentait beaucoup plus proche de Jean-Charles, qu'elle connaissait moins.

— Je te verrai à mon retour, dit-il d'un ton jovial. Je ne pars que deux jours. Que vas-tu faire ce week-end ? Partir à Malibu ?

— Peut-être. Je verrai. Je viens de sortir de l'hôpital.

Après un mois de séparation, elle avait l'impression de parler à un étranger.

— Appelle-moi, si tu y vas. Je reviens samedi. Tu peux me joindre sur mon téléphone mobile. Je rentrerai de San Francisco en voiture.

Elle savait qu'il serait moins pressé de la voir si elle restait à Bel Air. Elle le connaissait bien. Il adorait passer le week-end à la plage avec elle, et il savait qu'elle détestait se retrouver seule là-bas.

— Fais bon voyage, ajouta-t-il.

— Toi aussi.

Une légère tristesse l'envahit quand elle raccrocha. Parfois, bien qu'elle soit résolue à ne pas s'impliquer trop sérieusement dans cette relation, elle regrettait que Zack n'éprouve pas plus de sentiments pour elle. Il aurait été tellement plus agréable de retrouver quelqu'un qui l'aimait et l'entourait d'attentions.

Elle se prépara, tout en espérant un peu que Jean-Charles la rappellerait avant son départ. Mais il ne le fit pas. Certes, il n'avait aucune raison de le faire. Ils s'étaient dit au revoir la veille, et elle n'était plus sa patiente. Elle se demanda s'il avait ouvert le paquet et si la montre lui plaisait.

Timmie laissa des pourboires à la réception, salua le personnel de l'hôtel, puis Gilles lui fit traverser Paris à toute allure afin de gagner l'aéroport de Roissy-Charles-de-Gaulle. Il se chargea de faire enregistrer ses bagages, ce qui était habituellement le rôle de David quand ils voyageaient ensemble, et lui trouva un chariot pour son gros sac à main. Après son récent séjour à l'hôpital, le trajet jusqu'au terminal lui parut particulièrement long, mais elle ne souffrait plus. Elle était juste un petit peu plus fatiguée qu'en temps normal. Un employé au sol l'escorta jusqu'à l'avion et la fit asseoir dans son fauteuil, en première classe.

Tout s'était bien passé.

Timmie se cala au fond de son siège, sortit un livre de son sac, prit les magazines que lui proposa l'hôtesse, et renversa la tête contre le dossier en fermant les yeux. Elle avait l'impression d'être partie depuis des années. L'intervention chirurgicale avait prolongé son séjour et, en fin de compte, elle avait passé plus de deux semaines à Paris. Malgré son amour pour cette ville, elle était contente de rentrer chez elle. Des piles de dossiers devaient l'attendre sur son bureau, et elle avait un million de décisions à prendre pour la prochaine collection. Il était question de lancer un nouveau parfum et de renouveler la gamme des cosmétiques. Les idées se bousculaient dans sa tête. Mais une demi-heure après le décollage elle sombra dans le sommeil et dormit pendant cinq heures.

Quand elle s'éveilla, on lui servit à dîner et elle regarda un film. Puis elle fit basculer son fauteuil, se blottit sous la couverture et passa le reste du voyage à dormir. Le chef de cabine la réveilla peu de temps avant l'atterrissage.

— Madame O'Neill ? dit-il en lui posant une main sur l'épaule.

En entendant cette voix d'homme à l'accent français, elle crut l'espace d'une seconde être revenue à l'hôpital, avec Jean-Charles. Elle reprit ses esprits. L'homme la pria de redresser le dossier de son fauteuil, et elle vit par le hublot qu'ils survolaient Los Angeles.

Elle alla dans les toilettes se rafraîchir le visage et se recoiffer. Elle regagna son siège juste avant l'atterrissage. Elle fut l'une des premières à gagner la sortie. Un agent du service VIP l'accueillit et la déchargea de son lourd sac à main dès qu'elle eut posé le pied sur le sol américain. Elle n'avait rien à déclarer à la douane. Jade avait déjà rapporté quelques-uns de ses achats, et les autres avaient été envoyés directement chez elle. Timmie détestait perdre du temps à la douane et transportait rarement quoi que ce soit dans ses bagages.

Jade l'attendait à la sortie du service d'immigration. Le chauffeur était garé devant la porte. Son assistante lui expliqua que David avait eu trop de travail pour l'accompagner.

— Il n'était pas nécessaire de venir à deux, dit Timmie en souriant.

— Comment te sens-tu ?

Jade trouvait son amie pâle et amaigrie. Sa peau fine était presque translucide.

— Très bien, dit Timmie, surprise de se trouver en forme après ce long voyage.

— J'étais si inquiète de te savoir malade. Je voulais retourner à Paris.

— Ce n'était pas la peine, tout s'est bien passé. J'avais un bon médecin, et le personnel s'est très bien occupé de moi à l'Hôpital américain. Le premier choc passé, j'ai pu me reposer, même si ce n'était pas vraiment ce que j'avais en tête pour mon séjour à Paris.

Elle traversa l'aéroport d'un pas ferme, au côté de son assistante, admirative.

— Tu es très courageuse, Timmie. A ta place, si j'avais dû être opérée dans un pays étranger, j'aurais eu une crise de panique. Je redeviens un bébé, quand je suis malade, affirma Jade.

Timmie se mit à rire, heureuse d'avoir retrouvé Jade et sa routine familière. Malgré le luxe du Plaza Athénée, elle serait rudement contente de retrouver son lit, à Bel Air ! C'était bon, d'être enfin chez soi.

— Tu sais, moi, j'étais comme une petite fille de cinq ans, avoua-t-elle. Personne n'aime tomber malade loin de chez soi. Mais tout bien considéré, ça a été. Le médecin était parfait, il m'a même tenu la main.

— Si cela m'était arrivé, je pense qu'ils auraient dû me placer sous tranquillisants pendant dix jours, reconnut Jade.

La circulation sur l'autoroute était infernale, comme d'habitude.

— Qu'avons-nous de prévu ? s'enquit Timmie.

Jade lui exposa le programme de réunions pour la semaine suivante. Sachant que Timmie venait d'être malade, elle l'avait considérablement allégé. Mais selon les critères de tout mortel ordinaire, cet emploi du temps semblait déjà surchargé. Pour Timmie, ce n'était rien. Quand elle était en bonne forme, elle avait autant d'énergie que dix personnes réunies, et elle espérait bien retrouver très vite son rythme habituel. Cependant, suivant l'heure de Paris, il était plus de minuit pour elle. Il allait lui falloir quelques jours pour se remettre du voyage et de l'intervention chirurgicale.

Les deux femmes continuèrent de bavarder dans la voiture. A la dernière minute, Timmie décida de s'arrêter au bureau. Personne ne l'attendait chez elle, et elle était impatiente de jeter un coup d'œil à la somme de travail qui s'amoncelait sur sa table.

— Tu es sûre ? demanda Jade, soucieuse. Ne vaudrait-il pas mieux que tu te reposes ?

Mais c'était à Timmie qu'elle s'adressait. Pas à une personne ordinaire, qui aurait été pressée de rentrer pour se doucher, défaire ses valises et dormir dans son lit. La dynamo qui était en sommeil depuis dix jours ne demandait qu'à redémarrer. Jade le comprit en voyant le sourire et la bonne humeur de sa boss.

Le complexe qui abritait les bureaux de Timmie O se trouvait au centre de Los Angeles, dans le quartier des couturiers. Il comprenait cinq immeubles et un dépôt d'où partaient les expéditions vers l'étranger. Il y avait d'autres ateliers à quelques rues de là, une usine dans le New Jersey, ainsi que des fabriques de textiles qu'elle avait achetées des années auparavant en Malaisie et à Taiwan. Elle négociait actuellement l'achat d'une usine en Inde. Son visage s'illumina quand elles parvinrent devant les bureaux.

— Bienvenue à la maison, se dit-elle à elle-même, heureuse de retrouver sa vie normale.

Ici, elle se sentait forte et solide. Elle savait où elle allait, elle tenait son empire d'une main ferme, et elle adorait mener le jeu. Au cours des douze années précédentes, sa vie professionnelle avait pris le pas sur tout le reste, et elle savait avec certitude qu'elle excellait dans ce domaine. Cette pensée était réconfortante. Jamais la direction de ses différentes filiales ne lui avait fait peur. Bien au contraire, c'était ce qui lui donnait de la force et de l'assurance. Tous les autres aspects de son existence ne lui avaient apporté que de la peine. Ce n'était pas le cas de son métier. Dès le début, Timmie avait découvert ses possibilités et son immense talent dans le domaine de la mode. Ces dernières années, sa vie personnelle avait été décevante, et elle en souffrait. Aussi refusait-elle d'y penser. Tant qu'elle se concentrait sur son travail, tout allait bien. Jade eut l'impression de la voir renaître alors qu'elle franchissait la porte, telle une fleur rafraîchie par une ondée de printemps.

La tête haute, elle pénétra dans le bureau de David. Un large sourire illuminait son visage.

— Alors, je t'ai manqué ? s'exclama-t-elle en le serrant dans ses bras.

Comme Jade, David s'était inquiété. Mais il avait suivi ses instructions et était resté à New York pour assister aux réunions.

— Oui, c'est la dernière fois que nous te laissons seule quelque part. Nous étions malades d'angoisse !

— Il n'y avait rien de bien grave, affirma-t-elle d'un ton léger.

Soudain, Paris lui sembla très loin, tout comme l'opération et Jean-Charles Vernier. Celui-ci lui était complètement sorti de l'esprit, bien qu'elle l'ait vu régulièrement pendant neuf jours. Tout cela était fini, elle était de retour dans le royaume magique de Timmie O. Elle était redevenue elle-même, la personne qu'il avait vue la première fois, un personnage qu'il n'approuvait pas, car elle ne vivait que pour son travail, quitte à sacrifier tout le reste, y compris sa santé. Voilà qui elle était en réalité.

— Ne me raconte pas d'histoires, protesta David. Une appendicite aiguë, ce n'est pas rien. Tu aurais pu mourir.

— Je ne suis pas encore prête à te laisser ma place, répliqua-t-elle pour le taquiner. Quoi de neuf ? Mets-moi au courant avant que j'aille voir la pile de papiers sur mon bureau, sinon je risque d'avoir une crise cardiaque.

— Rien de vraiment urgent. J'ai éteint quelques incendies sans gravité aujourd'hui. Nous avons un problème à l'usine de Taiwan, je t'ai préparé un rapport à ce sujet, que tu trouveras dans ta boîte mail. Mais je crois que la crise est résolue. Tu pourras le lire tranquillement ce soir. Les tissus que nous avons commandés à Pékin sont arrivés, et les lainages d'Italie également. Ils sont déjà dans le New Jersey. En fait, je ne vois aucun sujet d'inquiétude pour toi, mais tu trouveras sûrement quelque chose, je le sais.

Il eut un petit rire joyeux. Timmie était à la fois son mentor et une grande sœur pour lui. La personne qu'il admirait le plus au monde.

Cela faisait six ans qu'il nourrissait pour elle cette admiration sans bornes : depuis qu'elle l'avait découvert et pris sous son aile. Tout ce qu'il savait sur la profession, c'était elle qui le lui avait enseigné. Timmie était une perfectionniste. Méticuleuse à l'excès, elle surveillait tout, était une commerciale géniale, connaissait son public et avait un don inné pour le stylisme. Rien d'étonnant à ce qu'elle soit la femme la plus en vue de la profession. L'univers de Timmie O, l'empire qu'elle avait bâti, était comme son enfant. Elle l'adorait, le soignait, le pomponnait, le protégeait.

— Je reviens dans une minute, dit-elle en quittant le bureau de David pour passer dans le sien.

Jade l'y attendait avec une tasse de thé, et plusieurs piles de courrier. Des brochures, des dossiers, des fax, des boîtes d'échantillons et mille autres choses s'entassaient sur son bureau. Timmie s'assit et se mit à trier tout cela avec délices, comme si elle s'attaquait à l'un de ces puzzles chinois qu'elle adorait. A sept heures du soir, elle y était encore avec Jade. Il restait une énorme pile de feuillets, qu'elle avait l'intention d'emporter chez elle pour les lire dans la soirée. C'était comme si elle n'était jamais partie. Elle était dans son élément. Le travail était son sport favori. Et elle était championne olympique.

— Je ne veux pas être mal élevée, murmura poliment Jade, peu après huit heures.

Elle ne rechignait jamais à travailler tard avec Timmie, et le faisait régulièrement, sauf lorsqu'elle avait quelque chose de spécial prévu pour la soirée. Mais Timmie perdait la notion du temps quand elle était assise à son bureau. Elle leva les yeux et redescendit lentement sur terre.

— Il doit être cinq heures du matin pour toi, dit son assistante. Tu devrais peut-être rentrer.

Apparemment, Timmie avait oublié qu'elle venait de se faire opérer.

— Ah, oui... bien sûr, marmonna-t-elle en tirant un bout de tissu d'un carnet d'échantillons. Mais j'ai dormi dans l'avion.

— Cela doit faire près de vingt-quatre heures que tu es debout. Tu as besoin de repos.

Timmie fut touchée par la sollicitude presque maternelle de son assistante.

— Je sais, je sais... J'en ai pour une minute. Je voudrais juste jeter un coup d'œil à un dernier dossier...

On aurait dit une enfant qui refuse de quitter son jeu pour aller dîner, se coucher, ou prendre son bain. Son travail était comme une drogue pour elle. A huit heures et demie, elle se résigna à reposer le dossier sur la pile qu'elle emportait chez elle. Jade la suivit à l'extérieur, où le chauffeur de Timmie attendait depuis cinq heures. Il avait l'habitude, car il la conduisait souvent bien qu'elle fût extrêmement indépendante et préférât conduire elle-même la plupart du temps. Mais quand il fallait se précipiter à l'aéroport, se rendre à une grande réception ou à un événement mondain important, elle faisait généralement appel à lui.

Ils déposèrent Jade chez elle, et à neuf heures et quart Timmie pénétra dans sa maison de Bel Air. Elle désactiva l'alarme, et le chauffeur lui monta ses bagages. Puis elle alluma les lumières et regarda autour d'elle, comme si elle était partie depuis des années. La maison était plus jolie que dans son souvenir. Le salon beige était vaste et aéré, orné de tableaux modernes aux couleurs vives. Elle possédait un De Kooning, un Pollock et un Oliveira, ainsi qu'un des plus anciens mobiles de Calder. Une sculpture de Louise Bourgeois occupait un angle de la pièce. Il se dégageait de ce décor simple et élégant une impression de sérénité. La chambre était blanche, et la cuisine, bleu et jaune.

Timmie avait acheté cette maison après son divorce. Elle voulait tirer un trait sur son passé et y avait réussi. Une photographie de son fils était posée sur une étagère, mais elle ne donnait jamais d'explications aux visiteurs qui ne la connaissaient pas bien. Il était rare qu'on lui pose des questions. Ses assistants s'en gardaient bien, et les hommes qui ne faisaient que passer dans sa vie ne prêtaient pas attention au portrait d'un enfant de quatre ans. Ils ne s'intéressaient qu'à la piscine ovale, au bain bouillonnant et au sauna. Elle avait fait installer une salle de sport au premier étage, qu'elle n'utilisait que rarement. Elle préférait marcher sur la plage de Malibu et chercher des coquillages. La salle servait aux autres. Zack y faisait un passage à chacune de ses visites. Il y avait une terrasse, adjacente à la cuisine, où elle aimait prendre son petit déjeuner. Cette maison était parfaite pour elle. Elle avait un bureau, une salle à manger, une chambre d'amis, une insonorisation extraordinaire et d'immenses placards.

Elle traversa la cuisine et ouvrit le réfrigérateur. La gouvernante l'avait rempli quand Jade l'avait prévenue de l'arrivée de Timmie. Mais celle-ci était trop fatiguée pour manger et ne se servit qu'un verre d'eau. Après avoir pris une douche, elle enfila sa chemise de nuit, alla se coucher et demeura allongée les yeux grands ouverts. A Paris il était huit heures du matin, c'était le moment du petit déjeuner. Pour la première fois depuis son départ, elle pensa à Jean-Charles et se demanda ce qu'il faisait. La montre lui avait-elle plu, ou allait-il l'échanger contre quelque chose d'autre ?

Elle demeura éveillée une ou deux heures, puis se mit à lire les dossiers qu'elle avait apportés du bureau. Il était trois heures du matin quand elle les eut tous parcourus. Lorsqu'elle se rallongea sous la couette, le lit lui parut soudain immense, comme s'il s'était élargi en son absence. Les yeux au plafond, elle se demanda pourquoi Zack était parti à San Francisco le jour de son retour. Etait-ce une coïncidence, ou l'avait-il fait exprès pour la punir ?

Timmie décida que cela n'avait aucune importance et se laissa sombrer dans le sommeil, vidant son esprit de toute préoccupation. Ses paupières s'abaissèrent, et sa dernière pensée fut pour Jean-Charles Vernier, à Paris.

L'espace d'un instant elle crut sentir sa main dans la sienne. La sensation était douce, réconfortante. Elle l'imagina à son chevet ici, à Los Angeles, dans sa chambre. Le reverrait-elle un jour ? Maintenant qu'elle était de retour chez elle, dans son monde habituel, cela paraissait fort peu probable.

6

Timmie se réveilla tôt. Elle se fit griller des toasts, mangea la moitié d'un yaourt et but une tasse de thé, avant de se doucher et de s'habiller. Son chauffeur l'attendait devant chez elle. Elle avait été agacée d'apprendre qu'elle ne pourrait pas conduire pendant un mois, après l'opération. Mais elle faisait contre mauvaise fortune bon cœur et en profita pour téléphoner à New York et lire son courrier dans la voiture. Elle transportait tous les dossiers pris la veille, accompagnés de petites notes à l'intention de Jade. Elle les lui remit en entrant dans les locaux et David la dévisagea, abasourdi.

— Tu les as tous lus ?

Elle acquiesça en souriant, et il secoua la tête.

— Pourquoi ne suis-je même pas surpris ? Tu as tout de même dormi la nuit dernière ?

— Un peu, répondit-elle en regardant du coin de l'œil son ordinateur.

Elle avait dormi quatre heures, ce qui était amplement suffisant. Ses nuits comptaient rarement plus de cinq heures de sommeil, et elle pouvait se contenter de trois. Néanmoins, en fin d'après-midi, le décalage horaire finit par la rattraper. Elle faillit s'endormir sur son bureau et fut obligée de renoncer. Après tout, c'était la veille du week-end. Elle n'était même pas obligée d'emporter des dossiers chez elle, puisqu'elle avait presque entièrement rattrapé son retard. Le reste pouvait attendre jusqu'à lundi.

La circulation sur l'autoroute de Santa Monica était dense, aussi n'arriva-t-elle pas chez elle avant dix-huit heures. Elle décida de partir à Malibu le soir même. Zack ne lui avait pas donné signe de vie, et elle avait été trop occupée elle-même pour l'appeler. De toute façon, il lui ferait signe à son retour en ville.

A neuf heures du soir, debout sur sa terrasse, elle contemplait l'océan et inhalait l'air marin, tandis que la brise soulevait ses cheveux. Elle adorait sa maison de Malibu. L'endroit était entièrement décoré de blanc et de bleu, avec des parquets blanchis, des plafonds bleu azur, des porcelaines chinoises disposées çà et là, et un grand lit à baldaquin drapé de tentures en lin blanc. Tout dans la décoration évoquait l'été. C'était une maison qu'elle avait toujours aimée, une des rares dans lesquelles elle pouvait se détendre complètement.

Elle venait juste de décider d'aller faire un tour sur la plage quand son téléphone sonna. C'était Zack. Il rentrait chez lui, un jour plus tôt que prévu.

— Tu es déjà sur la plage ? s'exclama-t-il, étonné. Je pensais que tu ne descendrais que demain matin. Je viens juste de dépasser Bakersfield, je devrais arriver chez moi dans deux heures. Veux-tu que je te rejoigne ce soir ?

Timmie eut une brève hésitation. Pourquoi pas ? Ce serait agréable de le voir, bien qu'elle se soit attendue à passer la nuit seule.

— Bien sûr, tu n'as qu'à venir, répondit-elle d'un ton léger.

Zack était un compagnon agréable pour le week-end, et elle n'avait pas besoin de se mettre en quatre pour lui.

Il allait et venait, ne lui demandait rien de spécial, ce qui était très bien, surtout quand elle était fatiguée ou avait eu une longue semaine. Il aimait juste traîner sur la plage et dans la maison. Parfois, ils pouvaient passer des heures sans échanger un mot.

— Je serai là vers minuit. Si tu es fatiguée, va te coucher et laisse la porte ouverte.

— D'accord, dit-elle en étouffant un bâillement. Je suis vannée. J'ai travaillé toute la journée malgré le décalage horaire, précisa-t-elle.

— Ne te dérange pas pour moi.

Il avait l'air de bonne humeur.

Timmie prit un bain dans l'immense salle de bains blanche, dont les fenêtres ouvraient sur l'océan. Puis elle alla dans sa chambre avec l'intention d'attendre Zack, mais elle s'endormit profondément bien avant minuit. Elle n'entendit pas Zack arriver, et celui-ci se glissa sans bruit dans le grand lit à baldaquin et s'endormit à côté d'elle. Leur relation tenait plus de la camaraderie que de la liaison sexuelle. Zack était l'homme qui lui tenait chaud la nuit.

Quand elle se réveilla le matin, il dormait comme un enfant avec ses longs cheveux blonds répandus sur l'oreiller. Timmie le contempla un moment et sourit. Il était beau. Très beau. Elle n'aurait su dire exactement ce qu'elle éprouvait pour lui, mais était-ce réellement important ? Il n'y avait rien à analyser dans leur relation. Il était là, tout simplement.

Elle sortit du lit avec précaution et se rendit pieds nus dans la cuisine, puis sur la terrasse. Cette journée de fin octobre était splendide. Timmie se rappela avec un léger choc que c'était Halloween. La température était anormalement douce pour la saison, malgré un vent léger. Il lui tardait d'enfiler son jean pour descendre sur la plage. L'océan était calme, le sable formait une étendue lisse, immaculée, comme par une belle journée de printemps.

Elle se fit une tasse de thé, prépara du café pour Zack, et s'assit au soleil. Une heure plus tard, Zack apparut, vêtu uniquement d'un caleçon, les cheveux tout ébouriffés. Il ressemblait à un acteur, ou à une publicité pour Calvin Klein.

— Salut, lança Timmie depuis sa chaise longue. Je suis désolée de m'être endormie hier soir. A quelle heure es-tu arrivé ?

Il ne prit pas la peine de venir l'embrasser, demeura à l'autre bout de la terrasse. Il sourit et s'étira en bâillant, l'air ensommeillé. De façon générale, il n'était pas très câlin. Mais il paraissait heureux de la voir et elle se rendit compte qu'elle était contente aussi.

— Je ne sais pas, il ne devait pas être loin de une heure du matin. Je me suis arrêté en route pour manger. Je me doutais que tu serais endormie. Tu as bonne mine, Tim. On ne dirait pas que tu as été malade.

Ils étaient comme deux amis ou colocataires se retrouvant par hasard après une longue séparation. En fait, ils menaient chacun des vies parallèles, qui se rejoignaient de temps en temps mais jamais pour très longtemps. Si elle n'avait pas déjà eu dans sa vie des relations de ce genre, Timmie aurait trouvé cela très étrange. Zack n'était ni passionné ni affectueux. Il était comme un ami. Parfois, quand l'envie leur en prenait, ils faisaient l'amour. Mais c'était plutôt rare.

En le voyant, on aurait pu croire que Zack était extraordinaire au lit, mais ce n'était pas le cas. Comme tous les hommes très beaux, il ne s'intéressait qu'à lui.

Il vint s'allonger sur un transat à côté d'elle et ferma les yeux pour se protéger du soleil. Ils ne s'étaient pas vus depuis un mois, mais l'idée de l'embrasser ne l'effleura même pas. Zack était exactement ce qu'il avait l'air d'être : un beau mannequin avec un corps de rêve, se conduisant souvent en enfant gâté, et capable aussi d'être très drôle. Il était difficile de prévoir quel aspect de sa personnalité dominerait à un moment donné. Tout dépendait de son humeur. Ce matin il était détendu, encore mal réveillé, et beau, comme toujours. Il ouvrit un œil et se tourna vers elle en souriant.

— Je suppose que tu n'es pas d'humeur à préparer le petit déjeuner ? demanda-t-il en se décidant enfin à l'embrasser.

Un baiser bref, lèvres fermées.

— Pourquoi ? Tu veux cuisiner à ma place ? répondit-elle en souriant.

Ce n'était qu'une taquinerie. S'ils attendaient qu'il se mette aux fourneaux, ils mourraient de faim.

— Tu m'as manqué, avoua-t-il en plongeant ses grands yeux bleus dans les siens. Je suis désolé que tu sois tombée malade. Comment vas-tu, maintenant ?

Waouh ! Il était d'une humeur exceptionnelle ce matin. Voilà qu'il s'intéressait à sa santé !

— Je me sens bien. A Paris ça n'allait pas trop, mais à présent tout est rentré dans l'ordre. Je suis juste un peu fatiguée. Comment s'est passé ton voyage à San Francisco ?

— Rien de très excitant. C'est pourquoi je suis revenu plus tôt que prévu.

Timmie n'en doutait pas. Il n'aurait pas été pressé de la rejoindre dans le cas contraire.

— J'ai décroché deux contrats pour des publicités cette semaine. Elles vont passer à la télévision nationale, expliqua-t-il, l'air content de lui.

Timmie lui avait toujours donné de bons conseils pour sa carrière, aussi se livrait-il volontiers.

— De quoi as-tu envie ? s'enquit-elle en se levant.

Elle aimait préparer le petit déjeuner quand ils étaient en week-end. Cela lui donnait l'impression de mener une vie de couple.

— Du jus d'orange, deux œufs, du bacon, des toasts et du café. Comme d'habitude.

Zack ne préparait jamais le petit déjeuner pour elle, mais c'était aussi bien, car il n'était pas bon cuisinier.

Elle passa dans la cuisine et réapparut vingt minutes plus tard avec un plateau bien garni.

— Le petit déjeuner est prêt, Votre Altesse.

Il s'assit en souriant et lui prit le plateau des mains. Elle aimait bien avoir quelqu'un à cajoler, de temps en temps. Elle avait disposé des assiettes blanches décorées de coquillages sur un set de table en lin. C'était un luxe qu'elle ne s'offrait que dans cette maison, quand elle avait le temps de se faire plaisir.

Tout en mangeant son petit déjeuner, il lui parla des essais qu'il avait faits en tant que mannequin et des auditions qu'il avait passées comme acteur. Timmie lui raconta les défilés en Europe et, pour une fois, il ne fit pas de remarques sur le fait qu'elle ne l'avait pas emmené. Ils firent ensuite une longue promenade sur la plage. Zack lui raconta quelques histoires drôles, ils ramassèrent des coquillages en pataugeant dans l'eau, puis il se mit à courir tandis qu'elle le suivait d'un pas tranquille. Cependant, cette promenade suffit à réveiller la douleur de la cicatrice. Elle dut s'asseoir sur le sable, tandis que Zack continuait sa course sur le rivage, dans le soleil d'octobre. Il était beau à regarder, et de loin on aurait pu le prendre pour un enfant.

Ce fut une journée paresseuse. Ils regagnèrent les transats de la terrasse, où ils passèrent une bonne partie de la journée, à faire la sieste ou à feuilleter des magazines. Le soir, Zack fit cuire des steaks au barbecue. Ils n'eurent pas de discussion grave, ne tentèrent pas de refaire le monde. Ils regardèrent une vidéo, puis se couchèrent et s'endormirent à dix heures. Zack l'enlaça, ce qui lui donna une impression de chaleur et de réconfort. Le matin, il voulut lui faire l'amour, mais elle lui expliqua que c'était impossible, car l'intervention était trop récente. Il prit la chose avec bonne humeur et réclama un petit déjeuner pour compenser, ce qu'elle lui offrit volontiers. La journée du dimanche se passa dans la même atmosphère détendue et calme que la veille.

Vers dix-huit heures, Zack la raccompagna à Bel Air. Il fit une séance de gym et prit un bain bouillonnant pendant qu'elle consultait ses mails. Zack restait rarement pour dîner le dimanche soir. Il avait généralement rendez-vous avec des amis, et Timmie en profitait pour s'avancer dans son travail.

— Que fais-tu cette semaine ? demanda-t-il d'un ton détaché, avant de partir.

Il aimait savoir si elle avait des sorties importantes en vue. Il cherchait toujours à se faire inviter à des réceptions où on pouvait le remarquer, mais Timmie ne sortait pas beaucoup. Elle avait raté le célèbre bal du Carrousel de Barbara Davis pendant qu'elle était en Europe et n'avait pas accordé une grande attention aux invitations que Jade avait laissées sur son bureau. Celles-ci étaient moins importantes pour elle que pour Zack.

— Pas grand-chose de sensationnel, dit-elle en le regardant entasser ses vêtements de sport dans son sac. Je verrai. J'ai beaucoup à faire, après une absence d'un mois.

Zack n'avait jamais pris la mesure de la somme de travail qu'elle fournissait, ni de la pression quotidienne qu'elle subissait au bureau.

— Tiens-moi au courant.

Timmie comprit qu'il ferait encore une crise de colère si elle ne le faisait pas profiter d'une de ses invitations. Pourtant, quand elle sortait, elle aurait préféré être seule. Elle n'aimait pas étaler sa vie privée. Evidemment, cela ne convenait pas du tout à Zack.

Ce dernier lui reprochait en outre de trop travailler. Elle voulait bien admettre que c'était vrai, mais elle n'avait pas du tout l'intention de changer ses habitudes. En tout cas, pas pour faire plaisir à Zack.

— Je t'appellerai, promit-il en déposant un baiser sec sur ses lèvres. Merci pour ce bon week-end.

Oui, ils avaient passé un week-end agréable et reposant. Zack ne s'était pas comporté comme un gamin, et aucune dispute n'était venue ternir l'atmosphère détendue. Et comme toujours, elle avait aimé dormir avec lui. Il lui tenait chaud au corps et à l'âme. Ces choses-là étaient très importantes, quand on vivait seule. Le sexe comptait moins que l'affection ou les caresses. Il était agréable de dormir avec quelqu'un, tout simplement. Sans Zack, elle aurait été privée de chaleur humaine. Elle n'avait personne d'autre contre qui se blottir pour dormir. Parfois, elle aurait été prête à vendre son âme pour un contact humain. La solitude était devenue le principal aspect redouté de sa vie, ces derniers temps. Zack était un remède contre ce sentiment angoissant.

La porte se referma sur lui, et elle l'écouta s'éloigner au volant de sa vieille Porsche. Alors qu'elle montait dans son bureau, elle éprouva une sensation de vide, comme si les bienfaits de ce week-end s'évanouissaient aussi vite qu'ils étaient apparus. Finalement, deux nuits avec Zack étaient bien suffisantes.

Timmie était en train de répondre à ses mails quand Jade l'appela.

— Comment s'est passé ton week-end ?

Elle appelait souvent le dimanche soir pour s'assurer que Timmie allait bien.

— Parfaitement. Je suis allée à Malibu, et Zack est venu me rejoindre.

— Vraiment ? Il ne t'en voulait plus pour le voyage en Europe ?

— Nous n'en avons pas parlé. Je pense qu'il s'est fait une raison, mais je suis sûre qu'il est parti à San Francisco pour ne pas être là à mon retour.

Jade ne dit rien. Elles avaient déjà eu d'innombrables discussions à ce sujet, et elle aurait voulu que Timmie soit plus exigeante. Elle méritait tellement mieux. Timmie croyait sincèrement que les femmes dans son genre étaient impossibles à caser. Les hommes de son âge recherchaient des femmes plus jeunes. Et ceux qui étaient intéressants étaient déjà mariés ! Jade elle-même avait du mal à rencontrer quelqu'un de bien. Elle envisageait d'ailleurs de s'inscrire sur un site en ligne. Pour Timmie, en revanche, une telle solution était inenvisageable. Impossible de publier sa photo sur un site de rencontres, à moins de vouloir se retrouver en moins de deux en une des journaux à scandale !

— Je suis allée à un rendez-vous surprise hier soir, avoua Jade en soupirant.

Timmie sourit. En un an, Jade avait eu des dizaines de rendez-vous surprises qui n'avaient rien donné. Mais il fallait reconnaître qu'elle ne se décourageait pas pour autant.

— Comment c'était ?

— Affreux, comme toujours. Il s'est comporté comme un étudiant attardé. Il m'a emmenée dans un bar de sportifs et a bu comme un malade. Je suis partie sans lui dire au revoir. David va m'aider à prendre un rendez-vous par Internet la semaine prochaine. Ça ne pourra pas être pire.

— Oh, si ! s'exclama Timmie en riant. Mais garde espoir : un de ces jours, tu tomberas sur le bon numéro et tu te retrouveras mariée, à Des Moines, avec six enfants.

— Je me contenterais de deux, ou même d'un seul, à Los Angeles, répondit Jade d'une voix triste.

Elle regretta soudain ses paroles. Parfois, elle oubliait que Timmie avait eu Mark. Celle-ci ne parlait jamais de lui, mais Jade était entrée dans la société juste après la mort du petit garçon. Cela avait été une période terrible dans la vie de Timmie, et son chagrin avait encore empiré quand Derek l'avait quittée, six mois plus tard. Jade ne se rappelait que trop bien cette époque, et la souffrance qui se lisait dans les yeux de Timmie. Celle-ci resurgissait parfois. Aussi Jade se retenait-elle de dire tout le mal qu'elle pensait de Zack. Elle savait que chacun faisait ce qu'il pouvait pour surmonter les épreuves de la vie. Zack ne lui plaisait pas, mais elle comprenait pourquoi Timmie maintenait cette relation. En douze ans passés à ses côtés, elle avait vu défiler plusieurs Zack.

— Cela finira par arriver, dit Timmie, rassurante.

Elle avait montré beaucoup de compassion lors de la rupture de Jade avec son homme marié. Celle-ci était restée dix ans avec lui et, jusqu'à la fin, il n'avait cessé de lui promettre qu'il allait quitter sa femme. Mais il y avait toujours un problème qui survenait, l'empêchant de mettre son projet à exécution : les enfants malades, sa mère qui n'en finissait pas de mourir, la santé de sa femme, ses problèmes psychiatriques, ses soucis d'argent, son entreprise qui battait de l'aile, un enfant diabétique qui n'aurait pas supporté le choc d'un divorce, la dépression de sa femme. Cela avait continué pendant des années, jusqu'à ce que Jade baisse les bras. Timmie savait par David que l'homme continuait d'appeler Jade, mais que celle-ci refusait de prendre ses appels. Il avait été comme une drogue pour elle, mais elle avait réussi à s'en détacher. Cependant, elle avait perdu dix ans de sa vie et craignait à présent d'avoir aussi perdu ses chances de devenir mère. Timmie comprenait son angoisse. Jade ne pouvait pas se permettre de folâtrer avec des hommes comme Zack, elle avait besoin de quelqu'un de solide, qui voulait se marier et fonder une famille.

— Cela arrivera au moment où tu t'y attendras le moins. Tu verras.

— Oui, peut-être, répondit Jade sans en croire un mot.

Elle fit dévier la conversation, l'orientant sur les rendez-vous de la semaine. Timmie allait reprendre son rythme de vie effréné avec enthousiasme. Elle se sentait en pleine forme.

Le lundi matin, la journée démarra sur les chapeaux de roues. Elle avait un million de coups de fil à passer, mille rendez-vous, des interviews, des stylistes à voir. Au cours de la semaine, elle régla une infinité de problèmes concernant la collection de printemps, évita un bon nombre de crises, parvint à trouver une solution au problème de Taiwan sans se rendre sur place. Personne n'aurait pu croire qu'elle venait d'être malade et de subir une intervention chirurgicale.

Zack l'avait appelée le mardi pour venir dormir chez elle, mais elle n'était rentrée qu'à minuit. Elle envisageait de lui téléphoner, le jeudi, quand Jade lui apporta son courrier. Une enveloppe avec des timbres français, envoyée par Jean-Charles Vernier, s'y trouvait. Sans savoir pourquoi, elle attendit que Jade soit sortie pour l'ouvrir. Le contenu de l'enveloppe l'étonna. Elle s'attendait à un papier à en-tête professionnel, mais elle découvrit une carte postale représentant un coucher de soleil sur l'océan. La photo avait été prise en Normandie. Le message était bref. Et guindé. Timmie ne savait plus que penser. La lettre lui faisait l'effet d'un message lancé à la mer dans une bouteille, et qui ne lui était parvenu que par le plus grand des hasards. Elle eut une impression étrange en la lisant. L'écriture de Jean-Charles était nette et précise.

Chère Madame O'Neill,
Votre cadeau extravagant m'a immensément surpris. C'est un présent magnifique, mais que je pense totalement immérité. Je suis enchanté que votre opération se soit bien passée

et j'espère que votre convalescence se déroule sans problème.
Je penserai à vous chaque fois que je porterai la montre, que
je ne mérite pas, je le répète, mais que j'aurai plaisir à voir
à mon poignet.
J'espère que cette missive vous trouvera en bonne santé,
Bien à vous,
Jean-Charles Vernier

Timmie avait du mal à dire si le ton cérémonieux de
la lettre était vraiment voulu ou s'il venait juste du choix
des formules. Il n'avait rien à voir en tout cas avec les
conversations qu'ils avaient eues dans sa chambre
d'hôpital, ou le soir, quand il passait la voir à l'hôtel.
Elle songea à ce qu'il lui avait confié à propos de son
mariage ; pour lui, la seule option était de se résigner
aux différences et aux déceptions. Elle songea à ce
qu'elle lui avait dit. Elle lui avait raconté toute son histoire : Mark, Derek, ses années d'orphelinat. Elle n'avait
rien passé sous silence. Certes, elle ne s'attendait pas
qu'il y fasse allusion dans sa lettre, mais celle-ci ne ressemblait pas au souvenir qu'elle avait gardé de leurs
tête-à-tête. Elle aurait aimé pouvoir lire entre les lignes,
deviner à quoi il pensait en l'écrivant. Etait-elle juste
pour lui une riche Américaine qui était tombée malade
à Paris et lui avait offert un cadeau extravagant ? Ou
bien les confidences qu'elle lui avait faites l'avaient-elles
touché ? Elle se sentait un peu idiote d'avoir ce genre de
pensées et d'être déçue par le contenu froid de la lettre.
A quoi s'attendait-elle ? Et qu'avait-elle cherché en lui
offrant cette montre ? Juste à le remercier ? Ou à le
séduire ? Ses raisons n'étaient peut-être pas aussi pures
qu'elle l'avait cru.

Quoi qu'il en soit, Jean-Charles Vernier n'était pas
amoureux d'elle, c'était clair. Avait-elle espéré que ce
serait le cas ? Elle n'en savait plus rien. Jean-Charles
était beau, convenable, élégant, intelligent, marié et père

de famille, dans un pays où les gens divorçaient peu. Il avait beau lui avoir tenu la main pendant l'opération, avoir écouté la triste histoire de sa vie, il n'était en fin de compte qu'un médecin français marié, qui lui envoyait un mot de remerciement sur une carte postale. Cela ne signifiait rien.

Elle était sa patiente, rien de plus. Ce qui n'empêchait pas qu'ils avaient eu un échange profond, inhabituel entre un médecin et son malade. Mais Jean-Charles n'avait pas perdu la tête pour autant. Timmie n'aurait su dire pourquoi, mais elle avait envie de répondre à cette lettre. Elle posa la carte sur son bureau et la contempla comme si le papier pouvait lui parler et dire ce que Jean-Charles n'avait pas osé écrire.

Mais où avait-elle la tête, à la fin ? Ce n'était qu'une carte de remerciement, rien de plus. Il était un peu embarrassant de constater qu'elle avait le béguin pour son médecin français... si c'était bien le cas. Elle prenait conscience que, pour elle, il y avait eu plus que de l'amitié dans leurs échanges. Cela n'aurait jamais dû être. C'était un fantasme, un rêve d'adolescente. Et il avait correctement interprété le sens de son cadeau. La seule chose qui lui paraissait déroutante, c'était la carte qu'il avait choisie. Un coucher de soleil sur l'océan, comme une sorte d'appel. Elle se trompait, forcément. C'était l'effet de son imagination, elle prenait ses désirs pour la réalité.

Elle ne pouvait pas, et ne devait pas lui répondre. Cela aurait été déplacé ; il la prendrait sans doute pour une folle. Elle lui avait offert une montre, il la remerciait, sa carte était jolie... et alors ? Cela ne voulait strictement rien dire. Ce n'était pas un message dans une bouteille lancée à la mer. Juste un remerciement plutôt guindé. Elle se dit qu'elle était ridicule et jeta la carte à la corbeille. Quoi qu'elle ait ressenti pour cet homme, ce n'était rien.

Jade entra alors dans son bureau.

— Quelque chose ne va pas ? s'enquit-elle en voyant son expression de perplexité.

— Non, rien, répondit Timmie, cherchant à se convaincre elle-même.

— Les commerciaux que tu avais demandé à David de contacter sont là. Ils ont cinq minutes d'avance. Veux-tu que je les retienne un moment ?

Timmie hésita, résistant au prix d'un effort considérable à la tentation de repêcher la carte dans la corbeille. C'était ridicule. Elle ne pouvait se permettre de penser à cet homme. Mais l'espace d'un instant, il lui manqua. C'était de la folie. Elle regarda Jade droit dans les yeux, s'efforçant de se concentrer sur ce qu'elle disait.

— Fais-les entrer.

Jade ressortit, et Timmie jeta de nouveau un œil à la carte dans la corbeille. Cela ne signifiait rien. Ni pour lui ni pour elle, se répéta-t-elle avec conviction.

7

Timmie passa les deux week-ends suivants avec Zack et s'amusa plus qu'elle ne s'y attendait. Ils visitèrent un salon d'art contemporain, assistèrent à la première d'un film pour laquelle elle avait reçu des invitations. Zack se fit photographier avec elle, ce qui le combla. Ils se rendirent à l'inauguration d'un restaurant, passèrent du temps à la plage et firent l'amour, deux fois. Le dimanche soir, comme de coutume, chacun reprenait sa vie de célibataire.

Jade détestait voir Timmie perdre son temps avec Zack et se contenter de si peu. Selon elle, il n'était qu'un égoïste, un opportuniste, un enfant gâté. Elle n'hésitait pas à livrer le fond de sa pensée à David chaque fois que l'occasion se présentait.

— Il me rend folle, lui confia-t-elle carrément un après-midi, à trois heures, alors qu'ils mangeaient tous deux un en-cas dans le bureau du jeune homme.

Ils n'avaient pas eu cinq minutes de répit au cours de la matinée et faisaient enfin une pause déjeuner. Timmie était en rendez-vous en ville avec leurs avocats et leur directeur financier pour apporter quelques changements à leurs fonds de pension.

— Je déteste la voir se contenter d'un type comme Zack, ajouta-t-elle, la bouche pleine.

David mordit à belles dents dans son sandwich au pastrami. Il était affamé, mais n'avait pas pu s'arrêter de travailler avant le départ de Timmie. Celle-ci ne cessait de le mitrailler de dossiers, telles des balles qu'il attrapait au bond.

— Ce type est un crétin, un vrai nul, continua Jade.

— Allons, Jadie, ne sois pas si dure avec lui. Il n'est pas méchant, mais ce n'est pas un génie, voilà tout. Il est acteur, mannequin, il a une belle gueule et un corps de rêve. C'est pour cela qu'il lui plaît. Que veux-tu de plus ?

— J'aimerais la voir avec un homme qui a un cœur, un cerveau, et peut-être même des couilles. Il lui faut un *mensch*, quelqu'un de bien, le contraire de Zack.

David sourit en l'entendant utiliser ce terme yiddish. Jade était d'origine asiatique, mais elle avait appris beaucoup d'expressions juives quand elle travaillait à New York, sur la Septième Avenue, où Timmie l'avait rencontrée. Par exemple, elle adorait employer le mot « schmatta » en parlant de leur travail, comme s'ils étaient des chiffonniers vendant des hardes. David disait que Jade maîtrisait le yiddish mieux que sa grand-mère à lui, qui avait grandi à Pasadena et avait épousé un épiscopalien. Mais il comprenait pourquoi elle avait utilisé le terme de « mensch ». Elle aurait aimé que Timmie ait un compagnon solide, intègre, qui ait du cœur et du courage. Zack ne répondait pas à ces critères moraux, mais David le trouvait inoffensif, et Timmie ne se faisait aucune illusion à son sujet. Cependant, David et Jade étaient d'accord sur un point : Zack ne cherchait que son intérêt personnel. Ce qu'il voulait, c'était se faire de la publicité, avoir des opportunités sociales et professionnelles. Il poussait toujours Timmie à se montrer en public avec lui afin de profiter de son image. Ses ambitions étaient franchement déclarées. Mais Timmie savait se protéger. Elle connaissait bien ce genre d'hommes.

— Eh bien, au moins, reprit David, il n'essaye pas de lui soutirer de l'argent, et il ne lui demande pas de l'aider à monter une affaire.

C'était ce qu'avait tenté le précédent. Il voulait que Timmie finance une galerie d'art, dans laquelle il aurait pu vendre ses propres œuvres. Elle avait gracieusement tiré sa révérence, et passé un an et demi seule, avant de rencontrer Zack.

Au début, Zack s'était montré drôle et charmant. Il l'avait inondée de fleurs et de petits cadeaux, jusqu'à ce qu'elle accepte enfin de sortir avec lui. Cela faisait maintenant cinq mois qu'ils se voyaient presque chaque week-end. Mais David et Jade supposaient que cette relation ne durerait pas longtemps. Tôt ou tard, Zack irait trop loin. Ses manipulations deviendraient trop évidentes, il exercerait sur Timmie une pression trop forte, ou bien il la tromperait, et elle mettrait rapidement un terme à leur liaison, à moins qu'il ne le fasse lui-même. Il n'y avait pas entre eux les sentiments spéciaux qui faisaient qu'un couple durait. Le respect, la compréhension, les fondements solides d'une relation qui aidaient à surmonter les passages difficiles. Tout ce qu'ils avaient en commun, c'étaient de bons moments passés ensemble. Pour tout le reste, Timmie ne comptait que sur elle-même.

— Je ne comprends pas pourquoi elle ne trouve pas quelqu'un de son âge, qui lui ressemblerait un peu plus et qui serait digne d'elle.

— Allons, dit David en prenant les pickles qui garnissaient le sandwich de Jade. C'est ce que nous voudrions tous trouver.

Il lui mangeait toujours ses pickles et lui donnait une partie de ses frites en échange. Cela faisait partie de leurs accords.

— Y compris moi. Mais qui a le temps de chercher ? Nous travaillons quinze à vingt heures par jour, éteignons quelques feux de forêt chaque semaine, et voyageons d'un bout à l'autre de la planète. Merde, cela fait deux ans que je n'ai pas de vraie copine ! Et pile au moment où j'en trouve une, Timmie m'envoie passer un mois en Malaisie. Ou bien je me retrouve à New York, à résoudre les problèmes de notre agence de publicité, ou à Paris et Milan, à courir après des mannequins à moitié nus pour les aider à se recoiffer avant une prise de vue. Quelle femme serait prête à accepter un tel compagnon ? Celles que je connais aiment que je les emmène dîner au restaurant le vendredi soir et que je parte au ski avec elles pendant le week-end. Je n'ai plus skié depuis que j'ai quitté l'université. J'ai fait six fois des réservations pour Tahoe l'année dernière, et j'ai dû toutes les annuler. Cela fait trois ans que je n'ai pas pris de vacances.

« Et Timmie travaille dix fois plus que toi et moi. A quel homme un tel style de vie pourrait convenir ? Les gars auxquels tu penses ont des femmes qui vivent comme Zack, exactement pour les mêmes raisons. Tout ce qu'ils veulent, c'est une jolie frimousse, un corps de rêve et des week-ends libres de tout souci. Si Timmie était un homme et Zack une femme, tu ne serais pas choquée du tout.

— Bien sûr que si. Elle vaut tellement mieux que cela. Tu le sais aussi bien que moi. Zack ne pense qu'à lui. Je n'ai pas posé de question, mais je suis prête à parier ma prime de Noël qu'il ne l'a même pas appelée à Paris quand elle a été malade. Il n'était même pas dans les parages à son retour. Il se fiche de tout, à part lui.

— C'est dans sa nature, rétorqua David. Quand on travaille autant que nous, on a peu de chances de tomber sur l'oiseau rare. Car l'oiseau rare veut plus que ce que nous avons à lui donner. Tu crois vraiment que

Timmie est disponible pour un homme ? Elle sait aussi bien que nous que la réponse est non. C'est peut-être pour cela que tu es restée pendant dix ans avec un homme marié. Quelqu'un d'autre n'aurait pas supporté de ne te voir qu'une fois par semaine, entre deux rendez-vous !

David venait de toucher un point sensible. Jade garda le silence un moment, puis finit par secouer la tête.

— Ce n'était pas comme cela, entre Stanley et moi. Je l'aimais. Il m'a menti. Et ce qui est encore pire, c'est qu'il s'est menti à lui-même. Il m'avait promis qu'il divorcerait. Mais il ne l'a pas fait tout de suite, quand il était encore temps, et après tout est allé de travers : sa femme est tombée malade, ses deux filles sont devenues boulimiques et se sont mises à prendre des antidépresseurs quand il a parlé de divorce, son père a subi une opération à cœur ouvert, son fils est parti en cure de désintoxication pendant un an. A la suite de cela, son affaire a dégringolé. Et les problèmes ne sont pas finis pour lui. Une de ses filles se drogue, sa femme a un cancer de l'utérus. Cela fait dix ans qu'elles séjournent à l'hôpital à tour de rôle. Il me demandait d'attendre, mais les crises se succédaient. Comment pouvais-je lutter contre tout ça ? Si j'avais tenu bon, peut-être... je ne sais pas.

Ses yeux s'embuèrent comme chaque fois qu'elle repensait à Stanley. La dernière fois qu'il lui avait dit qu'il ne pouvait pas quitter sa femme et sa famille, elle avait bien failli se suicider. Son psychiatre l'avait heureusement aidée à le quitter. Elle-même savait qu'il n'y avait pas d'autre issue, si elle voulait sauver sa peau. Dix ans dans ces conditions, c'était déjà beaucoup trop. David l'avait encouragée à sauter le pas. Bien que persuadé que Stan aimait la jeune femme, il savait qu'il ne partirait pas avec elle. Ce que Jade avait à lui donner n'était pas suffisant. Certes, elle disait vouloir un mari et des enfants, mais elle voulait aussi poursuivre sa carrière. Or, Stanley voulait une épouse à plein temps, et il en avait déjà une.

— Alors, qu'est-ce qu'on attend pour t'inscrire sur Internet ? lâcha David.

— Quand tu voudras, répondit Jade avec un sourire nerveux. Mais comment pourrai-je être sûre que les hommes que je rencontrerai ne mentent pas sur leur statut et qu'ils ne cachent pas une épouse ?

Elle ne parvenait pas à accorder sa confiance facilement. Pourtant, Stanley ne lui avait jamais menti à ce sujet. Il ne lui avait même pas vraiment fait de promesse. Il avait juste laissé entendre qu'il essaierait de divorcer, et elle avait accepté de jouer le jeu. Au fil des ans, elle avait oublié ces détails. A présent, elle ne voulait plus prendre le moindre risque.

— Il faut te fier à ton instinct, et prendre des renseignements sur eux ensuite, si cela peut te rassurer. Tu peux aussi engager un détective privé. Certaines personnes le font. L'avantage d'Internet, c'est que ça élargit le champ des recherches.

Jade jeta un coup d'œil à sa montre.

— D'accord. Montre-moi, dit-elle en désignant l'ordinateur avec un sourire malicieux.

Elle était prête à se lancer. Enfin.

— Tout de suite ? Tu parles sérieusement ? fit David, déconcerté.

— Oui. Timmie ne sera pas de retour avant cinq heures, et je suis libre. Il ne me reste que trois lettres à écrire, qui peuvent attendre jusqu'à demain. Alors, maestro, initie-moi aux rencontres sur Internet. Après tout, ça ne peut pas être pire que mes rendez-vous surprises ! Encore un comme le dernier, et je vomis sur place !

David se tourna en souriant vers l'ordinateur et tapa le nom d'un des sites de rencontres les plus connus. Il s'était lui-même inscrit, mais ne se connectait plus depuis environ un an. Son principal problème était un cruel manque de disponibilité. Il avait correspondu quelque temps avec une jeune femme rencontrée par les petites annonces du Journal des anciens de Harvard. Elle venait d'obtenir ses diplômes et vivait à San Francisco. Ils s'étaient rencontrés une fois, mais David l'avait trouvée trop baba cool pour lui. Elle était partie pour Berkeley quelques mois plus tard et lui avait écrit pour lui apprendre qu'elle venait de trouver une compagne. De toute évidence, elle n'était pas la femme de sa vie.

A vrai dire, au fond de lui, il avait envie de faire la connaissance d'une jeune fille juive. Aussi s'était-il inscrit sur un site correspondant à ses préférences religieuses. Mais pour Jade, il choisit un site destiné à une plus large clientèle et lui posa des questions concernant l'âge et la situation géographique des hommes qu'elle souhaitait rencontrer.

— Que veux-tu dire ? demanda-t-elle, un peu désorientée.

— A quelle distance de chez toi préfères-tu qu'ils habitent ? Dans la même ville, même code postal ? A dix kilomètres ? Cinq ? Un ? Dans le même Etat ? Ou bien n'importe où dans le pays ? Privilégies-tu les grandes villes ?

— Je n'en sais rien ! Disons, toute la région autour de Los Angeles. C'est bien, ça ?

Elle n'avait aucune idée de ce qu'il fallait répondre. Ce qui lui importait plus, c'était le niveau d'éducation et la vie professionnelle de la personne. Elle reconnaissait elle-même qu'elle était un peu snob dans ce domaine, ayant fréquenté l'université de Berkeley.

— C'est à toi de décider, Jade. Personnellement j'aime bien m'en tenir au même code postal, histoire d'éviter les embouteillages sur l'autoroute.

— Bon, eh bien, je m'en tiendrai au Grand Los Angeles, décida Jade, avec l'impression de passer une commande au supermarché.

Elle faisait d'ailleurs ses courses par téléphone, et le gardien les lui rangeait dans son réfrigérateur quand elles étaient livrées. Le monde s'adaptait aux gens qui n'avaient plus le temps de s'occuper des menues tâches quotidiennes, trop absorbés par leur travail, leurs déplacements d'affaires, leurs projets de week-end, voire leurs cours de gym lorsqu'il leur restait du temps pour cela.

Quand Jade eut enregistré ses préférences et déterminé une tranche d'âge cible – de trente-cinq à cinquante-deux ans –, des photographies s'affichèrent, un peu comme un menu. David lui fit signe d'approcher sa chaise afin de mieux voir l'écran. Certains des types avaient l'air bizarres, d'autres étaient beaux, la plupart étaient banals. Les clichés étaient assortis de descriptions qu'ils avaient eux-mêmes rédigées. Celles-ci étaient parfois d'une stupidité affligeante, ou carrément absurdes. David lui expliqua que ces commentaires étaient le résultat de cases qu'il fallait cocher. Lorsqu'elle cliquait sur une photo, un profil plus précis s'affichait, indiquant leur religion, leurs préférences sexuelles, statut marital, nombre d'enfants, sports préférés. Etaient-ils tatoués, avaient-ils des piercings, que recherchaient-ils chez une femme ? Certains voulaient qu'elle appartienne à la même religion qu'eux, qu'elle soit capable d'accomplir des prouesses sexuelles, ou bien même faisaient référence à des fantasmes sexuels précis. Ils donnaient tous leur profession, parfois leur niveau de salaire ou d'études. Puis ils écrivaient un bref paragraphe sur eux. Jade grimaça en parcourant la plupart des profils, mais six d'entre eux retinrent son attention : ces hommes semblaient plaisants, sains, ils avaient de bons jobs et avaient fait des études supérieures. Deux d'entre eux étaient divorcés et avaient de jeunes enfants. Ce n'était pas l'idéal, mais elle pouvait s'en accommoder. Les six recherchaient une femme de leur âge ayant une vie professionnelle. Ils aimaient voyager, souhaitaient s'engager dans une relation stable, étaient prêts éventuellement à se marier et à avoir des enfants. L'un d'eux disait avoir un penchant pour les Asiatiques, ce qu'elle trouva suspect. Espérait-il trouver chez ces dernières un esprit de soumission ? Un autre avait obtenu son diplôme à Berkeley la même année qu'elle, mais sa photo ne lui disait rien, ce qui n'était pas étonnant puisque quarante mille étudiants fréquentaient cette université. Il était architecte et vivait à Beverly Hills.

— Pourquoi ces types n'ont-ils pas quelqu'un dans leur vie ? Ils doivent avoir des défauts cachés, déclara Jade d'un ton suspicieux.

David éclata de rire.

— Qui a dit « Je ne voudrais pas faire partie d'un club qui voudrait de moi comme membre » ? Je ne sais plus si c'est Woody Allen ou Mark Twain. Ecoute, ils sont juste dans la même galère que nous. Nous travaillons comme des malades, nous n'avons pas le temps de sortir, et nous en avons par-dessus la tête des zèbres que nos amis nous font rencontrer. Que veux-tu que je te dise ? Ce système a l'air de marcher pour un tas de gens, ça vaut la peine de s'y intéresser. Je suis tombé sur une ou deux tarées, mais la plupart des femmes que j'ai rencontrées par Internet étaient très sympas. J'aurais même pu avoir une relation avec certaines, mais je n'avais pas le temps, ou je n'avais pas envie de m'engager sérieusement à l'époque. Il faut que tu connaisses les règles par contre. Tu les contactes sur leur boîte mail, mais tu ne leur donnes pas ton adresse ni ton numéro de téléphone, même pas celui du bureau. Et s'ils te plaisent, tu acceptes de les rencontrer dans un lieu public. Tu dois suivre ton instinct, mais ne jamais te mettre dans une situation potentiellement dangereuse. Et tu vois ce qui se passe. Tu n'as rien à perdre.

— Non, rien, murmura Jade, pas complètement convaincue, mais suffisamment intriguée pour continuer.

— Veux-tu écrire à l'un de ces hommes ? Tu peux le faire en passant par ma boîte. Mais si tu as l'intention de te lancer dans une recherche sérieuse, il faudra éditer ton profil avec une photo. Tu peux le faire de manière que seuls les gens qui t'intéressent vraiment puissent voir ta photo... Alors, tu veux leur écrire ?

Jade hocha la tête, pensive. C'était l'architecte qui lui plaisait le plus. Il était divorcé, mais avait été marié pendant six ans et n'avait pas d'enfants. Il vivait à Beverly Hills, se passionnait pour l'art et la littérature européenne, qu'elle avait elle-même étudiés à l'école. Ses villes préférées étaient Paris, Venise et New York, ce qui leur en faisait deux en commun. Il aimait skier, camper, aller au théâtre et au cinéma, cuisiner avec la femme de sa vie, ou pour elle si elle n'aimait pas cela, ce qui tombait bien, car ses propres talents culinaires se limitaient à faire réchauffer une soupe toute prête. Elle achetait ses salades composées chez Safeway et mangeait en cachette des Twinkies de la marque Hostess. Elle en avait toujours un dans son bureau, ainsi qu'un sachet de M&M's. Cette nourriture « saine », disait-elle, constituait parfois son déjeuner quand elle n'avait pas le temps de sortir.

Elle rapprocha sa chaise de David et répondit à chacun des six hommes, en se décrivant brièvement. Il aurait fallu qu'elle ouvre son propre compte sur le site, afin de leur fournir un profil détaillé et des photos. Mais avant de franchir ce pas, elle voulait voir quels genres de réponses elle allait obtenir.

Elle venait juste d'envoyer le dernier mail et riait nerveusement avec David, quand Timmie entra.

— Qu'est-ce que vous faites, les enfants ? demanda-t-elle en voyant leur expression espiègle.

Quoi qu'ils fassent, elle savait que c'était innocent. Ils avaient besoin de se détendre de temps en temps, et aucune urgence ne les attendait.

— Allez, avouez tout. Vous avez l'air de deux chats qui ont mangé le canari.

— Pas un, mais six, reconnut Jade.

Elle savait que Timmie se méfiait des rencontres sur Internet, mais elle n'avait pas de secret pour elle.

— Explique-toi, ordonna Timmie.

Son regard tomba sur l'écran. Elle vit les photos accompagnées de petits textes, et considéra ses deux assistants avec une affection toute maternelle.

— Faites attention à vous, tous les deux ! Pas de meurtriers en série, s'il vous plaît. J'ai besoin de vous.

Jade aurait aimé lui conseiller de s'inscrire elle aussi sur le site, mais c'était impossible. Même si Timmie n'avait pas donné son vrai nom, son visage était connu dans le monde entier. Il apparaissait depuis des années dans des articles ou des publicités, et ses longs cheveux roux et ses yeux verts ne s'oubliaient pas facilement. Son succès professionnel était donné en exemple dans les écoles de commerce et dans le monde de la mode. Si elle publiait sa photo sur un site de rencontres, dix minutes plus tard celle-ci se retrouverait dans les journaux à scandale. Impossible même de s'adresser discrètement à un de ces entremetteurs en vogue, qui faisaient les mariages des célébrités.

Si les systèmes de rencontres se modernisaient, c'était bien la preuve qu'il était difficile de nos jours de trouver l'âme sœur, même en ayant la jeunesse, la beauté et une réussite professionnelle reconnue. Les hommes auxquels Jade avait écrit entraient tous les six dans cette catégorie. Ils affirmaient souhaiter une relation à long terme, mais de toute évidence n'avaient pas encore fait la rencontre rêvée. Timmie n'était donc pas seule dans ce cas. Mais elle était limitée par l'âge et la célébrité. Il fallait donc qu'elle s'accommode de ce qu'elle trouvait par elle-même, et ce n'était pas brillant, à en juger par Zack et tous ceux qui l'avaient précédé au cours des onze années précédentes. Quant aux rendez-vous surprises arrangés par les amis, Timmie y avait renoncé depuis longtemps. Elle trouvait le procédé humiliant et peu efficace.

— Montre-toi prudente, recommanda-t-elle à Jade, avant de regagner son bureau.

Cette dernière la suivit, souriante. David lui avait promis de consulter ses mails pendant le week-end et de l'avertir si elle recevait des réponses.

Timmie quitta son bureau à six heures, ce qui était tôt pour elle. Zack arriva vers sept heures, et ils dînèrent au restaurant Little Door, un des préférés de Timmie. Ils allèrent ensuite au cinéma voir un thriller choisi par Zack. Le film ne plut pas à Timmie, qui le taquina sur le chemin du retour en disant qu'elle avait au moins apprécié les pop-corn. Ils étaient tous deux de bonne humeur. Zack avait décroché un petit rôle dans une fiction, et il espérait aussi être pris pour une publicité nationale qui lui ouvrirait des perspectives. Il était toujours heureux quand il avait du travail, et déprimé quand il n'était pas retenu. C'étaient les aléas de sa profession. Par chance, son allure jeune jouait en sa faveur. Il se teignait les cheveux pour accentuer sa blondeur et se faisait faire des injections de collagène et de Botox. Timmie refusait de l'imiter. D'une part elle était beaucoup moins vaniteuse que lui, d'autre part son travail ne dépendait pas de son physique.

Le lendemain, elle se leva à sept heures, fit une demi-heure de gym, se doucha et se prépara un petit déjeuner léger composé de yaourt, de thé et de céréales. Elle avait un rendez-vous ce matin et s'apprêtait à partir quand Zack descendit, une serviette-éponge drapée autour de la taille. Il l'embrassa sur les lèvres, prit le journal et se dirigea vers la cuisine. Cette petite scène domestique donna à Timmie l'impression de partager avec lui une certaine intimité. Mais ce n'était qu'une illusion.

— Je t'ai laissé du café.

— Merci. A quelle heure auras-tu fini ?

— Je serai là vers trois heures.

— Alors on se retrouve ici, dit-il d'un ton léger.

Timmie sortit en refermant doucement la porte derrière elle. Elle était toujours étonnée qu'il ne lui demande pas ce qu'elle faisait le samedi matin quand ils n'étaient pas ensemble. Il s'imaginait certainement que ses affaires l'appelaient. De toute façon, il ne lui disait pas tout non plus.

Elle avait revêtu un jean, des baskets et un vieux pull avec une veste en denim. Ses cheveux étaient relevés en queue-de-cheval. Elle n'était pas maquillée, ce qui ne l'empêchait pas d'avoir très bonne mine. Timmie se souciait peu de son apparence, et elle n'en était que plus belle.

Souriant dans le vague, elle monta dans sa voiture, mit de la musique et prit la route de Santa Monica. Elle attendait ces samedis matin avec impatience. Elle s'arrangeait pour dégager du temps chaque fois que c'était possible. Ces matinées la comblaient. Elle n'y renoncerait pour rien au monde.

Vingt minutes après avoir quitté Bel Air, elle s'arrêta devant un immeuble récemment repeint. C'était une maison victorienne, qui venait d'être agrandie et rénovée. Des bicyclettes flambant neuves étaient rangées devant le vieux perron. Derrière le bâtiment, on apercevait un superbe mur d'escalade. De toute évidence, le lieu était habité par des enfants.

Timmie franchit la porte d'entrée entrouverte. Deux femmes aux cheveux courts et au visage buriné discutaient dans le hall, et une troisième, plus jeune, était assise derrière un bureau.

— Bonjour, mes sœurs.

Les deux femmes qui parlaient entre elles étaient beaucoup plus âgées que Timmie. Celle qui était au bureau, en revanche, avait l'allure d'une enfant. Toutes trois étaient religieuses, bien que rien dans leur tenue vestimentaire ne le laissât deviner. Elles étaient en jean et en sweat-shirt.

— Ah, Timmie ! Nous espérions vous voir aujourd'hui, dit la plus âgée.

Sœur Anne était la directrice de Sainte-Cécilia. Elle avait été carmélite dans sa jeunesse, puis elle avait quitté cet ordre pour entrer chez les dominicaines. Cela faisait quarante ans qu'elle s'occupait d'enfants des quartiers défavorisés, et elle était passée par Chicago, l'Alabama et le Mississippi, avant d'arriver ici.

Sainte-Cécilia hébergeait des enfants orphelins qui, pour une raison ou une autre, ne pouvaient être adoptés. Ils avaient des problèmes de santé, ou ils avaient dépassé l'âge voulu, ou bien encore ils ne s'étaient pas adaptés dans les familles d'accueil auxquelles ils avaient été confiés. Ce projet était celui de sœur Anne, depuis le début. Ayant entendu parler du caractère charitable de Timmie et de son affection naturelle pour les enfants, elle était venue la voir pour lui exposer son idée. Timmie l'avait écoutée et, sans dire un mot ou poser la moindre question, elle avait signé un chèque de un million de dollars, qu'elle avait donné à la religieuse pour acheter la maison, engager du personnel et diriger l'institution. Cela faisait déjà dix ans que cette aventure avait commencé. Sainte-Cécilia n'existait que grâce à la générosité de Timmie O'Neill, mais cela restait un secret.

Seuls David et Jade étaient au courant. Timmie n'aimait pas faire étalage de ses engagements.

La maison était tenue par six religieuses et pouvait abriter entre dix-huit et vingt-cinq enfants. Il y en avait vingt et un en ce moment, et on en attendait deux de plus au cours des prochains jours. Ils avaient de cinq à dix-huit ans, et il y avait autant de filles que de garçons. Certains étaient là depuis cinq ans. Le but était naturellement de placer ces enfants et ces jeunes dans des familles mais, leurs cas étant difficiles, la plupart restaient à Sainte-Cécilia pendant des années. La pensionnaire qui était restée le plus longtemps était une petite fille aveugle. Elle avait passé sept ans dans la maison. L'année précédente, après avoir réussi ses examens, elle avait obtenu, avec le soutien de Timmie, une bourse pour l'université. Sainte-Cécilia avait été une bénédiction pour elle. L'institution accueillait également trois pensionnaires diabétiques que leur maladie rendait difficiles à placer, et un autre qui avait des problèmes émotionnels dus à des actes de maltraitance. Nombre d'entre eux souffraient d'énurésie à leur arrivée, mais le problème disparaissait généralement en quelques mois. Enfin, tous n'étaient pas des enfants attirants pour des adoptants. Certains s'opposaient systématiquement aux adultes, d'autres avaient commis des vols dans leur famille d'accueil précédente, d'autres encore étaient d'une timidité maladive ou ne s'étaient pas entendus avec les enfants biologiques de leurs familles. Pour une raison ou une autre, tous avaient été rejetés à plusieurs reprises, comme des poissons remis à l'eau, car ils ne correspondaient pas à ce qu'on souhaitait. Les sœurs les avaient repêchés et leur offraient l'affection, la sécurité, et un foyer.

Timmie adorait leur rendre visite. Elle le faisait dès qu'elle en avait l'opportunité, presque toujours le samedi matin. Les enfants l'appelaient Timmie, et même eux ignoraient totalement qu'elle était la bienfaitrice du foyer.

— Nous avons appris que vous aviez été opérée de l'appendicite à Paris, dit sœur Margaret d'un air soucieux.

Sœur Margaret était entrée dans les ordres à dix-huit ans, ce qui était rare à notre époque. Agée maintenant de vingt-cinq ans, elle venait à peine de prononcer ses vœux. Quand elle avait appelé le bureau de Jade pour connaître la date du retour de Timmie, l'assistante lui avait expliqué la situation. Les religieuses s'étaient terriblement inquiétées pour elle.

— Comment vous sentez-vous, à présent ?

— Très bien. Complètement remise à neuf ! J'avoue avoir eu un peu peur quand c'est arrivé, mais maintenant tout va bien.

En fait, Timmie avait complètement oublié l'opération. C'était comme si rien ne s'était passé.

— Y a-t-il eu de nouvelles arrivées ? demanda-t-elle avec intérêt.

Elle voulait connaître tous les enfants et savoir pourquoi ils étaient là. Chaque cas l'intéressait. La plupart des gens ne sauraient jamais pourquoi cette institution lui tenait tellement à cœur, mais elle avait un jour raconté son histoire à sœur Anne, tandis qu'elles travaillaient côte à côte dans la maison. Deux ans après la mort de son fils, abandonnée par son mari, elle avait aidé les religieuses à aménager le bâtiment. De son propre aveu, c'était ce qui lui avait sauvé la vie.

— Nous attendons toujours les deux nouveaux. Il y a eu des retards dans les démarches administratives, mais nous allons essayer de les recevoir pour Thanksgiving.

La fête avait lieu cinq jours plus tard. Les religieuses se démenaient pour récupérer les enfants auprès des services sociaux et leur offrir un foyer. La plupart du temps, la vie des enfants était transformée. Mais il se pouvait qu'il soit trop tard et qu'ils arrivent endurcis, détruits par les épreuves, ou trop malades. Il fallait alors les placer dans des établissements de soins médicaux ou psychiatriques. Sainte-Cécilia n'était pas une prison, ni un hôpital. C'était un foyer familial où les enfants pouvaient s'épanouir et profiter d'opportunités qu'ils n'auraient trouvées nulle part ailleurs. C'était ce que Timmie aurait aimé avoir quarante ans plus tôt.

Elle se promena dans la maison toute la matinée, s'arrêtant pour discuter avec les enfants, s'efforçant de lier connaissance avec les nouveaux, avec qui elle n'avait pas encore pu beaucoup parler. Elle les approchait doucement, respectant leur choix s'ils préféraient ne pas se confier. Ensuite, elle alla s'asseoir dans la véranda avec les religieuses et regarda les plus jeunes jouer dans le jardin. Les grands étaient partis rendre visite à leurs amis ou effectuaient de petits jobs de week-end. C'était un peu comme si elles avaient eu vingt et un enfants à elles, avec tout le travail, la patience et l'amour que cela demandait.

Avant le déjeuner, un des enfants qu'elle connaissait bien vint lui parler. C'était un petit Afro-Américain de neuf ans, dont l'histoire était tragique. Son père l'avait violemment battu, avant de tirer sur sa mère et sur lui. L'enfant avait dû être amputé d'un bras, sa mère était morte et son père avait écopé d'une peine de prison à vie. Jacob était à Sainte-Cécilia depuis l'âge de cinq ans et se débrouillait très bien avec son bras unique. On l'avait envoyé directement là après sa sortie de l'hôpital. Le travailleur social qui s'occupait de son dossier avait abandonné l'idée de le placer dans une famille. Son père refusait de signer les papiers de renoncement à ses droits paternels, mais l'enfant n'avait de toute façon aucune chance d'être adopté. Les religieuses de Sainte-Cécilia l'avaient accueilli à bras ouverts. Il donna à Timmie un dessin représentant un chat au pelage mauve et au grand sourire. Les enfants qui étaient dans la maison depuis longtemps étaient généralement heureux. Ceux qui venaient d'arriver se reconnaissaient à leur expression effrayée et leur regard abattu. Il leur fallait quelque temps pour comprendre qu'ils n'avaient plus rien à craindre, après les horreurs qu'ils avaient vécues.

— Merci, Jacob, lui dit Timmie en souriant. Est-ce que ce chat a un nom ?

— Il s'appelle Harry. C'est un chat magique. Il parle français.

— Vraiment ? Justement, j'étais en France le mois dernier. A Paris. On m'a opérée de l'appendicite.

L'enfant hocha la tête d'un air grave.

— Tu as eu mal quand ils t'ont ouvert le ventre ?

— Non, ils m'avaient endormie. J'ai eu un peu mal après, pendant quelques jours. Les gens étaient très gentils à l'hôpital. Ils parlaient tous anglais, et je n'ai pas eu trop peur.

Rassuré, l'enfant fit un signe de tête et retourna jouer.

Timmie resta pour le déjeuner et bavarda avec les religieuses, dont elle appréciait beaucoup la compagnie. Au fil des ans, certaines étaient parties. L'une au Pérou l'année dernière, une autre en Ethiopie. Mais la plupart étaient là depuis l'ouverture de la maison.

Il était deux heures de l'après-midi quand elle reprit le chemin de Bel Air. Elle se sentait heureuse, sereine, comme après chacune de ses visites. A la maison, Zack regardait une vidéo. Il ne lui demanda pas où elle avait passé la matinée, et elle ne dit rien. Elle ne voulait partager ces escapades avec personne. Pas de publicité, pas d'attention, pas de congratulations.

— Je t'ai appelée sur ton mobile. Il y a des soldes chez Fred Segal et je voulais que l'on se retrouve là-bas.

— Ah, désolée, j'avais éteint mon téléphone.

Elle l'éteignait toujours quand elle était à Sainte-Cécilia. Elle ne voulait pas être interrompue quand elle parlait avec les enfants. Ils méritaient qu'elle leur consacre toute son attention.

— Veux-tu y aller maintenant, reprit-elle, ou préfères-tu partir à la plage ?

Timmie n'avait pas de préférence. Il faisait froid en ville, et elle savait qu'il y aurait un vent glacé à Malibu.

— Allons à la vente, dit-il en éteignant le poste de télévision.

Cinq minutes plus tard, ils montèrent dans la Mercedes de Timmie. Elle ne le disait pas, mais elle pensait que la vieille Porsche de Zack était un piège mortel, car il n'avait pas les moyens de l'entretenir convenablement. D'autre part, il adorait conduire la voiture de sport dernier cri qu'elle s'était achetée l'été dernier.

Quand ils arrivèrent chez Fred Segal, l'endroit était bondé, comme toujours pendant les soldes. Mais Zack trouva plusieurs articles qui lui plaisaient, et Timmie aussi. Elle choisit quelques pulls en cachemire à capuche pour la plage, une veste Marni couleur or qu'elle pourrait porter au bureau avec un jean, et deux paires de chaussures. Ils retournèrent à la voiture avec leurs achats, aussi enchantés l'un que l'autre. Zack avait payé les siens, à l'exception d'une veste en cuir trop chère pour lui, que Timmie lui avait offerte. Il était aux anges. Ils prirent des pâtes chez le traiteur afin de ne pas avoir à préparer le dîner. Zack s'installa devant la télévision pour regarder la fin de son film, et Timmie passa en revue quelques exemplaires du *Wall Street Journal* qu'elle n'avait pas eu le temps de lire en semaine.

Quand le film fut fini, Zack se tourna vers elle et se mit à rire.

— Bon sang, Timmie, je t'adore, mais tu es un vrai mec !

Timmie leva la tête, déconcertée. La remarque ne sonnait pas comme un compliment.

— Que veux-tu dire ?

— Combien de femmes connais-tu qui lisent le *Wall Street Journal* ?

— Quelques-unes, répliqua-t-elle, un peu choquée par la remarque sexiste.

Par ailleurs, combien de femmes géraient une société comme la sienne ? A bien des égards, elle était unique. La matinée qu'elle venait de passer avec des enfants, à Sainte-Cécilia, faisait aussi d'elle une personne à part. Mais cela, Zack n'en avait aucune idée. Etait-ce parce qu'il la considérait comme « un vrai mec » qu'ils faisaient si rarement l'amour ? se demanda-t-elle, doutant tout à coup de son pouvoir de séduction.

— Pourquoi le fait de lire le *Wall Street Journal* ferait-il de moi un « vrai mec » ?

— Regarde-toi, tu es un magnat du prêt-à-porter ! Tu as des employés dans je ne sais combien de pays, la marque qui porte ton nom est prestigieuse. Combien de femmes peuvent en dire autant ? La plupart restent chez elles pour élever les enfants, ou bien elles ont un job de secrétaire et se font refaire les seins. Les femmes ne pensent pas comme toi, et ne travaillent pas comme toi non plus. Ne te méprends surtout pas, j'aime ce que tu es. Mais tu fais peur aux hommes, dit-il sans détour.

Timmie soupira.

— Oui, tu as raison. Je leur ai toujours fait peur, lâcha-t-elle d'un ton morne. Ils ne comprennent pas qu'une femme puisse réussir dans le monde des affaires, et rester une femme malgré tout. Je ne vois pas pourquoi il faudrait choisir entre les deux.

Ce n'était pas nouveau, mais la remarque de Zack la déprimait tout de même. Elle était sûre que presque tous les hommes pensaient la même chose que lui, même s'ils n'osaient pas le dire à voix haute.

— C'est bon, ajouta-t-il pour la rassurer. Je t'aime comme tu es.

Mais ce n'était pas de l'amour. C'était là le cœur du problème. Jamais un homme ne l'aimerait vraiment. Son mari l'avait quittée pour un homme, et tous ceux qu'elle avait connus par la suite avaient essayé de profiter d'elle ou l'avaient fuie.

Timmie plaça le plat de pâtes du traiteur dans le micro-ondes. La remarque de Zack l'avait blessée, quoiqu'elle ne le lui montrât pas. Elle n'aimait pas lui révéler sa nature vulnérable. C'est donc d'un ton détaché qu'elle lui demanda quels étaient ses projets pour Thanksgiving. Elle éprouva un choc en apprenant qu'il ne comptait pas rester en ville. Elle n'avait pas fait de projets, pensant qu'il serait là.

— Tu ne me l'avais pas dit, fit-elle observer en s'efforçant de cacher sa déconvenue.

Parfois, elle oubliait les limites de leur relation, son manque de profondeur. Après tout, ils ne se connaissaient que depuis cinq mois.

— Tu ne me l'as pas demandé. Je pars à Seattle, je vais passer Thanksgiving chez ma tante. J'y vais tous les ans, sauf si j'ai quelque chose de prévu ici. Comme tu ne m'as rien dit, j'ai pensé que tu avais déjà des projets.

Il ne l'invita pas à l'accompagner à Seattle.

— Tu comptes faire quelque chose de spécial ? s'enquit-il avec une lueur d'intérêt.

Il aurait sans doute renoncé à passer les fêtes chez sa tante si elle avait dîné en compagnie de célébrités.

— Non, répondit-elle sobrement.

Pour des raisons évidentes, les fêtes représentaient toujours un moment douloureux pour elle. Elle essayait de ne pas y penser à l'avance. Cette année, comme les précédentes, elle avait été trop absorbée par son travail pour y songer. Le déni était une chose merveilleuse. Comme ils avaient passé le week-end ensemble, Timmie s'était persuadée que Zack serait aussi avec elle pour Thanksgiving. Ce n'était pas sa faute, se dit-elle, elle aurait dû lui en parler. Mais il n'avait rien dit non plus. Ils avaient passé les trois derniers week-ends ensemble, et Zack n'avait pas fait la moindre allusion à ce voyage à Seattle.

— Généralement je ne fais rien pour Thanksgiving, ni pour Noël. Je n'apprécie pas tellement les fêtes, dit-elle sans donner plus de détails.

— Moi non plus, je n'aime pas trop cette période. C'est la raison pour laquelle je vais chez ma tante.

Il ne lui demanda pas si elle avait quelque part où aller. De toute façon, il ne l'imaginait pas passant Thanksgiving chez sa tante. Celle-ci vivait dans une communauté de retraités à Bellevue, dans les environs de Seattle. Son mari était gardien de prison. Ce n'était pas exactement le haut du pavé, et il ne pouvait prévoir quelle serait la réaction de Timmie, et encore moins celle de sa famille.

— Je ne reviendrai pas avant lundi. Histoire de passer un peu de temps avec mes cousins, là-bas. J'espère que tu trouveras quelque chose à faire.

— Merci, dit-elle d'un ton bref.

Elle ne lui en voulait pas. Elle se sentait juste triste, et vexée. Il ne lui avait même pas proposé de revenir passer le week-end avec elle, après le repas de Thanksgiving. Cela en disait long sur la valeur qu'il accordait à leur relation. Mais pour être honnête, elle n'y attachait pas plus d'importance que lui. Simplement, elle trouvait déprimant de passer cette fête seule. Elle aurait dû y penser plus tôt et prévoir quelque chose.

Le reste du week-end s'écoula paisiblement. Zack se remit devant la télévision pendant qu'elle faisait la vaisselle. Ils se couchèrent tôt, et il partit le lendemain matin après le petit déjeuner. Il sortait avec des amis. Jamais il ne lui proposait de l'accompagner. Un autre signe qu'ils ne partageaient pas grand-chose. La plupart de ses amis avaient entre vingt et trente ans, et Timmie avait compris très vite qu'elle n'avait rien en commun avec eux. Ils prenaient de la drogue et buvaient, ils étaient mannequins, acteurs, avaient des jobs de barmen à Hollywood, et attendaient que le succès leur tombe dessus. Même Zack avait dépassé la limite d'âge pour ce genre de fréquentations, bien qu'il ne parût pas beaucoup plus vieux qu'eux. Il dépensait une énergie considérable pour demeurer jeune, tel un éternel Peter Pan. A côté de ces gens, Timmie se sentait vieille et s'ennuyait à mourir.

Il l'appela le mercredi soir avant de s'embarquer pour Seattle pour lui souhaiter une bonne journée de Thanksgiving. Au moins, c'était gentil.

Timmie n'avait rien trouvé à faire. Toutes ses connaissances étaient prises ou partaient pour le weekend. Elle n'en avait pas parlé à David ni à Jade, car elle savait qu'ils se rendaient chaque année dans leur famille. Ce serait donc une de ces années sans projet spécial, songea-t-elle, résignée.

Jade avait été de très bonne humeur tout le début de la semaine. Quatre des six hommes à qui elle avait écrit sur Internet lui avaient répondu. Parmi eux figurait celui qui lui plaisait particulièrement, l'architecte qui avait obtenu son diplôme la même année qu'elle à Berkeley. Elle avait rendez-vous avec lui la semaine suivante, pour prendre un café dans un Starbucks afin de faire connaissance, comme l'avait suggéré David. Deux autres l'avaient invitée à déjeuner. Pour la première fois depuis longtemps, un peu d'animation allait emplir son cœur.

Le matin de Thanksgiving, Timmie resta un moment dans son lit, les yeux grands ouverts, le regard fixé au plafond. Cette matinée de solitude était révélatrice. Qu'était devenue sa vie, qu'en avait-elle fait ces derniers temps ? Elle avait passé du temps avec des hommes qui ne l'aimaient pas, qui n'étaient pas attachés à elle, avec lesquels elle n'avait rien en commun. En dehors de son travail, elle n'avait rien.

Elle revêtit un jean et un sweat-shirt en se demandant ce qu'elle allait bien pouvoir faire de sa journée. Alors qu'elle regardait la télévision dans son salon, la réponse lui parut soudain évidente. Elle s'efforçait de ne pas poser les yeux sur la photo de Mark, sur l'étagère, et de ne pas penser qu'il aurait seize ans maintenant. Les fêtes la plongeaient toujours dans le chagrin, mais cette fois-ci elle était bien décidée à résister et à ne pas s'apitoyer sur elle-même. Prenant vivement sa veste et son sac, elle franchit la porte.

Elle arriva à Sainte-Cécilia juste à l'heure du repas. Les religieuses semblèrent étonnées, mais l'accueillirent chaleureusement. Elle n'avait encore jamais passé Thanksgiving avec elles, mais elles furent enchantées de la voir, et les enfants aussi.

Timmie rentra chez elle à cinq heures, heureuse et repue, après avoir avalé de la dinde, de la farce, de la gelée de canneberge et des patates douces nappées de guimauve. Décidément, elle avait trouvé la meilleure façon de passer la journée de Thanksgiving. Elle passa un coup de fil à Zack. Celui-ci répondit à la première sonnerie, et elle entendit des gens rire et bavarder autour de lui. Ils étaient encore en train de dîner, et il lui promit de la rappeler dans la soirée. Il n'en fit rien, et ne lui donna pas de nouvelles de tout le week-end.

Timmie songea qu'il fallait qu'elle en tire les conséquences : cela signifiait quelque chose sur lui, sur sa vie à elle, sur les choix qu'elle avait faits au cours des onze dernières années. Il fallait qu'elle regarde les choses en face et réfléchisse. L'attitude de Zack contenait un message, une sorte d'alerte. Zack n'était pas quelqu'un de mauvais. Mais il n'était pas attaché à elle, et la réciproque était vraie. Combien d'années allait-elle encore perdre avec des hommes comme lui ?

Elle passa le week-end à ranger ses placards, à lire le *Wall Street Journal,* à parcourir des dossiers qu'elle avait apportés du bureau et à faire quelques esquisses pour la collection d'été. Si elle ne réagissait pas très vite, elle passerait ainsi le reste de sa vie. Mais que faire ? Avait-elle seulement le choix ? Le dimanche soir, elle s'aperçut que Zack ne l'avait toujours pas rappelée. Son silence était aussi éloquent qu'assourdissant.

8

Pour Timmie, le message était clair. Premièrement, Zack n'était pas fou d'elle, ce qui n'était pas un scoop. Deuxièmement, si elle ne faisait rien, Noël allait ressembler à Thanksgiving, ce qu'elle voulait à tout prix éviter. Elle aborda le sujet avec lui le samedi suivant, alors qu'ils passaient le week-end à Malibu. Zack ne fit pas allusion au fait qu'il ne l'avait pas rappelée après Thanksgiving, et elle non plus. Il ne lui demanda même pas comment elle avait passé cette journée. De toute évidence, ce n'était pas son problème.

— Que comptes-tu faire pour Noël ? s'enquit Timmie, un peu avant le dîner.

Il pleuvait trop pour un barbecue, et elle avait proposé un plat de pâtes à la place. Zack, cependant, était au régime et préférait préparer une salade composée, ce qui allait très bien à Timmie. De toute façon elle n'avait pas faim.

— Je ne sais pas. Je n'ai encore rien prévu. Pourquoi ? Tu as une idée ?

Elle ne voulait surtout pas passer les fêtes de Noël seule. Si elle avait une relation avec lui, c'était justement pour éviter la solitude dans ces moments cruciaux.

— Eh bien, je suis toujours malade au Mexique, les Caraïbes sont horriblement loin et difficilement accessibles de la côte Ouest et, en Floride, le temps est imprévisible à cette époque de l'année. Que penserais-tu de Hawaii ?

— C'est une invitation ? lança-t-il tout heureux, en sortant les tomates du réfrigérateur.

— Ça m'en a tout l'air, oui. Qu'en penses-tu ? Nous pourrions partir le 23. Comme les bureaux de ma société sont fermés jusqu'au 3 janvier, cela nous laisse onze jours. Nous pourrions aller au Four Seasons, si j'arrive à avoir une chambre. Ou bien au Mauna Kea. L'hôtel est moins moderne mais la plage est fantastique. Ce serait bien, non ?

— Oui, c'est sûr, dit-il en se penchant pour l'embrasser. Tu es sûre que tu ne manqueras pas une super soirée ici ?

— Non, je ne crois pas. Et toi ?

— Je suis libre comme l'air.

Sa proposition semblait l'enchanter. Timmie était contente. Zack n'était pas l'homme de ses rêves, mais il était un antidote idéal à la solitude. Il était très important pour elle de ne pas rester seule chez elle, à lutter contre les souvenirs qui l'assaillaient chaque année.

— Je ferai les réservations cette semaine.

— Tu sais, j'ai une idée, reprit Zack en plongeant la salade verte dans l'eau. Pourquoi pas Saint-Barthélemy, dans les Caraïbes ? Nous avons onze jours devant nous, et il paraît que l'endroit est superbe.

— C'est trop loin, répondit Timmie avec son esprit pratique. J'y suis déjà allée. Il faudrait passer une nuit à Miami à l'aller et au retour, et puis je déteste prendre ce petit avion qui me fiche la frousse. L'atterrissage est terrifiant. En plus, à cette époque de l'année, on n'est jamais sûr du temps qu'il fera.

— Tu devrais quand même y réfléchir, répondit-il en essorant la laitue. Tous les gens importants vont à Saint-Barthélemy.

Timmie se mit à rire.

— Raison de plus pour ne pas y aller. Je n'ai pas envie de tomber sur le gratin de L.A. comme la dernière fois. Là-bas, il faut avoir un bateau pour s'échapper.

Il était hors de question qu'elle loue un yacht et dépense une fortune pour de courtes vacances de Noël. S'ils avaient été en voyage de noces, là, peut-être, mais pour onze jours avec un homme qui ne lui avait même pas passé un coup de fil pour Thanksgiving, ça non. Elle n'avait pas encore perdu la tête.

— Tu as des amis qui séjournent sur des yachts ? demanda-t-il, l'air innocent.

— Probablement. Mais je n'ai aucune envie de me retrouver coincée sur un bateau avec des vedettes de cinéma. Je ne peux pas imaginer pire pour des vacances.

Pour lui, c'était l'inverse. Mais il ne trouva pas le moyen de convaincre Timmie, et devant sa réticence il n'insista pas.

— Hawaii sera formidable, dit-il alors qu'ils mangeaient leur salade.

Timmie acquiesça. Zack était charmant quand on le gâtait un peu. Il la remercia pendant qu'ils faisaient la vaisselle, et ce soir-là ils firent l'amour. De toute évidence, ce projet lui plaisait et il était touché qu'elle l'ait invité.

Timmie en parla à Jade le lendemain et lui demanda de faire des réservations pour le Four Seasons. Une heure plus tard, ils avaient des places sur un vol direct pour Kona, et une suite réservée. Ce n'était pas la plus luxueuse de l'hôtel, mais elle avait vue sur l'océan.

Timmie appela Zack :

— Départ le 23, destination le Four Seasons, à Hawaii. Nous allons avoir onze jours de soleil et de repos. Il me tarde de partir.

— Moi aussi, répondit-il, enthousiaste.

Ils partaient dans trois semaines, ce qui permettrait à Timmie d'ignorer complètement les fêtes de Noël. Pas de sapin ni de décorations. Cependant elle voulait faire un petit cadeau à Zack, en plus du voyage, et elle alla lui acheter une jolie montre Cartier en acier.

— Ce gars a de la veine, dit sèchement Jade en voyant la montre.

— Ne sois pas aussi grincheuse. C'est Noël, après tout. Au fait, tes rendez-vous, c'était comment ?

— C'était super, dit Jade, radieuse.

Celui avec l'architecte s'était bien passé, ainsi que le déjeuner avec les deux autres. Jade avait éliminé le quatrième, qui lui avait paru bizarre au téléphone. Quant aux deux derniers, ils n'avaient jamais donné signe de vie. Selon David, la proportion était normale : il fallait contacter six ou sept personnes pour en trouver une susceptible de vous plaire.

Le sujet Zack cependant préoccupait Jade : ce type ne méritait pas les attentions de sa boss. Quand Timmie eut quitté le bureau ce soir-là, elle ne put s'empêcher d'en parler avec David.

— Jade, tu sais bien que c'est un dilemme pour elle, lui répondit-il. Nous sommes tous confrontés à ce choix, à un moment ou un autre. Faut-il rester sagement chez soi à attendre le prince charmant ? Ou bien faut-il sortir avec un prince un peu moins charmant et s'amuser en attendant de trouver l'homme de sa vie ?

— Et s'il ne vient jamais ?

— Ma chère, c'est pour cela que Dieu a créé les rencontres sur Internet. Cela augmente considérablement les chances. Du moins, pour toi et pour moi. Timmie est dans une situation plus difficile. Il ne lui reste plus qu'à espérer qu'un jour l'homme idéal tombera du ciel.

Aucun des deux n'y croyait vraiment. Timmie était seule depuis trop longtemps, et elle les avait convaincus que M. Idéal n'apparaîtrait jamais dans sa vie.

— Ça ne se passe malheureusement pas comme ça, dit tristement Jade.

Cela faisait des années qu'elle redoutait de voir Timmie finir sa vie seule. Elle s'inquiétait plus que Timmie elle-même, qui s'était résignée à cette idée depuis des années.

— J'ai l'impression qu'elle ne veut même plus y penser, mais je n'aime pas la voir comme ça. Personne ne mérite plus qu'elle d'être heureuse. Elle prend soin de tout le monde, de nous comme de ces orphelins qu'elle recueille à Sainte-Cécilia. Pourquoi diable n'y a-t-il pas un homme assez intelligent pour voir qui elle est et tomber amoureux d'elle ?

David acquiesça, pensif. Dans sa vie, Timmie avait eu de la chance en affaires. Mais c'était à peu près tout.

— Il faudrait peut-être qu'elle chasse les Zack de sa vie pour faire de la place à un homme intéressant, dit-il doucement. Ces types occupent tout le terrain, les autres ne peuvent plus s'approcher.

Ils savaient tous deux que, si l'homme de sa vie apparaissait, Timmie romprait avec Zack dans la seconde. En attendant, celui-ci avait beau prouver tous les jours qu'il n'était pas fait pour elle, elle continuait de s'accrocher à lui. Elle avait trop peur de la solitude.

Comme prévu, Timmie et Zack partirent pour Hawaii le 23 décembre. Le vol, qui n'était pas très long, se déroula parfaitement bien. Ils arrivèrent à Kona quatre heures et demie plus tard. Jade avait retenu une voiture avec chauffeur pour les conduire à l'hôtel. La suite était magnifique, très vaste, avec une terrasse donnant sur l'océan. Le premier soir, Timmie et Zack s'y installèrent pour contempler le coucher de soleil. Il faisait plus frais qu'elle ne s'y attendait, mais l'atmosphère était calme et romantique. Elle aurait aimé dîner dans la chambre. Zack préférait quant à lui descendre au restaurant pour voir si des personnes connues s'y trouvaient. Elle accepta pour lui faire plaisir.

Elle portait une robe bleu pervenche de sa propre collection, avec un châle en cachemire assorti et des sandales dorées. Ses cheveux tombant sur ses épaules laissaient entrevoir des boucles d'oreilles en or et en diamant, et la fleur de tiaré accrochée dans ses boucles lui donnait une allure exotique. Zack, lui, était plus sexy que jamais, avec sa chemise hawaïenne rouge et son pantalon blanc. Il serait encore plus beau dans un jour ou deux, avec un léger hâle. Ils passèrent une soirée agréable, mais Zack fut déçu de ne voir aucune célébrité. Timmie le consola en disant que les gens arriveraient certainement après Noël, ou bien pour le réveillon du nouvel an.

Le jour suivant, le vent soufflait si fort que les employés ne purent ouvrir les parasols autour de la piscine. Ils déjeunèrent au restaurant du golf, où Zack crut reconnaître un producteur de cinéma. Mais celui-ci disparut avant qu'ils aient fini de déjeuner. Le soir – c'était la veille de Noël –, Timmie lui donna ses cadeaux. En plus de la montre Cartier, elle avait pris pour lui un assortiment de vêtements de la ligne sport ainsi que deux costumes. Il la remercia de sa générosité et lui offrit de son côté un anneau en or de chez Maxfield. Ils se souhaitèrent un joyeux Noël, et s'installèrent sur la terrasse pour contempler le clair de lune et boire du champagne.

— C'est une soirée parfaite, dit Zack. Merci pour tout ça.

— Pour moi aussi, c'est une belle façon de passer Noël, dit-elle en souriant.

157

Zack était un compagnon de voyage agréable. Elle avait eu une excellente idée de venir à Hawaii avec lui.

Ils passèrent la journée du 25 décembre à la piscine, puis allèrent à Waimea, à la montagne, pour dîner. Le lendemain, le temps était gris. Il se mit à pleuvoir en fin d'après-midi, et la pluie tomba sans discontinuer pendant trois jours, les obligeant à rester dans leur chambre à lire, à bavarder et à regarder la télévision. Ils se firent apporter les repas par le room service, car Timmie n'avait pas envie d'aller au restaurant.

Le temps finit par s'éclaircir le jour précédant le réveillon du 31. Le vent tomba et l'océan retrouva une surface plane. Ils prirent un taxi pour aller sur la plage du Mauna Kea. Pendant le déjeuner au restaurant, Timmie vit trois acteurs de cinéma qu'elle connaissait. Elle les salua, leur présenta Zack, puis retourna s'allonger sur la plage. C'est alors qu'elle remarqua l'expression contrariée de Zack. Quelle était la cause de cette mauvaise humeur ?

— Quelque chose ne va pas ? s'enquit-elle innocemment.

— Pourquoi n'as-tu pas voulu déjeuner avec eux ? Ils nous ont invités, répliqua-t-il, furieux.

— Nous avions déjà mangé, et je ne voulais pas les déranger. Ils nous ont invités par politesse. De plus, je ne les connais pas très bien.

— A vous voir, on penserait le contraire. Ils t'ont même embrassée. Et l'un d'eux est producteur !

— J'embrasse beaucoup de gens, et je connais beaucoup de producteurs. Ce n'est pas pour autant que j'ai envie de déjeuner avec eux. Ils sont en vacances, Zack, et nous aussi. Je préfère rester avec toi sur la plage plutôt que de les regarder boire des mai tai.

— Moi, j'aurais préféré déjeuner avec eux. C'est peut-être sans importance pour toi, mais pour moi ça compte.

Il semblait hors de lui, comme si elle venait de le priver d'une merveilleuse opportunité. Il ne lui adressa plus la parole de la journée et alla nager seul. Il boudait toujours quand ils regagnèrent leur hôtel. Ce n'était pas la première fois que cela se produisait. Timmie savait qu'il aimait rencontrer des gens importants, se montrer, être vu. Ce qui n'était pas du tout son cas, à elle.

— Ecoute, Zack, je suis désolée. J'aime bien être tranquille pendant les vacances. Je n'ai pas besoin de voir des gens, tu me suffis.

C'était un compliment pour lui, mais il n'y parut pas sensible.

— C'est pour cela que tu n'as pas voulu aller à Saint-Barthélemy ? Pour ne voir personne ? Bonjour le fun... Cet hôtel est un trou, ajouta-t-il, les mâchoires serrées. Il n'y a que des banlieusards avec leurs gosses.

Timmie éprouva un choc. Zack allait trop loin. Elle voulait bien admettre qu'ils avaient des vies différentes et ne partageaient pas les mêmes intérêts, mais elle ne pouvait tolérer une telle grossièreté.

— Tu es là pour passer des vacances ou bien pour te faire remarquer par un producteur ? lança-t-elle d'un ton sec.

— Les deux. Qu'y a-t-il de mal à cela ? Tu as beaucoup d'occasions de rencontrer des gens, mais ce n'est pas mon cas. Je suis obligé de faire feu de tout bois. Il aurait pu se passer quelque chose de formidable pour moi si nous avions déjeuné avec ces trois gars.

Timmie s'abstint de faire remarquer que, si quelque chose de formidable avait dû se produire, cela serait arrivé depuis belle lurette. Ce n'était pas à quarante et un ans qu'il allait être découvert, et elle n'avait pas envie qu'il se serve d'elle pour élargir son réseau social.

— Zack, il ne se serait rien passé, dit-elle calmement. Ces hommes sont en vacances, et nous aussi. La moitié de l'univers essaye de leur soutirer quelque chose. Ils n'ont pas plus envie que moi d'être harcelés. Je déteste quand les gens me font cela.

— Oh, oui, j'oubliais. Tu appartiens à un club très fermé, n'est-ce pas ? Une société secrète de gens célèbres qui se protègent de la canaille dans mon genre ? Je te demande pardon !

Il criait à présent. Timmie était bouleversée. Ce qu'il venait de dire était insultant. Elle l'avait emmené en vacances, et il se servait d'elle. Il l'avait déjà fait, dans une certaine mesure, mais il n'avait jamais été aussi direct.

— Ce que tu dis est dégoûtant, Zack. Il n'y a pas de club spécial. Les gens célèbres n'aiment pas qu'on les utilise. Personne n'aime ça. Moi pas plus que les autres, ajouta-t-elle à voix basse.

Un éclair de fureur passa dans les yeux de Zack.

— C'est ce que tu crois ? Que je me sers de toi ? Eh bien, si c'est le cas, je n'y gagne pas grand-chose, à part quelques jours sur la plage et un foutu bronzage. Mais si tu ne t'obstinais pas à vivre en recluse et si tu n'avais pas peur d'être ce que tu es, nous serions à Saint-Barthélemy et nous nous amuserions un peu !

Timmie eut l'impression de recevoir une gifle. Mais au moins, elle savait ce qu'il pensait d'elle.

— Mais qu'attendais-tu de ces vacances, au juste, Zack ? Je ne t'ai pas invité pour améliorer ton réseau social ou prendre des contacts sur la plage. Mon idée, c'était uniquement de me détendre avec toi. Apparemment, tu trouves cela ennuyeux…

Tous les mots qu'il avait prononcés l'avaient atteinte en plein cœur. Elle ne se faisait pas d'illusions sur lui, mais ce qu'il disait montrait un manque total d'affection et de respect à son égard.

— Bon sang, Timmie, tu vis en recluse, tu le sais, ça ? Tu n'acceptes jamais les invitations ! Tu ne vas jamais aux premières à moins d'y être obligée, parce que les

160

vêtements sont de Timmie O. Tu ne vas jamais dans les réceptions. Tu te crois trop vieille pour aller dans les bars ou dans les clubs, ce qui est ridicule. J'ai presque ton âge, et j'y vais tout le temps. Tu te caches dans tes deux maisons, et tu travailles comme une dingue. Et maintenant, tu préfères rester assise dans ta chambre plutôt que de sortir et de tirer parti des gens qui sont ici.

— Je ne veux pas tirer parti des gens, Zack. Je n'ai pas besoin de me montrer ou de paraître dans les journaux. Ma société intéresse les journalistes, sans que je sois contrainte de leur fournir en sus des images de ma tête, de ma maison ou de mon compagnon. Si tu veux tirer parti des gens, comme tu dis, il va falloir que tu trouves quelqu'un d'autre. Ou que tu te paies toi-même un voyage à Saint-Barthélemy.

Elle savait que cette dernière flèche était un coup bas, mais elle en avait assez. Apparemment, être avec elle ne lui suffisait pas, il fallait qu'il rentabilise son voyage. Zack s'était totalement trompé sur elle, sur la façon dont elle vivait. Ou plutôt non, il l'avait bien cernée, mais il n'arrivait pas à s'en satisfaire et lui en faisait reproche. Elle l'aurait bien giflé, tiens.

— Ecoute, dit-il en se calmant un peu. Tu as été très gentille de m'inviter. J'apprécie ton attention. Mais je ne me sens pas à ma place. Cet endroit est comme un cimetière pour moi. Les trois seules personnes avec lesquelles j'aurais aimé parler, tu les as délibérément évitées. On dirait que tu as fait cela pour me signifier à quel point tu as atteint un niveau élevé sur l'échelle sociale, et me rabaisser par la même occasion ? Ou bien est-ce que tu ne comprends vraiment pas ce que ce déjeuner aurait pu représenter pour ma carrière ?

— Quelle carrière ? Tu es mannequin, et tu as quarante et un ans. Tu as beau paraître plus jeune, c'est trop tard, Zack. Personne ne fera de toi un mannequin vedette !

— Tu n'en sais rien, rétorqua-t-il, plus furieux que jamais.

— Je le sais. Je connais Hollywood bien mieux que toi.

— Tu crois ça ? Tu es tellement dépassée, tellement vieille, que tu ne sais plus rien de Hollywood !

— Cela suffit, dit-elle d'une voix tremblante.

Elle quitta la terrasse et rentra dans la chambre. Quand Zack la rejoignit, une demi-heure plus tard, les bagages de Timmie étaient prêts, ainsi que les siens. Il parut totalement déconcerté. Elle avait également appelé la réception pour qu'ils leur prennent une place sur un vol de nuit au départ de Honolulu. Elle ne pouvait pas rester avec lui après ce qu'il lui avait dit. Elle en avait entendu plus qu'assez. Plus question même de faire semblant d'être amie avec lui. Elle savait déjà qu'il n'était pas amoureux, mais à présent il était clair qu'il n'éprouvait pas la moindre affection pour elle. Il n'était avec elle que par intérêt et, de fait, les six derniers mois avaient dû lui paraître non seulement ennuyeux, mais aussi extrêmement frustrants.

— Que fais-tu ? demanda-t-il, éberlué.

Il était encore en maillot de bain, mais elle avait laissé un jean et une chemise pour lui sur le lit.

— Nous partons cette nuit, dit-elle en allant s'habiller dans la salle de bains.

— Pourquoi ?

— Tu le demandes ? Tu ne crois tout de même pas que je vais rester là à t'écouter débiter des horreurs sur moi ? Tu seras à Los Angeles demain matin. Cela te laissera le temps de prendre un avion pour Saint-Barthélemy.

— Tu sais très bien que je n'irai pas.

Il ne pouvait se payer le billet d'avion, le pauvre. Mais elle n'avait aucune intention de se montrer compatissante. Non seulement il avait vécu à ses crochets, mais en plus il s'était montré grossier et cruel.

— Tu feras ce que tu voudras, Zack. Je rentre chez moi, et toi aussi.

— Ne fais pas toute une histoire pour rien, dit-il d'un ton qu'il voulait apaisant.

Visiblement il n'avait pas envie d'écourter ses vacances, dont il avait pourtant dit qu'elles étaient ennuyeuses à mourir. Mais il était trop tard.

— Je n'attendais pas de toi que tu tombes follement amoureux de moi, reprit-elle. Mais j'espérais au moins de l'affection. Je me rends compte que tu n'en as jamais eu, et maintenant je ne suis pas sûre qu'il m'en reste pour toi. En ce moment, je ne t'aime pas du tout, même. Tu as fait une crise quand j'ai refusé de t'emmener en Europe, alors que je ne te devais rien. Nous ne nous connaissions que depuis quatre mois, et je ne vois pas pourquoi je t'aurais traîné dans les plus grands hôtels européens, pendant que je travaillais comme une folle. Tu n'as pas pris de nouvelles de moi quand j'ai été malade, à Paris. Et quand moi je t'ai appelé, tu m'as dit que c'était bien fait pour moi, puisque j'avais refusé de t'emmener. Tu t'es arrangé pour ne pas être en ville à mon retour, juste pour marquer le coup. Et maintenant tu es énervé parce que je t'ai emmené à Hawaii, que les gens n'y sont pas assez intéressants pour toi, et que je ne t'aide pas à tirer parti de ceux qui sont sur la plage.

« Tu sais quoi ? Je ne t'aiderai jamais à faire cela. Franchement, je préfère rester seule chez moi. Aussi, mon cher, nous rentrons. Il faudra que tu te trouves quelqu'un d'autre pour t'emmener à Saint-Barthélemy. Et je m'en fiche totalement. Nous quittons l'hôtel dans une demi-heure.

Sur ces mots, elle pénétra dans la salle de bains et claqua la porte derrière elle.

Il y avait longtemps qu'elle n'avait pas été aussi en colère. Zack venait juste de prouver que tout ce que Jade disait de lui était vrai. Il n'était qu'un sale petit manipulateur qui se servait d'elle. Jusqu'à présent, elle avait fermé les yeux, mais elle ne pouvait plus avaler davantage de couleuvres. Sans doute aurait-elle été plus indulgente si elle avait été amoureuse. Mais ce n'était pas le cas. Leur chemin ensemble s'arrêtait là.

En fin de compte, tout ce qu'il avait réussi à lui extorquer, c'était une montre Cartier et un voyage à Hawaii. Ce n'était pas grand-chose, mais, en revanche, son ego était bien égratigné. C'était le problème avec les hommes comme Zack. Ils finissaient toujours par aller trop loin. Ce n'était qu'une question de temps.

Vingt minutes plus tard, elle émergea de la salle de bains vêtue d'un jean, d'un tee-shirt et d'une veste en denim. Elle avait jeté un châle sur ses épaules, ses cheveux étaient mouillés et elle portait des sandales. Zack était assis sur une chaise, maussade. Il sortit derrière elle, sans prononcer un mot, conscient qu'il avait dépassé les limites. Tandis qu'ils gagnaient le hall, il lui demanda si elle ne voulait pas revenir sur sa décision. Il ne dit pas qu'il était désolé, mais visiblement il était mal à l'aise. Il venait juste de gâcher une relation en or, et des vacances à Hawaii.

— Oui, je suis absolument certaine de ne pas vouloir rester, Zack.

Ce qu'il ne pouvait pas comprendre, c'était qu'elle était profondément blessée. Personne n'aimait être considéré comme une pathétique vache à lait. Et de plus, au lieu de profiter de ce qu'il avait, ce goujat se plaignait que le lait ne soit pas assez doux à son goût !

Timmie régla l'hôtel et un taxi les emmena à l'aéroport. Ils ne prononcèrent pas un mot pendant le trajet. Ils n'avaient plus rien à se dire. Zack comprenait qu'il ne pouvait plus rattraper ce qu'il avait détruit. Ils gagnèrent Honolulu par un vol Aloha Airlines et firent une escale de deux heures. Zack s'éloigna pour passer des coups de téléphone, et Timmie déambula sans but dans les boutiques, en s'efforçant de l'éviter. Avait-elle été trop dure ? Elle ne le pensait pas. Même si Zack avait parlé sous le coup de la colère, elle savait qu'il pensait ce qu'il disait. Non seulement il n'était pas le prince charmant, mais il était un odieux personnage. Quand elle regagna la porte d'embarquement, elle était sûre d'avoir pris la bonne décision.

Elle découvrit avec soulagement qu'ils avaient des sièges séparés dans l'avion. Elle n'avait aucune envie d'être assise à côté de lui. Elle essaya de dormir, mais en vain. Elle était trop agitée. Son voisin, en revanche, ronfla bruyamment pendant le vol. Timmie n'aperçut Zack qu'à l'arrivée à Los Angeles. Il vint vers elle pendant qu'ils attendaient les bagages. Par chance, les leurs furent dans les premiers. Il était six heures du matin.

— Je suis désolé de ce qui s'est passé, marmonna-t-il en évitant son regard.

Timmie au contraire le fixa, se demandant qui il était réellement. Pas quelqu'un de bien, apparemment. Cette rupture était donc on ne peut plus souhaitable. Dans le fond, il lui avait fait une faveur en dévoilant son jeu. De toute façon, les Zack ne restaient jamais plus de six mois dans sa vie. L'histoire arrivait donc à son terme. Et sans doute était-il le dernier d'une trop longue série. Elle ne voulait plus vivre ce genre de relation. A quoi bon ? C'était une perte de temps. Elle ne s'était jamais follement amusée avec lui ; même au lit, il n'était pas vraiment une bonne affaire. Il valait probablement mieux rester seule. L'époque des Zack était terminée. Il lui avait fallu onze ans pour en arriver à cette conclusion. Elle était enfin prête à affronter la solitude, sans homme, sans mari.

— Je suis désolée aussi, dit-elle en prenant sa valise. Bonne chance, Zack.

Il ne répondit pas. Elle sortit et héla un taxi. Il y en avait un juste devant la porte, elle le prit sans se retourner. Elle ne proposa pas à Zack de le déposer quelque part. Il lui avait soutiré tout ce qu'elle avait à donner. Il n'aurait plus rien.

Elle était enfin libre.

9

Timmie dormit quelques heures, puis se rendit à Malibu. C'était la veille du nouvel an. Elle n'appela personne, certaine que tous ses amis avaient déjà des projets. Et puis, rester seule ne lui pesait pas. Elle n'avait même pas besoin de panser ses plaies, puisqu'elle n'en avait pas. Elle se sentait libre, plus vivante que jamais, et n'éprouvait aucun regret d'avoir quitté Zack. Ce dernier avait eu des paroles violentes, mais peut-être était-ce un mal pour un bien : cela l'avait contrainte à réagir. Finalement, il lui avait rendu service. Dire qu'elle avait envisagé il y a quelques jours à peine de l'emmener à la présentation des collections de prêt-à-porter de printemps, juste pour s'assurer que leur relation durerait plusieurs mois encore. Cela aurait été d'une incroyable stupidité ! Quoi qu'il en soit, le problème était réglé, elle passait à autre chose. Elle se sentait guérie de ce genre d'hommes, et même de tous les hommes en général. A priori, elle s'engageait maintenant dans une longue période de célibat, et c'était tant mieux. Elle était bien contente d'avoir eu le cran de mettre fin à ces vacances.

Timmie passa le réveillon seule à Malibu, devant la cheminée de son salon. Le temps était sec et froid, et elle sortit sur la terrasse pour contempler la lune. La solitude ne lui faisait plus peur. Les hommes comme Zack l'attiraient vers le bas, elle serait sûrement bien plus heureuse sans eux. Pour la première fois, elle se sentait forte et totalement indépendante.

Le lendemain, elle se réveilla à neuf heures et alla faire une longue promenade sur la plage. La journée était splendide. Elle passa le reste du week-end à profiter de sa maison, l'esprit parfaitement en paix. Naturellement, elle n'eut aucune nouvelle de Zack. Rien d'étonnant à cela : les hommes comme lui s'évanouissaient dans la nature quand l'aventure était terminée. Au revoir et merci, et ils partaient. Parfois, ils restaient amis, mais c'était rare. Les hommes comme Zack étaient incapables d'éprouver de vrais sentiments d'amitié, et encore moins avec elle.

Elle quitta Malibu le dimanche matin et s'arrêta à Sainte-Cécilia pour souhaiter une bonne année aux nonnes et à leurs pensionnaires. Après le déjeuner, elle rentra à Bel Air et travailla tard dans la soirée. A huit heures le lendemain matin, elle était au bureau. Jade fut décontenancée quand elle la vit, en arrivant. Timmie était plongée dans le travail, et elle avait déjà passé tous ses coups de téléphone matinaux à New York. Elle remit en souriant une pile de dossiers à Jade.

— Bonne année, lui dit-elle.

— Bonne année à toi, Timmie. Tu as passé d'excellentes vacances à Hawaii, on dirait. Tu as l'air détendue et tu as une super mine.

— Excellentes, je ne sais pas. Mais plus courtes que prévu, ça c'est sûr.

— Quand es-tu rentrée ?

— Le matin du 31. Nous avons pris un vol de nuit à partir de Honolulu.

Timmie ne semblait pas bouleversée le moins du monde par ce retour précipité. En fait, elle n'avait jamais eu l'air aussi serein.

— Oh. Que s'est-il passé ?

— Apparemment, Zack ne rencontrait pas autant de gens intéressants qu'il l'espérait en acceptant d'être mon compagnon. Aussi lui ai-je laissé l'opportunité d'aller voir ailleurs. Je pense que tu seras contente si je te dis que Zack était le dernier de la série, ajouta-t-elle avec un sourire. Je suis déterminée. Je préférerais entrer au couvent plutôt que d'en avoir un autre dans ma vie. Je me suis sentie complètement idiote quand il m'a dit à quel point j'étais ennuyeuse et casanière. Je suppose qu'il a raison. Mais je ne vais pas me mettre à accepter toutes les invitations, ou à traîner dans les bars avec ses amis adolescents, juste pour lui faire plaisir.

Jade eut un sourire de satisfaction. Oui, elle était contente. Très contente, même. David passa la tête dans l'embrasure à ce moment.

— Que se passe-t-il ? Un problème à New York ?

Jade secoua la tête, et Timmie sourit, radieuse.

— Non, c'est juste qu'il n'y a plus de Zack. Nous avons rompu à Hawaii.

— J'espère que c'est toi qui as pris cette initiative ?

— En effet ! s'exclama Timmie en riant. Avant cela, nous avions passé une bonne semaine, donc tout va bien. De toute façon, c'était le moment. Son visa de six mois venait d'expirer.

— Tu as pensé à lui confisquer son passeport, quand il a quitté le Royaume magique ?

— Oh, il trouvera peut-être une autre bonne poire, plus désireuse de l'exhiber dans les soirées. Quant à moi, j'ai l'impression d'avoir perdu mon temps.

Timmie n'hésitait jamais à admettre ses erreurs, et ses deux assistants l'admiraient pour cela.

— Peu importe, puisque tu n'es ni triste ni déprimée.

— Oui, c'est vrai. Et toi, Jade, comment s'est passé le réveillon ?

— C'était super.

Jade avait vu son architecte plusieurs fois ces derniers jours : ils étaient partis au ski pour le week-end du nouvel an et, pour Noël, il lui avait offert un sac Gucci. Elle, elle lui avait donné un pull en cachemire d'une des collections de luxe de Timmie O. Leur relation devenait passionnée. David trouvait que les choses allaient trop vite, mais Jade semblait heureuse. David, de son côté, avait eu rendez-vous avec une nouvelle demoiselle. Tout allait donc pour le mieux dans leur monde, et tout était paisible dans celui de Timmie.

Ils travaillèrent beaucoup tous les trois toute la semaine. Il fallait mettre au point la collection de printemps-été. En février, ils la présenteraient à New York, puis à Milan et à Paris. Jade était en train de préparer le voyage. Cette fois, ils donneraient une réception au Plaza Athénée. Impossible d'y échapper.

Jade présenta la liste des invités à Timmie, pour vérifier s'il fallait ajouter, ou supprimer, quelqu'un. Toute la presse de mode figurait sur la liste, ainsi que plusieurs directeurs de *Vogue,* les acheteurs, des gens de l'industrie du textile, et les principaux clients. Soudain, Timmie fronça les sourcils.

— J'ai oublié quelqu'un ? interrogea Jade, inquiète.

Si elles s'en apercevaient tout de suite, ce ne serait pas un désastre. Il leur était arrivé une fois d'oublier le directeur d'un magazine de mode français très important.

— Je réfléchissais, murmura Timmie en mordillant le bout de son crayon.

Elle échangea celui-ci contre un des bonbons qu'elle adorait et qui lui redonnaient un peu d'énergie quand elle en manquait.

— Tu veux enlever quelqu'un, ou bien le rajouter ?

— Je ne sais pas. Ce n'est pas une personne qui aurait une raison professionnelle ou commerciale d'être là, mais ce pourrait être une sorte de geste. Je vais y réfléchir et je te redis.

Jade acquiesça et elle continuèrent de passer les détails en revue. Timmie ne prit aucune décision jusqu'à la semaine suivante. Elle laissa un message sur le bureau de Jade, puis, après réflexion, revint et le déchira. Elle préférait passer un coup de fil elle-même. Il lui semblait trop impersonnel, ou à la limite presque insultant, de faire appeler par un de ses assistants. Les Européens ne comprenaient pas cette façon d'agir, à moins d'être aussi dans les affaires, ce qui n'était pas le cas de la personne en question. Après avoir encore beaucoup hésité, elle téléphona de chez elle le dimanche soir. A Paris, c'était déjà le lundi matin, un moment parfait. Elle resta assise une demi-heure devant son bureau avant de se décider, puis consulta son agenda et composa un numéro.

La sonnerie retentit plusieurs fois. Elle était sur le point de raccrocher quand il répondit enfin. Elle entendit alors la voix de Jean-Charles Vernier, le médecin parisien.

— *Allô ?* dit-il d'un ton sec et professionnel.

— *Bonjour,* répondit-elle, un peu gênée.

Elle savait que son accent était abominable. Elle avait beau séjourner souvent à Paris, elle parlait très mal le français. Il faut dire que la plupart des gens s'adressaient à elle en anglais.

— Oui ?

Il n'avait pas reconnu sa voix. C'était normal. Ils ne s'étaient vus qu'une dizaine de jours, et il ne lui avait plus parlé depuis deux mois et demi.

— Bonjour, docteur. C'est Timmie O'Neill.

— Timmie ? Quelle charmante surprise ! Vous êtes à Paris ? Vous n'êtes pas malade, j'espère ?

— Non, aux deux questions.

Elle sourit, confortablement assise à son bureau, vêtue d'une chemise de nuit. Il était plus de minuit à Los Angeles, et déjà neuf heures du matin à Paris.

— Je suis à L.A. Mais je dois retourner à Paris le mois prochain pour présenter les nouvelles collections, et je me demandais... Je ne sais pas si cela vous intéresse ou non... mais... nous donnons un dîner au Plaza Athénée, pour la presse et les acheteurs.

Elle marqua une courte pause, légèrement embarrassée.

— Je me disais que vous aimeriez peut-être venir avec votre épouse. C'est un dîner d'affaires, mais il y aura toutes sortes de gens, et ce peut être amusant.

Elle aurait plaisir à le revoir, après les longues discussions qu'ils avaient eues tous les deux. Et elle avait trouvé un prétexte.

— C'est très aimable d'avoir pensé à moi, dit-il, l'air sincèrement content.

Timmie se sentit un peu moins stupide de l'avoir appelé. Pendant une minute, elle avait eu peur qu'il la croie folle, ou bien qu'il pense qu'elle le harcelait.

Car cette invitation adressée au Dr Vernier et à sa femme était purement sociale ; elle ne cachait rien d'équivoque. Depuis sa rupture avec Zack, Timmie était en pleine forme, sereine ; elle était dans ce que Jade appelait sa « période de reine ». Elle jurait qu'elle n'aurait plus jamais d'homme dans sa vie. Elle passait son temps libre à se promener sur la plage, et les weekends en solo ne lui faisaient plus peur.

— Je crains d'avoir un petit problème, reprit le médecin avant même qu'elle lui ait annoncé la date de l'événement. Je suppose que vous préférez inviter un couple, puisque vous faites mention de ma femme. Mais elle et moi sommes à la croisée des chemins. Ou, pour être plus précis, nous ne sommes plus en bons termes.

Timmie fronça les sourcils.

— Que voulez-vous dire, exactement ?

— Eh bien, tout simplement que notre mariage fait naufrage. Nous sommes en train de nous séparer. Notre appartement est déjà en vente. Mais j'imagine qu'il serait un peu gênant pour vous d'inviter un homme seul à cette réception. Je crains donc de devoir décliner votre invitation. Toutefois, si le fait que je ne sois pas accompagné ne vous dérange pas, je viendrai avec plaisir.

Timmie absorba enfin le sens de ses paroles. Ce qu'il disait était très intéressant. Son cœur venait de tressauter, ce qui était stupide. D'une part, elle en avait fini avec les hommes et, d'autre part, le Dr Vernier était encore marié. Mais elle serait enchantée de le voir néanmoins.

— Vous pouvez très bien venir seul. En fait, je n'ai pas invité d'autres couples. Les journalistes viennent seuls, de même que les acheteurs et les clients. J'espère que vous ne trouverez pas cela ennuyeux. C'est le monde de la mode et de la presse. Parfois, ces dîners peuvent être très amusants. Ce sera le 13 février. Vous n'êtes pas superstitieux ?

— Pas du tout ! dit-il en riant. A quelle heure ?

— Vingt heures trente au Plaza. Le dîner aura lieu dans une salle privée.

— Tenue de soirée ?

— Oh, mon Dieu, non ! s'exclama Timmie. Les journalistes viendront en jean, les mannequins sont généralement à moitié nus, et les clients portent des costumes sombres. Vous pouvez donc vous habiller comme bon vous semble. Les gens qui font la mode ne sont jamais très bien habillés, ajouta-t-elle pour le mettre à l'aise.

— Alors vous êtes l'exception qui confirme la règle, madame O'Neill, répondit-il galamment.

— Vous ne m'appelez plus Timmie ? Je préférais, vous savez.

Elle se rappela qu'il avait aussi usé du « Mme O'Neill » dans son petit mot de remerciement. Cependant, le ton intime de leurs conversations à l'hôpital et à l'hôtel lui manquait.

— Je craindrais de me montrer présomptueux, expliqua-t-il. A l'époque vous étiez ma patiente. Maintenant, vous êtes une femme importante.

— Pas du tout ! s'indigna-t-elle, riant aussitôt de sa propre réaction. Bon d'accord, admettons que je le sois. Et alors ? En octobre, je pensais que nous étions amis.

Le coucher de soleil sur la carte lui revint en mémoire.

— Au fait, je vous remercie de votre gentille lettre.

— Et moi... Timmie, je vous remercie pour cette montre extravagante. Vous n'auriez pas dû. J'ai été très embarrassé en découvrant ce magnifique présent.

— Je tenais à vous remercier pour ce que vous avez fait pour moi. Cela a beaucoup compté. J'avais peur, et vous l'avez compris : c'est grâce à votre gentillesse que j'ai pu surmonter cette épreuve, avoua-t-elle.

— Rassurez-moi, vous allez tout à fait bien, à présent ? demanda-t-il, presque avec timidité.

— Très bien. Mais je serai sûrement sur les rotules quand nous nous verrons à Paris. Les présentations de collections sont épuisantes.

— Je sais. Je me souviens que vous avez refusé d'aller à l'hôpital tant que le défilé n'était pas passé.

— Oui, c'est vrai. C'est difficile, quand on est pris dans le tourbillon de l'événement. Mais vous aviez raison, j'aurais dû m'arrêter.

Timmie resta songeuse un instant.

— Au fait, je suis désolée pour votre mariage, dit-elle soudain.

— Ce sont des choses courantes de nos jours, répondit-il. Je vais faire avec. Mais merci de me permettre de venir seul, à cette réception. J'apprécie votre invitation. Quand arriverez-vous à Paris ?

Elle fut contente qu'il lui pose la question, même si elle ne savait pas trop pourquoi. Etait-ce le fait qu'il était en train de divorcer ?

— Nous arriverons le 8. Cinq jours avant le défilé. Et je descendrai au Plaza, comme d'habitude.

A peine ces paroles eurent-elles franchi ses lèvres qu'elle les regretta. Ils se connaissaient à peine. Elle ne voulait pas qu'il s'imagine qu'elle lui tendait une perche. Ni passer pour une Américaine mangeuse d'hommes. Elle se sentit gênée. Mais heureuse malgré tout. Que se passait-il ?

Elle avait un peu l'impression d'être une enfant face à un adulte. Il s'exprimait avec sérieux, gravité même. Pourtant, elle savait qu'il pouvait être drôle.

— Eh bien, je vous verrai le 13 alors, au Plaza Athénée, dit-il d'un ton guindé.

C'était comme si rien ne s'était passé entre eux.

— Le 13, confirma-t-elle.

— Merci de votre appel.

Ils raccrochèrent, et le regard de Timmie se perdit dans le petit bureau.

Elle demeura ainsi un moment, pensant à leur conversation téléphonique et à la nouvelle surprenante qu'il venait de lui annoncer. Elle était étonnée, étant donné ses conceptions catholiques et extrêmement traditionnelles sur le mariage. Elle aurait été curieuse de voir sa femme. Mais cela n'arriverait pas, et elle espérait qu'il se sentirait à l'aise dans la foule hétéroclite qui assistait à ce genre de soirées.

Timmie se leva en bâillant et gagna sa chambre à coucher, en s'efforçant de ne plus penser à Jean-Charles Vernier.

La nouvelle de son divorce n'avait aucune importance pour elle. C'était un homme agréable, un ami potentiel. Rien de plus.

Elle en était certaine.

10

Le lendemain, Timmie fit envoyer à Jean-Charles Vernier un mail de confirmation et un carton d'invitation. La semaine suivante fut si agitée au bureau qu'elle ne pensa pas une seconde au médecin. Elle partit pour Malibu le vendredi soir et s'arrêta à Sainte-Cécilia pour dîner. Les enfants étaient tout excités : deux nouveaux pensionnaires étaient arrivés. La jeune fille avait quatorze ans ; elle avait connu douze familles d'accueil et avait été brutalisée par un des enfants dans la dernière. En apparence, elle était calme et réservée. Mais les religieuses, chagrinées, avaient constaté qu'elle était agressive. Elles exposèrent son cas en détail à Timmie après dîner. La violence n'avait rien de surprenant, étant donné les épreuves qu'elle avait traversées. Une querelle avait éclaté le matin même, car deux filles l'avaient accusée d'avoir volé leur peigne et leur brosse à dents. Elle cachait tout ce qu'elle pouvait ramasser sous son lit, et une des religieuses craignait qu'elle ne projette de fuguer. Son adaptation à ce nouvel environnement serait sûrement très longue. Elle avait été battue par sa mère biologique, violée par un de ses oncles et par plusieurs des amants de sa mère.

Son père était en prison. Son histoire, comme celle de nombre d'enfants de Sainte-Cécilia, était un cauchemar. Le second pensionnaire était arrivé deux jours plus tôt. Les religieuses avaient prévenu Timmie avant le dîner qu'il avait un comportement étrange. Jusqu'ici, il s'était toujours assis sous la table plutôt que sur une chaise pour prendre ses repas. Selon le travailleur social en charge de son dossier, sa mère lui jetait la nourriture sur le sol, comme à un chien. L'enfant avait six ans, et des cheveux d'un roux brillant, comme ceux de Timmie. Cette dernière le repéra immédiatement au milieu des autres et le vit se glisser en silence sous la table. Auparavant il vivait dans un petit appartement à Hollywood, avec sa mère ; celle-ci venait juste d'être envoyée en prison pour trafic de drogue. Il s'appelait Blake, ses grands yeux verts étaient vifs, mais il ne parlait jamais. D'après les tests qu'on lui avait fait passer, il n'était pas autiste. Il comprenait parfaitement ce qu'on lui disait, mais ne répondait pas. L'évaluation psychiatrique, effectuée lors de son séjour en foyer, avait établi que son mutisme était dû à un traumatisme. Les psychiatres suspectaient qu'il avait été victime de violences sexuelles. Sa mère avait vingt-deux ans. Elle était accro à la méthamphétamine et à la cocaïne lorsqu'elle l'avait mis au monde. Depuis, l'héroïne était venue s'ajouter à la liste de ses addictions, et son quatrième séjour en prison risquait fort de se prolonger très longtemps.

Elle prétendait par ailleurs ne pas savoir qui était le père du garçon. Et comme elle n'avait pas de famille connue, Blake n'avait nulle part où aller. Le foyer avait contacté Sainte-Cécilia dès que les évaluations avaient été effectuées. Le garçon n'était pas en assez bonne santé pour être confié à une famille d'accueil. En revanche il avait tout à fait le profil des pensionnaires de Sainte-Cécilia.

A la minute où elle le vit, Timmie éprouva un élan d'affection pour lui. Les sœurs soulignèrent le fait qu'il lui ressemblait : il aurait pu être son fils. Et, pendant un instant, elle souhaita qu'il le devînt. Sa mère refusait qu'il soit adopté, car elle voulait le reprendre avec elle à sa sortie de prison. Si cela se trouvait, ce ne serait pas avant une dizaine d'années et, à ce moment-là, il serait déjà émancipé, ou même drogué à son tour. Les religieuses comptaient bien faire tout ce qui était en leur pouvoir pour changer le cours de sa vie. A en juger par les autres cas désespérés qu'elles avaient sauvés, il n'était pas impossible qu'elles réussissent.

Timmie sentit soudain le petit corps émacié de Blake se recroqueviller à côté d'elle sous la table. Elle fit mine de ne rien remarquer et continua de parler avec les enfants qui riaient autour d'elle. Ils adoraient Timmie. La plupart l'appelaient « tante Timmie ». Alors qu'ils finissaient leurs hamburgers et leurs macaronis au fromage, Blake, toujours sous la table, s'appuya contre sa jambe et posa la tête sur ses genoux. Sans réfléchir, Timmie caressa ses cheveux soyeux. Puis elle lui passa un morceau de hamburger dans une serviette en papier. Il le prit sans un mot. Le manège se poursuivit jusqu'à ce qu'il ait mangé un hamburger presque entier. Et pendant tout ce temps, Timmie s'efforçait de ne pas regarder sous la table. Quand il eut fini, Blake tira sur sa jupe pour lui rendre les serviettes. Elle les prit, les larmes aux yeux. La souffrance de cet enfant était poignante. En dessert, elle lui donna une glace, qu'il dévora. Il ne sortit de sous la table que lorsque les autres enfants eurent quitté la pièce. Il regarda Timmie avec ses yeux immenses.

— Tu as très bien mangé, Blake, lui dit-elle posément.

Elle n'obtint pas de réponse. A peine crut-elle le voir hocher la tête, mais elle n'en était même pas sûre.

— Dommage que tu n'aies pas pris de macaronis au fromage. En veux-tu une assiette ?

Le garçon hésita, puis fit un signe affirmatif. Timmie alla dans la cuisine et en rapporta un bol de pâtes, qu'elle posa devant lui sur la table. Il le prit, s'assit sur le sol, et mangea avec ses doigts. Timmie garda le silence. Une religieuse passa à côté d'eux et sourit avec bienveillance. Timmie s'y prenait bien. Elle-même avait l'impression étrange qu'un lien les unissait, peut-être à cause de leur ressemblance. Son cœur se serrait devant ce garçon muré dans le silence. Dieu seul savait ce qu'il avait connu sous le toit de sa mère, au milieu de ses fréquentations probablement non recommandables. Il était la victime de cette femme et de son style de vie. Il était né à San Francisco alors qu'elle avait seize ans et vivait dans les rues depuis deux ans. Peu après, elle était venue à Los Angeles, où ses incarcérations s'étaient succédé. Il n'avait que six mois quand on l'avait placé pour la première fois dans une famille d'accueil. Avant cela, elle l'avait confié à des amis, parmi lesquels figurait son fournisseur de drogue. A six ans, Blake avait déjà toute une vie de misère derrière lui.

Il mangea tous les macaronis, puis regarda Timmie.

— Eh bien, tu n'as plus faim, je pense. Tu en veux encore ?

Il fit non de la tête et l'ombre d'un sourire apparut sur ses lèvres. Timmie voulut lui prendre la main, mais il eut un mouvement de recul.

— Je suis désolée, je ne voulais pas te faire peur. Je m'appelle Timmie. Et je sais que, toi, tu t'appelles Blake.

L'enfant la fixa, sans expression, puis recula. Il ne fallait pas aller trop vite. Apparemment, il ne pouvait tolérer davantage de contacts dans la soirée. Il alla s'asseoir dans un coin de la salle, à même le sol, et continua de la regarder. Une des religieuses vint essuyer la table. Timmie échangea quelques mots avec elle, puis se tourna de nouveau vers Blake.

— Veux-tu monter dans ta chambre ? Je peux te raconter une histoire.

Il fallait qu'elle aille à Malibu, mais elle ne parvenait pas à quitter le foyer. Elle se sentait attachée à cet enfant comme elle ne l'avait été à aucun autre à Sainte-Cécilia. Elle avait l'impression que le destin les avait rapprochés. Son fils Mark y était-il pour quelque chose ? Etait-il intervenu, depuis le ciel ? Elle aurait aimé que ce soit le cas. Il y avait un grand vide dans son cœur depuis qu'il était mort. Elle proposa encore à Blake de lui lire une histoire, mais il fit non de la tête et resta assis, l'air apeuré. Au moins, il avait eu un repas décent. Il était très maigre, visiblement sous-alimenté. La plupart des enfants qui arrivaient ici souffraient de malnutrition, surtout quand ils venaient directement de chez leurs parents. Dans les familles d'accueil, ils étaient nourris correctement.

— Je vais bientôt partir, Blake. Veux-tu que je t'emmène dans ta chambre ?

Après la douche et la lecture, les enfants allaient se coucher. Elle aurait aimé pouvoir lui donner un bain, comme elle le faisait pour Mark, mais c'était impossible. Il y avait trop d'enfants dans le bâtiment pour installer des baignoires, et ils devaient se contenter de douches. Blake secoua la tête et resta immobile. Timmie sortit de la pièce avec les sœurs, qui lui expliquèrent à voix basse qu'il allait les suivre. Jusqu'à présent, c'est ce qu'il avait fait chaque soir, après le repas. Il gardait ses distances, et n'avait fait qu'une seule exception, ce soir, en posant la tête sur les genoux de Timmie. Cette dernière monta dans la salle où les enfants jouaient et regardaient la télévision avant d'aller se doucher.

— Il est temps pour moi de vous quitter, dit-elle à contrecœur.

Elle n'aimait jamais partir, mais ce soir c'était pire, à cause de Blake. Sœur Anne perçut son déchirement.

— Vous vous êtes bien occupée de lui, Timmie. Il n'avait presque rien mangé depuis son arrivée chez nous.

— Vous croyez qu'il reparlera ?

Timmie avait vu d'autres enfants, plus gravement atteints. Mais quelque chose chez ce garçon laissait deviner qu'il avait encore plus souffert qu'on ne pouvait le penser à première vue. Elle le sentait. Elle aurait aimé pouvoir le prendre dans ses bras, et tout arranger.

— Sans doute, avec le temps, répondit la religieuse. Nous en avons vu d'autres, vous savez. Il faut être patient. Un beau jour, sans que l'on sache pourquoi, ils se sentent mieux et commencent à s'ouvrir. Revenez le voir. Cela vous fera du bien à tous les deux.

La religieuse sourit. Malgré son travail, Timmie avait meilleure mine ces temps-ci. Il y avait une sorte de sérénité dans son regard, comme si un poids avait été ôté de ses épaules. Timmie ignorait que cela se voyait, mais la rupture avec Zack lui avait été très bénéfique. Elle paraissait plus jeune et plus heureuse. Bien qu'elle n'en eût pas conscience, Zack lui pesait ; il prenait plus que ce qu'il donnait.

— Je repasserai peut-être dimanche, en revenant de la plage, dit Timmie.

Juste à ce moment-là, Blake passa furtivement dans le couloir pour monter à l'étage. Mais elle ne fit pas mine de le rattraper. De toute évidence, il avait encore peur et voulait être seul. Après tout, il avait vécu beaucoup de bouleversements ces derniers temps. Sainte-Cécilia était un lieu nouveau, et il n'était pas encore sûr d'y être en sécurité.

Timmie partit quelques minutes plus tard. Une heure après, elle était assise sur sa terrasse, emmitouflée dans une couverture de cachemire. La nuit était calme et étoilée, elle se sentait en paix. Bercée par le bruit des vagues sur la plage, elle pensait à Blake. Il lui tardait de retourner le voir. Quelque chose d'énorme s'était passé ce soir, du moins pour elle. C'était la première fois qu'elle avait à ce point envie de ramener un enfant chez elle.

Le dimanche après-midi, elle retourna à Sainte-Cécilia. Pendant tout le week-end, elle n'avait pu faire sortir de son esprit le souvenir de Blake, avec son joli petit visage et ses immenses yeux verts. En fait, elle lui trouvait une grande ressemblance avec Mark.

Elle fit part de son sentiment à sœur Anne et lui avoua qu'elle avait envie de l'emmener chez elle.

— Pourquoi cela, Timmie ? Pourquoi lui ? demanda la religieuse. Parce qu'il vous ressemble ?

Timmie s'était elle-même posé beaucoup de questions. Etait-ce une sorte de narcissisme qui l'attirait vers cet enfant ? Sa ressemblance avec elle, et avec Mark ? Ou bien était-ce quelque chose de plus, qu'elle percevait chez Blake ? A moins qu'elle ne cherche à combler le vide de sa vie ? Elle n'aurait su dire.

— Je ne sais pas. Il y a quelque chose chez lui qui me touche profondément. J'ai pensé à lui tout le week-end. Peut-être pourrais-je le prendre chez moi, quelquefois ? Juste pour le faire manger, lui donner le bain. Je pourrais l'emmener à la plage, cela lui plairait.

Elle cherchait des idées, le moyen de satisfaire un besoin d'amour qui ne la quittait pas. Elle pourrait lui faire du bien, changer sa vie. Sœur Anne ne parut pas étonnée.

— Et ensuite, Timmie ? Où cela vous mènerait-il ?

— Je ne sais pas... je ne suis pas sûre...

Timmie se trouvait dans une incertitude qui la torturait. Elle ne savait plus ce qu'elle devait faire. Depuis vendredi soir, elle était obsédée par l'image de ce petit rouquin obstinément muet, blessé par la vie. Elle ne pouvait pas l'adopter, puisque sa mère n'avait pas renoncé à ses droits. Voulait-elle accueillir un enfant chez elle dans ces conditions ? Car une famille d'accueil pouvait perdre du jour au lendemain l'enfant qu'on lui confiait. Et s'il partait après qu'elle se fut attachée à lui, ce serait comme une autre mort. C'était la dernière chose qu'il lui fallait. Et pourtant elle l'envisageait. Pourquoi ? Elle n'en savait rien.

— C'est bien de lui rendre visite ici, dit doucement sœur Anne. Car si vous le prenez un jour ou deux chez vous il faudra bien le ramener. Et alors il se sentira abandonné, comme vous quand vous étiez petite. Ce traumatisme ne lui vaudra rien de bon. Et à vous non plus. Cela pourrait faire remonter de vieux souvenirs à la surface.

De fait, Timmie ne voulait pas faire vivre à Blake le cauchemar qu'elle avait connu, en étant systématiquement rejetée. Bien qu'armée de bonnes intentions, elle pouvait lui faire du mal.

Il fallait réfléchir. Inutile d'arrêter une décision précipitée. Blake venait d'arriver, il n'était pas près de repartir. Cependant, Timmie éprouvait une envie urgente de le prendre sous son aile, pour qu'il se sente protégé. Mais il fallait se résigner à la triste réalité. Cela demanderait du temps.

— Vous devriez lui rendre visite régulièrement et voir comment ça se passe, conseilla sagement sœur Anne. Pour le moment, il n'est pas prévu qu'il parte en famille d'accueil. Il doit d'abord rester chez nous pour se refaire une santé.

Tout le reste de l'après-midi, Timmie se tint près de Blake tout en jouant avec les autres. Au dîner il revint s'asseoir à ses pieds et elle lui donna du poulet et des carottes dans un bol qu'elle fit passer sous la table. Il mangea tout. Elle avait laissé une chaise libre à côté d'elle, au cas où il aurait voulu s'asseoir à table, mais il resta recroquevillé contre ses jambes. Une fois de plus, elle lui caressa les cheveux, et il posa la tête sur ses genoux. Il lui parut plus apaisé et, à la fin du repas, quand elle lui tendit un bol de glace et de biscuits, il lui adressa un grand sourire. Toutefois, il évitait d'approcher les autres enfants et semblait même avoir peur d'eux. Timmie était la seule personne qu'il regardait dans les yeux. Elle aurait aimé le serrer dans ses bras avant de partir, mais elle n'osa pas le faire.

Elle demeura éveillée toute la nuit. Le lundi matin, avant de partir au bureau, elle appela sœur Anne.

— Je veux l'adopter, annonça-t-elle sans préambule.

Il le fallait. Elle ne pensait qu'à cela, elle ne souhaitait rien d'autre. Quelque chose lui disait que Blake ne se trouvait pas sur sa route par hasard. Pendant un bref instant, sœur Anne sembla déstabilisée. Elle avait cru que Timmie mettrait plus longtemps à arriver à cette conclusion.

— Il n'est pas adoptable, Timmie. Vous le savez. Sa mère refusera de l'abandonner.

— Mais si elle est envoyée en prison pour une période assez longue, elle perdra ses droits parentaux, n'est-ce pas ?

— C'est possible. Mais ce n'est pas automatique, le processus est long. Tout dépend de la position des services sociaux. D'autre part, nous ignorons encore s'il a de la famille proche. Je sais qu'ils enquêtent sur ce point. Au mieux, il pourra aller dans une famille d'accueil, si son état de santé s'améliore. Mais cela prendra du temps. Ce qui n'est pas plus mal. Il faut que vous réfléchissiez avant de prendre une décision.

Timmie n'était pas de nature impulsive, et il était rare qu'elle fonce tête baissée dans une direction. Elle avait vu de nombreux enfants passer à Sainte-Cécilia au cours des ans. Certains étaient si adorables que l'on ne pouvait que tomber amoureux. Mais c'était la première fois qu'un petit garçon l'envoûtait à ce point depuis la mort de son fils. Elle avait l'impression que son destin était irrémédiablement lié à celui de Blake.

— Je pense être certaine de ma décision, dit-elle d'une voix si ferme que sœur Anne fut impressionnée.

— Laissons passer quelque temps, conseilla-t-elle néanmoins. Il serait bon que nous parvenions à le faire parler. Nous verrons alors comment se présentent les choses.

Blake n'était pas un enfant hostile ou agressif. Mais comme tant d'autres, il avait été négligé et maltraité.

— Rien ne presse, Timmie. Il est chez nous. Il ne va pas bouger.

— Mais si les services sociaux lui trouvent de la famille quelque part ? Ils risquent de le reprendre, et ces gens ne valent peut-être pas mieux que sa mère. Comment ferons-nous ?

— Il faut voir comment la situation évolue. Mais je vous assure que vous n'aurez aucun problème à passer avant un père en prison, ou avant des grands-parents qui dealent de la drogue.

C'était souvent ce que l'on découvrait quand on faisait une recherche familiale, et d'ailleurs la famille refusait généralement de prendre en charge l'enfant. Leur vie était assez compliquée comme ça, ils ne voulaient pas d'un fardeau supplémentaire. Très peu de leurs pensionnaires partaient vivre dans leur famille. Ils étaient soit adoptés, soit placés en famille d'accueil.

— Essayez de lui rendre visite aussi souvent que possible, Timmie. Vous parviendrez peut-être à le refaire parler. Et une fois qu'il sera bien installé chez nous, vous pourrez le prendre un jour ou deux avec vous.

Timmie savait que sœur Anne ferait tout son possible pour l'aider. Elles étaient amies. Et à vrai dire, la religieuse s'était toujours demandé si Timmie ne finirait pas par prendre un enfant chez elle, un jour ou l'autre. Elle n'était donc pas surprise. Mais c'était la première fois que Timmie s'attachait autant à l'un de leurs protégés. Si Blake et elle étaient vraiment destinés à lier leurs vies, les choses se feraient d'elles-mêmes, sœur Anne en était persuadée.

Le lundi matin, Timmie était radieuse.

— Oh, oh, fit David en la voyant poser son sac sur la table de travail. Ne dis rien. Tu es amoureuse ?

— Comment as-tu deviné ?

— Tu le demandes ? Cela se voit à des kilomètres. Alors, raconte !

La période « Reine des Neiges » avait été courte, cette fois. Mais Timmie n'avait jamais paru aussi heureuse.

— Qui est-ce ? s'enquit Jade, un peu affolée.

Elle craignait de voir Timmie s'emballer de nouveau pour quelqu'un qui ne lui convenait pas.

— Il s'appelle Blake, répondit Timmie, malicieuse. Il est splendide, avec des cheveux roux, des yeux verts. Il est plus jeune que moi, mais cela n'a jamais posé de problème jusqu'à présent, si ?

Jade sentit son cœur sombrer. Encore un de ces bellâtres ! Une réplique de Zack. Non mais vraiment, où étaient passées les bonnes résolutions de Timmie ?

— Beaucoup plus jeune ? demanda David, l'air aussi inquiet que sa collègue.

— Très jeune, lâcha Timmie avec sérieux.

Ses deux assistants réprimèrent un grognement de contrariété. Elle laissa passer plusieurs secondes, avant d'annoncer en soupirant :

187

— Il a six ans.

— Six ans ? C'est un enfant ?

— Oui. Blake a six ans. Nous nous sommes rencontrés vendredi soir à Sainte-Cécilia. Sa mère est en prison, et j'espère qu'elle y restera une centaine d'années. Je suis sûre que c'est Mark qui me l'envoie. C'est un vrai coup de foudre.

David se renversa dans son fauteuil en éclatant de rire.

— Ça par exemple ! J'approuve à 100 % ! Quand nous le présentes-tu ?

Cela faisait des années que David se demandait pourquoi Timmie n'avait pas pris sous son aile un des enfants de l'institution.

— Tu vas l'adopter ? demanda Jade, un peu moins enthousiaste que lui.

Connaissant l'emploi du temps surchargé de Timmie, elle ne l'imaginait pas avec un enfant.

— Pas encore. Il n'est pas disponible à l'adoption pour le moment. Sa mère ne veut pas renoncer à ses droits. Nous verrons. On fait des recherches sur sa famille, mais apparemment il n'a personne. Sa mère est une loque. Elle l'a eu à seize ans, alors qu'elle se droguait et vivait dans les rues de San Francisco. Il a été transbahuté pendant des années, et il est si traumatisé qu'il ne veut plus parler.

— Cela fait beaucoup de problèmes à assumer, argua Jade. Que feras-tu s'il n'est pas récupérable et qu'il se drogue à son tour, ou s'il devient un meurtrier en série ? On ne sait pas ce qu'il y a dans ses gènes.

— Je sais ce que je vois dans ses yeux, répondit Timmie, attristée par la remarque de son assistante. Je ne veux pas qu'il ait la même vie que moi et passe toute son enfance dans des orphelinats. J'avais un an de moins que lui à la mort de mes parents. Le moins que je puisse faire, c'est de lui éviter cela. Que vais-je faire de ma vie, de toute manière ?

Pour elle, il ne faisait plus aucun doute qu'elle allait consacrer le reste de son existence à ce garçon. Dans son esprit, Blake était déjà son fils.

— Il existe mille autres façons de t'occuper pendant les années à venir, dit David avec un sourire inquiet. Imagine que sa mère refuse de l'abandonner ?

Ce qu'il redoutait, c'était que Timmie ait une fois de plus le cœur brisé. La mère de Blake pouvait fort bien sortir de prison et le reprendre avec elle. Il ne voulait pas que Timmie perde un deuxième enfant, même si les circonstances étaient différentes.

— Mais je serai très heureux pour toi si tout se passe bien, ajouta-t-il.

Ce serait autrement mieux que d'avoir un gars qui profiterait d'elle quelques mois avant de disparaître dans la nature, comme les précédents. De plus, la vie de l'enfant en serait transformée. C'était une façon pour Timmie de redistribuer toutes les bonnes choses que la vie lui apportait. Blake avait de la chance, songea David.

— Moi aussi, j'espère que tout marchera comme tu le veux, dit Jade.

Celle-ci se faisait toujours l'avocat du diable. Elle était la voix de la prudence, en dépit du sentiment de joie qu'elle lisait dans les yeux de sa patronne.

Timmie retourna voir Blake ce soir-là. Elle le fit manger, puis resta avec lui dans la salle, lorsque tous les autres furent sortis. Le petit garçon l'observait, l'air anxieux, assis dans un coin. Elle lui raconta alors qu'elle avait grandi elle-même dans un foyer, et qu'elle voulait être son amie. Elle n'osa pas lui parler de devenir sa maman, craignant de l'effrayer. Il devait aimer sa mère biologique, en dépit des traitements qu'elle lui avait infligés, et il ne connaissait Timmie que depuis quelques jours. Au bout d'un moment, il se leva et monta dans sa chambre. Timmie le suivit et lui envoya un baiser depuis la porte. Il ne prononça pas un mot, mais sourit timidement. Timmie eut le sentiment d'un progrès.

Le mardi, elle fut trop occupée au bureau pour retourner à Sainte-Cécilia. Ils n'avaient plus que quelques semaines pour préparer les défilés de février. Elle alla voir Blake le mercredi soir. A la fin du repas, il sortit de sous la table et vint se tenir à côté de sa chaise. Timmie ne dit rien, mais, les yeux brillants, elle sourit à sœur Anne, puis refoula un gros sanglot en sentant les petits doigts du garçonnet lui effleurer le bras. Un peu plus tard, Blake suivit Timmie à l'étage. Quand elle lui dit au revoir, depuis le seuil de la chambre, il soutint son regard et fit un signe de la main.

Son cœur lui appartenait, aussi sûrement que s'il avait été dans sa vie depuis des années. Un peu comme lorsqu'un nouveau-né apparaissait et que tout ce qui avait existé avant lui s'effaçait. Du jour au lendemain, la vie de Timmie se mit à tourner autour de Blake. Que penserait-il quand elle s'absenterait pour se rendre en Europe ? Car elle allait maintenant le voir tous les jours. Le vendredi, elle passa tout l'après-midi avec lui avant de partir à Malibu. Elle était en train de lui lire une histoire quand sœur Anne entra dans la chambre et fit signe à Timmie de la suivre. Celle-ci alla la retrouver dans son bureau dès qu'elle eut fini la lecture, promettant à Blake de revenir ensuite.

— Tout va bien ? demanda-t-elle en voyant l'air préoccupé de la religieuse.

— Je viens d'avoir un appel des services sociaux. Ils ont été contactés par les grands-parents de Blake. Apparemment, ils recherchent leur petit-fils depuis des semaines. Ils viennent de Chicago ce week-end, pour un entretien lundi après-midi.

— Quel genre d'entretien ? s'exclama Timmie, paniquée.

— Pour obtenir un droit de garde et la permission de faire sortir l'enfant de l'Etat. Ils vivent à Chicago et essayent depuis des années d'avoir la garde de Blake. Chaque fois qu'ils faisaient une demande, leur fille cessait de se droguer quelque temps et le juge renonçait à lui retirer l'enfant. Vous savez comment ça se passe, les magistrats insistent pour que les enfants restent avec leurs parents biologiques, même si les circonstances paraissent effrayantes à l'entourage. Mais à présent, sa mère va être éloignée de lui très longtemps. J'ai parlé de vous au travailleur social chargé de son dossier.

Les espoirs de Timmie vacillèrent. Mais elle ne voulait pas s'avouer vaincue.

— Puis-je assister à cette audience ? demanda-t-elle.

— J'ai posé la question à l'assistante sociale, et elle est d'accord. Je ne pensais vraiment pas qu'il y aurait une demande pour la garde de Blake.

En général, personne ne voulait de leurs pensionnaires, mais cette fois deux camps allaient s'affronter pour lui.

— Je peux me faire assister d'un avocat ?

— Sans doute. Je ne suis pas sûre que le juge vous donnera la parole. L'audience est censée répondre à la demande des grands-parents. Mais j'ai expliqué à l'assistante sociale que vous étiez le pilier de Sainte-Cécilia, pour donner du poids à votre requête.

— Merci, dit Timmie.

Mais elle était inquiète. En outre, elle était une femme seule. Et bien qu'elle ait largement les moyens de subvenir à l'éducation d'un enfant, elle était moins jeune que la plupart des mères candidates à l'adoption.

— Que savez-vous sur les grands-parents ? demanda-t-elle à sœur Anne.

— Lui est médecin dans la banlieue de Chicago, et elle est femme au foyer. Ils ont trois autres enfants, un garçon et deux filles, tous à l'université. Il a quarante-six ans et elle quarante-deux. La mère de Blake est la brebis galeuse de la famille. C'est tout ce que je sais. D'après l'assistante sociale, le garçon va à Harvard, et les jumelles à Stanford et Yale.

— Des enfants parfaits, murmura Timmie.

— Le combat sera rude, oui. Les grands-parents ne se laisseront pas facilement écarter.

Le week-end s'écoula dans un brouillard. Timmie passa le dimanche après-midi avec Blake. Le garçon refusa de s'asseoir pour dîner, mais il sortit plusieurs fois de sous la table pour sourire à Timmie. Elle resta avec lui jusqu'à l'heure du coucher et le borda dans son lit. Sœur Anne, qui passait à ce moment-là devant la chambre, les observa d'un air soucieux. Non seulement Timmie était très attachée à l'enfant, mais ce sentiment semblait réciproque. Si les grands-parents obtenaient sa garde, ce serait un traumatisme supplémentaire pour lui. Et c'en serait un aussi pour Timmie, qui avait déjà perdu un fils. Le choc serait rude pour elle comme pour Blake. Mais sœur Anne ne pouvait que prier pour son amie.

Le lundi, Timmie n'alla pas au bureau et ne rendit pas visite à Blake. Elle savait qu'elle risquait de le perdre, mais n'osait même pas envisager cette éventualité. Elle revêtit un strict ensemble noir et des escarpins, et attacha ses cheveux roux sur la nuque. L'audience devait avoir lieu à deux heures. Elle avait appelé son avocat pendant le week-end, mais il ne pouvait pas faire grand-chose, dans la mesure où Timmie n'était pas opposée aux grands-parents de Blake. Si le juge refusait de leur accorder la garde de l'enfant, alors cela laissait le champ libre à Timmie. Mais il fallait avant tout que leurs droits soient évalués. Ensuite, Timmie serait libre de faire une demande d'adoption. En attendant, le juge saurait que Timmie était là, prête à se charger de l'enfant.

Elle retrouva son avocat sur les marches du tribunal à deux heures moins le quart, et ils prirent place discrètement dans la salle d'audience. Les grands-parents de Blake étaient déjà là. Ils avaient une allure respectable, étaient vêtus avec une élégante sobriété et paraissaient tous deux plus jeunes que leur âge. Timmie prit conscience en les regardant qu'en plus d'être mariés ils étaient plus jeunes qu'elle et avaient des liens de sang avec l'enfant. Ce qui faisait d'eux de meilleurs candidats à tout point de vue.

Le juge apparut à deux heures précises. Le dossier de Blake était posé sur son bureau. Il avait considéré la demande déposée par les grands-parents le matin même. Tout était en ordre, et ils avaient fourni de solides références et témoignages en leur faveur. L'assistante sociale lui avait également transmis un dossier concernant Timmie et l'intérêt qu'elle portait à l'enfant. Le juge avait été impressionné par son engagement dans le foyer de Sainte-Cécilia, où il avait envoyé de nombreux enfants ces dernières années. Il trouvait son intérêt pour ces enfants admirable.

Le juge s'adressa longuement aux grands-parents. La grand-mère de Blake pleura en parlant des problèmes de drogue de sa fille. Ceux-ci duraient depuis l'adolescence et lui avaient fait vivre un vrai cauchemar. Puis le juge sourit chaleureusement à Timmie et la félicita pour son travail à Sainte-Cécilia. De toute évidence, il respectait ce qu'elle accomplissait dans l'établissement avec les religieuses. Elle le remercia et lui retourna son sourire, bien qu'elle eût le cœur serré et les mains moites. Ensuite, le juge concentra son attention sur le grand-père de Blake. C'était un homme calme et posé, visiblement digne de confiance, honorablement connu, dévoué à sa famille et à sa communauté. On ne pouvait absolument rien reprocher à ces gens, ni d'ailleurs à Timmie. Mais à la fin de l'audience, il n'y avait aucun doute pour le juge : le garçon devait retourner dans sa famille, grandir avec ses grands-parents, ses tantes et son oncle.

Le juge lança un regard à Timmie et dit qu'il était sûr qu'elle comprenait. Son intérêt pour l'enfant était admirable, mais elle savait comme lui que sa place était dans sa famille. Timmie acquiesça d'un hochement de tête, tandis que les larmes roulaient sur ses joues. Le juge avait raison, mais le choc était dur à encaisser. Elle eut l'impression de recevoir une balle en plein cœur. Quand l'audience fut terminée, la grand-mère de Blake, les yeux pleins de larmes, la serra dans ses bras. Le grand-père se mit à pleurer aussi, et le juge lui-même avait les yeux humides.

Ils sortirent de la salle tous ensemble et gagnèrent Sainte-Cécilia dans trois voitures différentes. L'avocat de Timmie était désolé pour elle, mais il ne pouvait rien faire. En outre, il pensait probablement comme le juge que l'enfant devait vivre dans sa famille, malgré le choc que cela représentait pour Timmie.

Les grands-parents repartaient le soir même en avion avec Blake. Dans six mois, ils recevraient un droit de garde définitif. Il était peu vraisemblable que Timmie revoie Blake un jour. Elle n'avait fait qu'un passage dans sa vie, l'espace de quelques jours, mais elle voulait lui dire au revoir.

Les yeux de l'enfant s'illuminèrent quand il la vit. En revanche, il considéra ses grands-parents d'un air soupçonneux. Il ne les connaissait pas. Et quand il vit l'une des religieuses préparer sa valise, son expression s'assombrit. Il chercha Timmie du regard, et celle-ci lui expliqua que ses grands-parents allaient l'emmener avec eux, à Chicago. Il secoua la tête, de grosses larmes apparurent dans ses yeux et il se jeta à son cou. Elle le serra contre elle en retenant ses larmes. Il fallait qu'elle contienne sa douleur, pour le bien de l'enfant. Ses grands-parents s'efforcèrent de le rassurer. Blake semblait très attaché à Timmie, et ils avaient l'impression d'être des monstres de vouloir l'en séparer. Le garçon se mit à sangloter de plus belle.

Le moment du départ arriva. Blake, cramponné à la main de Timmie, pleurait bruyamment. Au moment où ils atteignaient la porte, il se retourna brusquement et hurla : « Non ! » C'était le premier mot qu'il prononçait depuis son arrivée au foyer.

— Tout va bien se passer, Blake, dit Timmie en s'agenouillant devant lui. Tu vas être heureux, je te le promets. Tes grands-parents t'aiment. Je t'aime aussi, mais tu dois aller avec eux. Tu seras bien, là-bas.

— Non ! Non ! cria-t-il encore une douzaine de fois.

Finalement, son grand-père le prit dans ses bras et franchit la porte avec un regard d'excuse.

— Je suis désolé, marmonna-t-il à l'adresse de Timmie.

— Je t'aime, Blake ! lança Timmie.

Dans quelques années il l'aurait oubliée. Cela n'avait pas d'importance. Il allait être heureux dans sa nouvelle vie. Mais elle savait, elle, qu'elle n'oublierait jamais ce moment douloureux.

Elle resta plusieurs heures à Sainte-Cécilia, sanglotant dans les bras de sœur Anne. L'enfant avait filé entre ses doigts aussi vite qu'il était apparu dans son cœur, il avait été ravi à son affection, comme Mark des années auparavant. Apparemment, elle n'était pas destinée à être mère. Ce soir-là, quand elle regagna son domicile, elle eut l'impression que Mark était mort une deuxième fois.

Elle pria pour que Blake soit heureux dans sa nouvelle vie, et elle pria aussi pour le fils qu'elle avait perdu.

Allongée dans son lit, elle sanglota jusqu'au matin. Elle ne retourna pas au bureau pendant deux jours.

L'avocat avait mis Jade et David au courant, aussi eurent-ils la sagesse de garder le silence quand elle revint.

Il ne lui restait plus qu'à accepter son existence sans Blake.

11

La semaine suivante, alors qu'ils réglaient les derniers préparatifs du voyage, Timmie se tint en retrait, silencieuse. Elle avait une mine épouvantable, et Jade et David étaient très inquiets. Sœur Anne avait appelé plusieurs fois pour prendre des nouvelles. Le chagrin de Timmie ne la surprenait pas. Elle avait pris cet enfant en affection, et la séparation la blessait profondément. Son cœur saignait, bien qu'elle ne dît rien de sa souffrance. Elle évita de se rendre à Sainte-Cécilia. C'était encore trop douloureux.

Ils partirent pour New York exactement une semaine après l'audience. Timmie était soulagée de quitter la ville quelque temps. Les défilés se déroulèrent très bien à New York et à Milan. Ils arrivèrent à Paris à la date prévue. Pour la première fois depuis des semaines Timmie s'anima un peu.

Ils atterrissaient à Charles-de-Gaulle, quand Timmie prononça le nom de Jean-Charles Vernier de façon anodine, dans la conversation. Elle avait pensé à lui pendant le vol, mais tout lui paraissait sans importance depuis qu'elle avait perdu Blake. Il allait lui falloir du temps pour se remettre de cette épreuve.

— Tu te rappelles le médecin que je t'ai priée d'ajouter à la liste ? demanda-t-elle à Jade, le regard fixé dans le lointain.

— Celui qui t'a soignée lorsque tu as eu ta crise d'appendicite ? Oui, et alors ? Il a annulé ? Tu veux que je le retire de la liste des invités ?

Comme d'habitude, Jade avait des milliers de détails à régler. Elle était stressée et exténuée.

— Non, il va venir. Il est en train de divorcer, dit-elle après une légère hésitation.

Elle n'alla pas plus loin, et Jade la dévisagea avec perplexité.

— Tu essayes de me dire quelque chose, Timmie ? Il te plaît ?

— Oui, je l'aime bien. Mais pas comme tu le crois. Je suis très heureuse toute seule. De toute façon, il risque d'être bouleversé par son divorce.

Jade sourit. Timmie était convaincue qu'elle en avait fini avec les hommes. Mais cela ne durait jamais très longtemps. Et une idylle lui changerait les idées, après l'épreuve qu'elle venait de vivre.

— Je lui ai dit que nous arrivions aujourd'hui à Paris. Je me demande s'il va me donner de ses nouvelles.

Quelque chose dans son expression suscita la curiosité de Jade.

— C'est possible. Mais méfie-toi des hommes mariés, Timmie. Même s'il te dit qu'il divorce, cela pourrait prendre des années.

Naturellement, après sa mauvaise expérience, Jade était sensible au problème. Timmie répondit d'un bref hochement de tête. Elle ne se faisait aucun souci ; de toute façon, il n'y avait rien entre eux.

— Je ne vais pas sortir avec lui. Je l'ai juste invité à ce dîner, dit-elle d'un ton vague.

Toutefois, elle décida en son for intérieur que, s'il l'appelait avant la soirée, cela signifierait sans doute qu'elle l'intéressait. S'il n'en faisait rien, elle saurait à quoi s'en tenir. A aucun moment jusque-là, il n'y avait eu de flirt entre eux, mais elle aimait parler avec lui. Il lui inspirait confiance et lui donnait un sentiment de sécurité.

L'avion atterrit et elle ne pensa plus à lui les jours suivants. La préparation du défilé aurait, il est vrai, accaparé quiconque à 200 %. Ce n'est que quand tous les mannequins eurent repassé une dernière fois devant le public avant de s'éclipser définitivement en coulisse que Timmie se rendit compte que Jean-Charles Vernier n'avait pas appelé. Le message était clair : elle ne l'intéressait pas. Bien. Ce n'était pas très important.

L'ambiance avait été survoltée pendant le défilé, mais ce fut un franc succès. La presse adorait ses créations, et les acheteurs passaient déjà leurs commandes. Plus tard dans l'après-midi, Timmie eut l'impression de ne pas s'être reposée depuis des années. Elle aurait aimé pouvoir s'allonger et dormir un peu. Mais Jade avait prévu deux interviews à la suite avant la réception du soir. Timmie eut à peine le temps de monter se changer, avant de redescendre dans la salle à manger pour accueillir ses invités. Les journalistes étaient en retard, comme d'habitude. Deux de leurs plus gros clients venaient d'entrer. Et juste derrière eux elle vit Jean-Charles, qui attendait poliment. Abandonnant ses clients, elle alla vers lui. Il portait un superbe costume bleu marine et lui sembla plus grand que dans son souvenir. Timmie avait revêtu une robe de cocktail noire, avec des escarpins à talons. Ses cheveux tirés en arrière laissaient voir ses boucles d'oreilles en diamant. Elle était à la fois simple et élégante. La robe était plus courte qu'elle ne l'aurait voulu, mais cela lui donnait une allure jeune et sexy. C'était une de ses créations de la saison, qui avait eu un succès foudroyant en boutique.

— Bonsoir, dit le médecin.

Ses yeux bleu vif s'illuminèrent quand ils se posèrent sur elle, mais son attitude était guindée, comme elle s'y attendait.

— Merci d'être venu, répondit-elle, chaleureuse.

Elle était un peu déçue qu'il ne l'ait pas appelée dans la semaine, mais il n'avait aucune raison de le faire. Si ?

— J'ai entendu dire que le défilé était un grand succès, lança-t-il.

— Comment le savez-vous ?

— Un de vos invités en parlait, dans le couloir. Selon lui, et il m'a semblé être une personne avisée, c'est votre plus belle collection, à ce jour.

Ravie du compliment, Timmie le présenta à plusieurs de ses invités, avant de l'abandonner. Elle avait encore une trentaine de personnes à accueillir.

Elle ne revit Jean-Charles qu'au moment de passer à table. Elle ignorait où Jade l'avait placé. Les clients les plus importants étaient assis à côté d'elle, et elle l'aperçut à l'autre extrémité de la table. Leurs regards se croisèrent, et il lui sourit tout en continuant de bavarder avec sa voisine, une acheteuse d'un magasin new-yorkais. Les journalistes étaient installés aux deux bouts de la table, et les directeurs de *Vogue* étaient plus proches d'elle.

C'était une soirée de travail pour Timmie. Elle était l'ambassadrice et la porte-parole de la société Timmie O. Elle ne put reparler à Jean-Charles qu'à la fin du repas, quand il vint prendre congé.

— Je vous remercie de m'avoir invité.

— Je suis désolée que nous n'ayons pas eu le temps d'échanger. J'ai été accaparée par les acheteurs et les journalistes toute la soirée. Mais j'espère que vous avez passé un bon moment.

Le repas et les vins étaient délicieux, et tout le monde semblait content. L'atmosphère était à la fois intime et élégante, et une profusion de fleurs décorait la table.

— Je me demandais si... nous pourrions... Quand repartez-vous ?

— Après-demain, dit-elle, décontenancée.

— Aimeriez-vous prendre un verre avec moi demain ? Je ne suis malheureusement pas libre à déjeuner ni à dîner. Mais nous pourrions prendre un verre ? dit-il avec un mélange de prudence et de nervosité.

Timmie fut prise de court. Toutefois, elle avait un peu de temps le lendemain. Ils s'étaient réservé une journée pour remballer la collection.

— C'est une très bonne idée, répondit-elle une fois remise de sa surprise. Cela va me changer les idées de prendre un verre avec vous. A quelle heure ?

Elle était enchantée par la perspective de parler en tête à tête avec lui.

— Dix-huit heures, cela vous irait ?

— Oui, très bien. Où cela ? Dans un bar ?

Il eut une hésitation, et elle songea qu'il préférait peut-être ne pas être vu avec une femme alors qu'il était en pleine procédure de divorce.

— Ou dans ma suite, si vous voulez ? suggéra-t-elle rapidement.

— Oui, ce serait parfait. A demain, Timmie, dit-il en lui serrant la main.

Elle ne souffla pas mot à Jade de ce rendez-vous. Elles étaient de toute façon toutes deux trop épuisées pour parler de quoi que ce soit. Et son assistante devait se lever tôt le lendemain, pour surveiller les préparatifs.

Ce n'est que tard dans l'après-midi que Jade demanda à Timmie ce qu'elle voulait faire pour le dîner. Timmie annonça alors qu'elle avait prévu de prendre un verre avec Jean-Charles Vernier.

— Vraiment ? s'exclama Jade.

— Oui, répondit-elle nonchalamment. Rien d'important. C'est juste aimable de sa part d'avoir eu cette idée.

Jade l'avait vu la veille pour la première fois, et elle devait reconnaître qu'il était très bel homme.

— Voulez-vous dîner ensuite avec moi dans ma chambre, toi et David, ou préférez-vous sortir ? demanda Timmie.

Ses deux assistants étaient lessivés. Ils avaient travaillé comme des fous ces dernières semaines.

— Cela ne te ferait rien de demander le room service ? suggéra Jade.

Timmie approuva, soulagée. Puis elle alla se recoiffer et changer de chaussures avant l'arrivée du médecin. Pourquoi lui avait-il fixé ce rendez-vous ? Elle avait toutes les raisons de croire qu'elle ne l'intéressait pas. Il s'était montré très réservé lors de la soirée. Elle choisit de porter un pantalon et un pull noirs, des chaussures à talons hauts, et elle fixa ses cheveux sur le côté à l'aide d'une grosse barrette verte. Elle était élégante, mais sexy et décontractée. Quand Jean-Charles sonna, elle alla ouvrir. Pendant quelques secondes il lui parut très grave, puis il sourit. Ses yeux s'éclairèrent, empreints de douceur et de bonté. Il portait une chemise bleue, un blazer et une cravate noire.

— Bonsoir, Timmie, dit-il en entrant.

Il semblait un peu nerveux.

— Vous avez beaucoup travaillé, aujourd'hui ? Ou vous avez pu vous reposer ? demanda-t-il en s'asseyant.

Elle servit à boire, une coupe de champagne pour lui et un verre d'eau minérale pour elle, et elle s'assit sur le canapé, face à lui.

— Oh non ! s'exclama-t-elle. Pas de repos pour moi. Le jour qui suit les défilés est toujours très chargé.

— Je vous remercie pour votre invitation d'hier soir. C'était une soirée très agréable.

Elle mourait d'envie de le questionner sur son divorce, mais elle n'osa pas le faire.

— Merci pour la carte que vous m'avez envoyée à l'automne, dit-elle avec un sourire timide. J'ai failli répondre, et puis j'ai pensé que ce serait idiot.

Il repoussa le poignet de sa chemise, révélant la montre.

— C'est un très beau cadeau, Timmie. Vous n'auriez pas dû.

— Vous avez été si gentil quand j'étais malade ! protesta-t-elle en riant.

Il lui semblait que des siècles s'étaient écoulés depuis. Elle supposait que d'autres patients avaient dû lui faire des cadeaux équivalents, mais il était toujours délicat pour une femme célibataire d'offrir quelque chose à un homme, surtout s'il était marié.

— Vous repartez à New York demain ?

Elle acquiesça d'un hochement de tête.

— Pour affaires, ou pour le plaisir ?

Timmie rit de nouveau, et il se détendit.

— Il n'y a que les affaires dans ma vie, docteur. Pas de plaisir, uniquement du travail. Vous vous rappelez, quand j'ai eu ma crise d'appendicite ?

Oui, il se souvenait très bien. Il ne comprenait pas qu'on puisse mettre sa santé en danger pour le travail. Mais malgré ses réprimandes, elle ne l'avait pas écouté.

— C'était de la folie, déclara-t-il sur un ton de reproche. Et vous l'avez payé cher, je le crains.

Leur regards se croisèrent, et il enchaîna :

— Vous allez bien, depuis la dernière fois ?

Elle fut touchée par son regard soucieux. Cet homme était bon. Posant sans le vouloir les yeux sur ses mains, elle remarqua qu'il portait toujours son alliance. Il hocha la tête.

— Les vieilles habitudes ont la vie dure, dit-il. Je ne suis pas encore prêt à redevenir célibataire.

Un pas sans doute difficile à franchir, après vingt-sept ans de mariage, songea-t-elle. D'autant qu'il s'était montré catégorique, quatre mois plus tôt : selon lui, un couple avec des enfants devait rester marié, en dépit de ses divergences de vues et d'intérêts. Elle se demanda ce qui avait bien pu motiver ce changement chez lui.

— Moi aussi, j'ai longtemps porté mon alliance après mon divorce, avoua-t-elle doucement. Que s'est-il passé ? Pourquoi cette décision soudaine ?

Il soupira et la regarda comme s'il était confronté au plus grand mystère de l'existence.

— Pour être honnête, Timmie, je ne sais pas trop. Je n'en pouvais plus. Nous avions toujours les mêmes disputes. Un jour, je me suis réveillé en me disant que, si je continuais comme ça, dans un an je serais mort. Nous étions devenus des étrangers. J'ai du respect pour elle, c'est la mère de mes enfants, mais cela fait des années que nous menons des vies séparées. Nous ne sommes même pas amis. Pour tout vous dire, nous commencions à nous détester. Je ne veux plus vivre comme cela. J'avais l'impression de mourir à petit feu. Maintenant je me rends compte que c'est notre mariage qui était mort, pas moi. Il fallait en prendre acte, il fallait que ce mensonge cesse.

La plupart des mariages finissaient ainsi quand les gens étaient trop différents. C'est tout du moins ce que pensait Timmie. Et c'était pire s'ils se forçaient à rester ensemble. Ils s'éloignaient un peu plus chaque jour.

— Le plus étrange, c'est que notre mariage est mort sans que l'on s'en rende compte, poursuivit Jean-Charles. Tout ce que nous avions ressenti l'un pour l'autre avait disparu. Il fallait mettre un terme à cette situation. Il aurait été cruel, aussi bien pour nous que pour nos enfants, de continuer de vivre ainsi.

C'était exactement ce qu'elle lui avait dit quatre mois plus tôt. Mais à l'époque il n'était pas prêt à entendre ces paroles. Aussi était-elle très étonnée.

— Comment vos enfants réagissent-ils ?

Le divorce étant moins répandu en France qu'aux Etats-Unis, cela devait être moins facile pour des enfants français que pour des enfants américains.

— Nous leur avons parlé il y a quelques semaines. Ils l'ont très mal pris. Je ne suis même pas sûr qu'ils nous ont crus. Mon épouse m'a demandé de rester jusqu'à la fin de l'année scolaire, et j'ai accepté. Nous allons vendre l'appartement, ce qui sera un choc pour eux. Du moins pour mes filles, qui sont encore à la maison. Mon fils est en faculté de médecine et nous le voyons plus rarement.

Visiblement, il se sentait coupable. Il avait fait passer son propre bien-être avant le leur, et cela allait à l'encontre de ses convictions. Il était la dernière personne qu'elle s'attendait à voir divorcer. Pour prendre une telle décision, il avait vraiment dû être persuadé que c'était une question de survie pour lui.

— J'espère que mes filles me pardonneront. La situation est très dure pour ma femme et elles.

Timmie se rappela soudain toutes les épreuves traversées par l'ancien compagnon de Jade.

— Elles s'adapteront, comme tous les enfants. Elles vous aiment. Je suis sûre que c'est difficile aussi pour vous. C'est un grand changement. Quand avez-vous pris cette décision ?

— Juste après Noël. Les vacances avaient été un vrai cauchemar. J'ai eu le sentiment que ça ne pouvait pas continuer. Mais la décision a été horrible à prendre.

Tout cela était très nouveau pour lui. Sept semaines à peine s'étaient écoulées depuis Noël. Il était en plein bouleversement quand elle l'avait appelé, le mois dernier.

— Je suis désolée, dit-elle avec douceur. J'avais deviné que votre mariage battait de l'aile, quand nous en avions parlé, en octobre. Mais vous aviez alors des vues complètement différentes. Et je n'étais pas d'accord avec vous. Mais chacun doit prendre sa décision seul, comme il l'entend. Moi, ça a été plus simple si on peut dire : je n'ai pas eu à choisir ; mon mari m'a annoncé qu'il me quittait, et il est parti.

Cela s'était passé quelques mois après la mort de Mark. Maintenant encore, elle avait les larmes aux yeux quand elle y pensait. Sans réfléchir, elle prit la main de Jean-Charles, comme il l'avait fait lui-même un jour, alors qu'elle avait peur.

— Tout ira bien, vous savez. Vos filles s'habitueront à cette idée, votre femme se remettra. Vous retomberez sur vos pieds. C'est difficile pour le moment, mais les gens s'adaptent. Vous finirez par ne plus ressentir de culpabilité.

Jean-Charles hocha la tête avec gratitude et ne chercha pas à retirer sa main. Ils retrouvaient la familiarité de leurs discussions d'avant, même si c'était un peu différent à présent. Leur relation n'était plus celle d'un médecin avec sa patiente, mais celle d'un homme et d'une femme. Ils ne pouvaient plus se cacher derrière des rôles.

— C'est difficile à imaginer, dit-il. Merci, Timmie.

A cet instant, Jade entra dans la chambre. Elle vit qu'ils se tenaient la main et comprit que le moment était fort mal choisi. Elle ressortit aussi vite qu'elle était entrée et referma la porte sans avoir prononcé un mot.

— Je suis désolé, dit Jean-Charles. Vous devez avoir à faire ?

— Pas du tout.

Timmie était quelqu'un de protecteur et de rassurant. Depuis douze ans, n'ayant plus ni enfant ni homme dans sa vie, elle reportait son affection sur ses employés, qui le lui rendaient bien. Jean-Charles perçut la profondeur de ses sentiments, la chaleur qui se dégageait de sa personne. Tout ce qui lui avait échappé en octobre, alors qu'elle avait eu si peur. Maintenant qu'elle allait bien, il voyait tout cela. Timmie était non seulement généreuse, mais solide comme un roc. Les traumatismes qu'elle avait subis ne se manifestaient que dans la compassion qu'elle ressentait pour les autres.

— Nous avons tout bouclé aujourd'hui, affirma-t-elle. Mais mes assistants ont l'habitude de venir me parler à n'importe quelle heure du jour et de la nuit.

— Ils ont de la chance de pouvoir compter sur vous.

Timmie avait une force intérieure. Il le fallait, pour avoir survécu à la mort d'un enfant, l'abandon d'un mari et une enfance à l'orphelinat. Jean-Charles se rendit compte qu'il avait sous-estimé ses qualités. Timmie était une femme remarquable, avec un cœur d'or.

— C'est moi qui ai de la chance de les avoir, rectifia-t-elle. C'est ma seule famille, nous passons énormément de temps ensemble. Ils sont merveilleux.

— Vous aussi, vous êtes incroyable. Je n'ai rien oublié de ce que vous m'avez raconté à l'hôpital. Je connais peu de gens qui, ayant dû affronter de telles épreuves, ont obtenu une si belle réussite dans la vie.

— Ne soyez pas trop impressionné, et rappelez-vous dans quel état j'étais pendant ma crise d'appendicite. Je n'ai plus autant de résilience qu'autrefois. A présent, les choses qui me font peur me terrassent plus facilement. Les coups que la vie nous assène finissent par avoir raison de nous, un jour ou l'autre.

— Oui, la vie nous use. Les déceptions de mon mariage m'ont atteint plus profondément que je ne le pensais. Quand nous avons annoncé notre divorce aux enfants, j'ai cru mourir de chagrin en les voyant pleurer. Comme si je les avais tués de mes mains... Mais malgré cela, je ne pouvais pas rester, ajouta-t-il, accablé. J'étais épuisé par les critiques et les accusations que je subissais sans arrêt.

— Vous ne les avez pas tués, Jean-Charles. Il faut qu'ils sachent que vous les aimez toujours, que cela ne

changera pas. Quand ils l'auront compris, ils se calme-
ront et tout ira mieux. Avec le temps, ils s'habitueront.
Et puis ils feront leur vie. Vous avez le droit de refaire
la vôtre.

— Je crains qu'ils ne me pardonnent jamais, avoua-
t-il.

— Les enfants pardonnent toujours aux parents qui
les aiment. J'ai même pardonné aux miens d'être morts,
dit-elle en souriant.

— Merci de m'avoir écouté, Timmie. Je ne sais pas
pourquoi, mais j'étais sûr que vous comprendriez... Ou
plutôt si, je sais pourquoi. Vous êtes une femme forte et
généreuse, dit Jean-Charles à mi-voix en serrant sa
main.

— Je ne suis pas plus forte que vous, Jean-Charles.
Votre épreuve est très récente. Vous avez pris une décision capitale, et votre vie est sens dessus dessous. Je
vous promets que tout rentrera dans l'ordre bientôt.

Jean-Charles absorba ses paroles rassurantes et sourit.

— Je vous crois. Vous êtes convaincante.

— C'est parce qu'en dépit de votre sentiment de
culpabilité vous savez que ce que je dis est vrai.

— Dites-vous toujours la vérité ?

— Aussi souvent que possible, répondit-elle avec
franchise. Même si, la plupart du temps, les gens n'ont
pas envie de l'entendre.

Tout en parlant, elle songea à Zack. Elle l'avait quitté
six semaines auparavant et n'avait plus entendu parler de
lui. Cela n'avait aucune importance. Elle avait l'impression qu'il n'avait jamais existé. De fait, il n'avait pas
vraiment fait partie de sa vie, il n'était qu'une illusion.
Jean-Charles, à l'inverse, était un homme profond,
attentif aux autres. Cela se voyait dans ses yeux. En
octobre, elle l'avait considéré différemment, car il appartenait alors à une autre femme. A présent, il semblait
flotter dans l'espace, essayant désespérément de reprendre

pied dans la réalité. Il n'avait pas l'habitude d'évoluer en terrain glissant.

De son côté, le fait de parler avec Timmie l'aidait plus qu'il ne l'aurait cru. Au départ, il voulait juste passer une heure ou deux en charmante compagnie. Et maintenant il se sentait inexplicablement lié à cette femme. Quatre mois plus tôt, il lui avait prodigué des soins et du réconfort. Aujourd'hui, la situation s'était inversée : c'était elle qui le réconfortait.

— Merci de m'avoir écouté, répéta-t-il, un peu désemparé. Quel dommage que vous ne restiez pas quelques jours de plus. Mais je suppose que ce n'est pas drôle pour vous de m'entendre raconter mes malheurs.

— Nous traversons tous des moments difficiles. Nous sommes humains. Pas des robots. Moi aussi, j'aurais aimé pouvoir rester plus longtemps. J'aime Paris. Je ne parle pas le français, mais c'est ma ville préférée. Je viens chaque fois que c'est possible.

— C'est une belle ville, en effet. Je l'apprécie encore, bien que j'y aie vécu toute ma vie.

— Vous êtes originaire de Paris ?

— Ma famille était de Lyon. J'y ai des cousins, ainsi qu'en Dordogne. C'est une région très intéressante. Celle des chevaux, ajouta-t-il dans une tentative pour égayer l'atmosphère.

Il était gêné d'avoir dévoilé son âme.

— J'y suis allée une fois, pour rendre visite à des amis.

Et tout à coup, sans raison, elle se mit à parler de Blake. Elle raconta comment, en l'espace de quelques jours, elle était tombée amoureuse de cet enfant, avait voulu l'adopter, et l'avait perdu.

Jean-Charles était stupéfait. La vie n'épargnait pas cette femme.

— Je suis vraiment désolé, murmura-t-il.

— C'est un adorable petit garçon. Je suis contente de l'avoir connu, même si peu de temps.

Jean-Charles jeta un coup d'œil à sa montre. Il était temps de partir, bien qu'il n'en ait aucune envie. S'ils avaient vécu dans la même ville, ils seraient devenus amis. Ils avaient tant de choses à se dire !

Timmie l'observa. Puis elle proposa, comme si elle avait lu dans ses pensées :

— Vous devriez venir passer quelque temps en Californie. Cela vous changerait les idées.

— Oui, peut-être. Je n'y suis pas allé depuis des années. Je vais surtout à New York.

— C'est moins drôle, dit-elle en se levant à son tour.

Soudain, ils se regardèrent comme s'ils avaient été traversés par un courant électrique. Jean-Charles ne prononça pas un mot. Dans un bref moment d'égarement, elle fut tentée de se jeter dans ses bras, mais elle résista. Lui fit un pas en arrière, avec l'air d'avoir éprouvé un choc. Pendant un moment, ils ne surent quoi dire. Puis Jean-Charles la remercia pour le champagne. Timmie se demanda s'il avait ressenti la même chose qu'elle.

— Faites un bon voyage, lança-t-il brusquement en faisant quelques pas vers la porte.

Il semblait gêné, cherchait quelque chose à ajouter.

— Oui, merci. Je vais faire une étape de quelques jours à New York. Je ne rentrerai en Californie que la semaine prochaine.

Tous deux s'acharnaient à remplir le vide. Quelque chose de profond venait de passer entre eux. Si elle y avait cru, Timmie aurait dit que c'était un coup de foudre. Mais elle avait renoncé depuis belle lurette à ces idées romantiques. Ce devait être autre chose. Peut-être une admiration réciproque, qui se transformerait un jour ou l'autre en solide amitié.

— Prenez soin de vous, Jean-Charles, dit-elle en cherchant son regard.

Elle vit sa propre confusion se refléter dans ses yeux bleus.

— Vous aussi, Timmie. Appelez-moi si je peux faire quelque chose pour vous, et pas uniquement au niveau médical.

Il se dirigea vers la porte. Juste avant de sortir, il lui tendit une carte où figuraient tous ses numéros de téléphone, son adresse et son e-mail. Au cas où elle en aurait besoin. Il lui demanda les siens, et elle les inscrivit sur une feuille de papier.

— *Au revoir*, dit-elle en français.

— *Merci, Timmie.*

Sans un mot de plus, il disparut. Elle demeura les yeux fixés sur la porte qu'il venait de refermer. C'est ainsi que Jade la trouva quelques secondes plus tard quand elle entra.

— Tu te sens bien ? demanda-t-elle, perplexe.

En douze ans, elle n'avait jamais vu Timmie dans cet état. Timmie elle-même n'avait jamais rien ressenti de tel. Qu'était-ce, à vrai dire ?

— Très bien, oui. Pourquoi ?

Timmie se détourna et fit mine de remettre de l'ordre dans le salon. Il fallait qu'elle s'occupe. Sinon, elle aurait été tentée de le rattraper dans le couloir. Elle se sentait étourdie. Un peu comme si le ciel venait de lui tomber sur la tête.

— Oh, mon Dieu, dit Jade. Il t'a embrassée ?

— Bien sûr que non, protesta Timmie d'une voix claire. Nous avons simplement discuté.

— De quoi ? questionna Jade, dont les soupçons étaient en éveil.

— De tout. De la vie, des enfants, de son divorce.

— Seigneur, ne me parle pas de divorce ! s'exclama Jade, soulagée de ne plus être confrontée à ces problèmes. Est-il parti de chez lui, au moins ?

— Qui ça ? demanda David en entrant dans la suite.

— Le médecin français. Timmie vient de prendre un verre avec lui.

— Ah oui. Jean-Charles Vernier. Il m'a semblé être quelqu'un de très bien, hier soir.

— Il sera beaucoup plus intéressant une fois qu'il aura divorcé, rétorqua Jade, qui n'avait pas la langue dans sa poche.

Timmie ne dit rien. Elle ne pouvait ni réfléchir ni même respirer.

— Ne sois pas parano, reprocha David à la jeune femme. Laisse-lui une chance, à ce type.

— Je ne veux pas que Timmie ait à subir ce que j'ai connu.

Ils se tournèrent vers Timmie. Celle-ci semblait avoir été frappée par la foudre.

— Tu te sens bien ? demanda David avec douceur.

— Je ne sais pas. Il m'est arrivé quelque chose de bizarre.

— Quelque chose de bizarre ? Qu'est-ce que tu veux dire ? Quand même pas un coup de foudre ?

— Houla, pas si vite ! s'exclama Jade.

David eut un sourire malicieux.

— Au fait, mesdames, vous savez quel jour on est ?

— Jeudi ? répondit Timmie d'un air vague.

— Correct. Mais c'est mieux que ça. On est le 14 février. Le jour de la Saint-Valentin. La flèche de Cupidon vous a peut-être atteints en plein cœur ?

Timmie secoua la tête, l'air amusé.

— J'ai passé l'âge. Jean-Charles est un ami, rien de plus.

Elle appela le service en chambre et commanda le dîner pour trois. Elle ne prononça plus le nom de Jean-Charles au cours de la soirée, mais elle ne put s'empêcher de se demander s'il allait l'appeler ce soir-là. Il n'en fit rien. Elle était déjà couchée quand elle entendit le son produit à l'arrivée d'un e-mail par son ordinateur, resté dans la pièce voisine. Elle se leva.

Son cœur se mit à battre plus fort quand elle vit le nom de Jean-Charles. Elle ouvrit rapidement le mail.

« Je suis profondément troublé de vous avoir revue. J'ai passé un excellent moment, et je ne cesse de penser à vous. Je vous ai trouvée très belle cet après-midi. Merci de vos sages conseils. Suis-je devenu fou, ou bien êtes-vous troublée, vous aussi ? J.-C. »

Elle s'assit aussitôt pour lui répondre, les doigts tremblants. Que devait-elle dire ? Oubliant les conseils de prudence de Jade, elle décida d'être franche.

« Oui, je suis troublée, Jean-Charles. Je crois que le ciel m'est tombé sur la tête, mais je ne sais pas ce que cela signifie. Qu'en pensez-vous ? La folie est-elle contagieuse ? Ai-je besoin d'un médecin ? Si c'est le cas, répondez-moi. Car vous êtes celui en qui j'ai le plus confiance. T. »

Elle n'avait pas eu l'intention d'en dire autant, mais elle envoya le message avant d'avoir pu le corriger. Il répondit immédiatement.

« La folie est contagieuse, certes. Et c'est un état extrêmement dangereux. Prenez garde. Nous devons être malades tous les deux. Quand revenez-vous ? J.-C. »

« Je ne sais pas. Bonne Saint-Valentin. T. »

« Oh, mon Dieu. Ceci explique cela. C'est donc l'œuvre de Cupidon ! Je vous appelle à New York. *Bon voyage, je t'embrasse. J.-C. »*

Timmie connaissait juste assez de français pour comprendre ce que signifiait *je t'embrasse*. Jade avait raison, en fin de compte. Il l'avait embrassée... Son cœur se mit à battre la chamade à la pensée qu'il allait l'appeler à New York. C'était de la folie. Elle vivait à Los Angeles, et lui à Paris. Il n'était même pas divorcé. Et les adultes d'âge mûr n'avaient pas de coup de foudre. A part dans les films.

Pourtant, elle savait bien qu'elle n'avait jamais été aussi amoureuse. Sa carte de remerciement, avec le coucher de soleil sur la mer, était peut-être comme une bouteille lancée à la mer, finalement. Et maintenant, le jour de la Saint-Valentin, tout leur tombait brutalement dessus.

Elle n'avait plus qu'à patienter jusqu'à son appel à New York. Et ensuite, que feraient-ils ? Elle n'en avait aucune idée.

12

Le voyage jusqu'à New York parut interminable à Timmie. C'est à peine si elle adressa quelques mots à Jade et David. Et impossible de lire ou de travailler, ou même de dormir.

Elle ne pouvait penser qu'à Jean-Charles. Ce qui s'était passé entre eux la veille demeurait incompréhensible. Dire que c'était l'œuvre de Cupidon, c'était bien joli, mais Cupidon n'existait pas dans le monde réel. Alors que diable leur était-il arrivé ? Est-ce qu'il s'était passé quelque chose quatre mois plus tôt, sans qu'elle en ait eu conscience ? Mais quoi ?

Ils passèrent la douane à New York, où elle déclara les quelques babioles qu'elle avait achetées. David alla chercher leur limousine, tandis que Jade se mettait à la recherche d'un porteur. Timmie, par habitude, ralluma son téléphone, tout en sortant de l'aéroport pour fumer une cigarette. A l'instant même où elle appuyait sur la touche, la sonnerie retentit. C'était Jean-Charles.

— Allô ?

David lui fit signe de loin qu'il avait trouvé la voiture.

— Comment s'est passé ton voyage ? s'enquit Jean-Charles avec un accent très français et très sexy.

— C'était très long. J'ai pensé à toi.

— Où es-tu à présent ? A l'hôtel ?

— Non, je viens de descendre de l'avion. Je venais juste de rallumer mon téléphone quand tu as appelé.

— J'ai pensé à toi toute la journée, avoua-t-il.

Il était neuf heures du soir à Paris. Jean-Charles avait vu son dernier patient à l'hôpital, et il rentrait chez lui en voiture.

— Timmie, que s'est-il passé hier ?

— Je ne sais pas. C'était la Saint-Valentin, cela explique peut-être tout.

Etait-ce vraiment elle qui prononçait ces paroles ? Pendant des années elle avait protégé son cœur et s'était juré il y a peu encore de rester célibataire. Et maintenant elle lui parlait de Saint-Valentin ! Peut-être était-elle vraiment devenue folle. Mais alors il était aussi fou qu'elle. Son coup de fil l'enchantait, elle avait l'impression de redevenir une gamine.

— Jean-Charles, je voulais te demander : la carte de remerciement que tu m'as envoyée à l'automne, ce superbe coucher de soleil sur la mer en Normandie, contenait-elle un message caché ?

— Sur le moment je n'y ai pas pensé, mais c'est possible. J'ai acheté cette carte pour toi, et j'ai longuement songé à ce que j'allais écrire. Déjà, je ne voulais pas faire de fautes en anglais.

Cet aveu la fit sourire et la toucha. Elle aimait ce mélange de force et de vulnérabilité qu'elle découvrait chez lui.

— Mais surtout, j'ai pensé à ce que je devais te dire. J'avais peur d'en dire trop, ou pas assez. Ton cadeau m'avait fait un immense plaisir. Tu as eu une attention délicieuse. Et depuis, la montre n'a pas quitté mon poignet.

Cependant, Jade et David apparurent avec les bagages. Timmie lui demanda si elle pouvait le rappeler une heure plus tard, de l'hôtel. Ils raccrochèrent et elle bavarda avec ses assistants dans la voiture qui les emmenait en ville. Ils la trouvèrent particulièrement enjouée, mais n'avaient pas la moindre idée de ce qui se passait. Timmie n'aurait su dire elle-même ce qui lui arrivait. Elle était incroyablement attirée par cet homme, il l'obsédait. Elle avait l'impression de perdre la tête, mais c'était une sensation agréable, et elle n'avait pas envie que cela cesse. Son seul désir était de lui parler encore.

Sitôt qu'elle fut dans sa chambre, elle le rappela. Ce qu'il lui dit la stupéfia : si elle avait la possibilité de l'attendre à New York, il viendrait passer quelques jours avec elle. Timmie aurait voulu accepter. Mais c'était impossible. Elle venait juste de décider d'un voyage à Taiwan, afin de régler un problème important dans l'une de leurs usines. Jean-Charles parut déçu.

— Tu travailles beaucoup, Timmie.

Cela, elle ne pouvait le nier. Il la connaissait déjà très bien. Mais elle n'aurait pas cherché à le tromper de toute manière ; elle voulait qu'il sache ce qu'elle était vraiment. Elle avait envie aussi d'en savoir plus sur lui. Où avait-il grandi, quelle école fréquentait-il, comment était sa famille, avait-il des frères et sœurs ? Et quels étaient ses rêves, ses terreurs secrètes, qu'attendait-il d'elle ? Elle voulait tout savoir.

— Qu'allons-nous faire ? lui demanda-t-elle, allongée sur son lit d'hôtel.

Il était cinq heures de l'après-midi, donc onze heures du soir à Paris. Plus de cinq mille kilomètres les séparaient, et bientôt ce serait le double ! Si elle était raisonnable, elle écouterait les conseils de Jade et attendrait qu'il ait quitté sa femme et son appartement avant de s'engager dans une liaison avec lui. Mais il leur était arrivé quelque chose de bizarre, quelque chose qui lui faisait perdre tout bon sens.

— Je ne sais pas, répondit-il avec franchise. Il nous faut du temps pour réfléchir. Tout cela est nouveau pour moi, je n'avais jamais rien ressenti de tel.

Il avait cinquante-sept ans. Timmie avait neuf ans de moins que lui et ne se souvenait pas non plus avoir déjà vécu un tel bouleversement. C'était une expérience unique dans leur vie.

— J'aimerais passer un peu de temps avec toi. Quand reviendras-tu de Taiwan ?

— J'espère n'y rester que quelques jours. Je partirai mercredi, et je devrais revenir le week-end suivant.

— Je pourrais venir te voir en Californie à ton retour.

Timmie fut parcourue d'un délicieux frisson. Tout cela allait très vite, et elle ne savait si elle devait se défendre ou accepter. Jean-Charles lui avait dit qu'il quittait le domicile conjugal dans quatre mois, c'est-à-dire en juin. Mais il pouvait changer d'avis, comme le petit ami de Jade. Renoncer à divorcer tout de suite. Et la faire patienter, sachant qu'elle s'était attachée à lui. Pourtant, déjà, Timmie rejetait son habituelle prudence. Elle n'avait qu'une envie : qu'il vienne la rejoindre en Californie.

Elle voulait comprendre ce qui leur arrivait. Ce n'était pas un béguin passager, elle en était certaine. Un sentiment puissant d'attraction les jetait l'un vers l'autre. Les amarres craquaient et ils étaient emportés dans un tourbillon irrésistible. Sans gilet de sauvetage.

Ils parlèrent encore pendant une heure. Il était plus de minuit pour lui quand elle raccrocha. Elle resta un long moment allongée dans son lit, avant d'aller dîner avec David et Jade. Puis, alors qu'il était trois heures du matin à Paris et qu'elle le croyait endormi depuis longtemps, elle reçut un e-mail. Elle regagnait tout juste sa chambre.

« Chère Timmie, je pense à toi et je n'arrive pas à dormir. Je pense à ce qui nous est arrivé pendant ces deux jours. Je ne sais pas vraiment ce que c'est, mais c'est la chose la plus merveilleuse que j'aie vécue jusqu'ici. Je le sens, au fond de mon cœur. Tu es une femme exceptionnelle, et je me demande pourquoi j'ai eu la chance incroyable de te rencontrer. Dors bien. Tu es dans mes rêves. *Je t'embrasse fort.* J.-C. »

Ce « *Je t'embrasse fort* » la grisa. Elle relut plusieurs fois le message. Ils étaient comme deux enfants amoureux échangeant des petits mots secrets en classe. C'était incroyablement romantique. Elle lui répondit tout de suite.

« Mon cher Jean-Charles, tu me manques aussi. Comment est-ce possible ? Nous nous connaissons à peine. Viens en Californie dès que possible. Nous avons tant de choses à nous dire. *Je t'embrasse fort* aussi. T. »

Allaient-ils faire l'amour, quand il viendrait ? Non, il ne le fallait pas. Pas tant qu'il n'aurait pas quitté sa femme. Cela paraissait plus raisonnable. Il était tellement séduisant : une fois qu'elle aurait couché avec lui, il la posséderait corps et âme, elle en était sûre. Aussi fallait-il absolument qu'elle demeure chaste. Elle le lui dirait avant qu'il vienne.

Finalement, elle le lui dit lors d'un autre échange de mails, cette nuit-là. C'était le matin à Paris, et Jean-Charles regardait le soleil se lever en pensant à elle. Sa passion augmentait de minute en minute, mais il accepta son point de vue : il valait mieux qu'ils ne fassent pas l'amour tout de suite.

Il était attentif à ses sentiments et la traitait avec un immense respect. Personne ne s'était encore comporté comme cela avec elle. C'était un homme exceptionnel. Comment sa femme pouvait-elle le laisser partir ? Pourquoi avait-elle mené une vie séparée pendant si longtemps ? Timmie se disait que, si elle avait été mariée à un homme comme lui, elle ne l'aurait jamais quitté. Pour rien au monde.

Le lendemain matin, elle s'éveilla fatiguée, mais elle se rendit tout de même à leur usine du New Jersey, où elle discuta avec le directeur de divers problèmes. Elle avait du pain sur la planche en ce moment.

Sur le chemin du retour, elle parla de Jean-Charles avec Jade. Celle-ci, forte de son expérience, avoua qu'elle ne pouvait s'empêcher d'être méfiante.

— Tâche de garder la tête froide, lui dit-elle comme si elle parlait à sa petite sœur.

Mais Timmie avait beau s'enjoindre d'aller doucement, rien n'y faisait. Quand elle repartit pour la Californie quatre jours plus tard, elle était survoltée.

Elle retrouva sa maison de Bel Air avec l'impression que tout avait changé. C'était bien la foudre qui l'avait frappée lors de son séjour à Paris. L'amour illuminait son monde, comme un phare dissipant l'obscurité. Jean-Charles l'appelait toutes les heures. Ils parlaient de tout et de rien, riaient, échangeaient des confidences à n'en plus finir. Jean-Charles était l'aîné de cinq enfants. Il s'occupait de ses parents, veillait sur ses frères et sœurs, les voyait aussi souvent que possible et semblait se sentir responsable du monde entier. Il avait des opinions très françaises, un peu vieux jeu, et culpabilisait considérablement à l'idée d'être responsable d'un divorce. D'autant que c'était le premier dans la famille.

Il était évident qu'ils étaient follement amoureux.

— Pourtant, les coups de foudre, ça n'existe pas, lui dit-elle la veille de son départ pour Taipei, s'agrippant désespérément aux derniers lambeaux de lucidité qui subsistaient dans son esprit.

— Il semblerait que si, répondit-il posément.

La plupart du temps, il était aussi désorienté qu'elle. La veille encore, alors qu'il parcourait le dossier d'une patiente, il avait failli l'interroger sur sa prostate. Ce genre de distraction ne lui ressemblait pas. Cela faisait des jours qu'il ne dormait plus ni ne mangeait. Et pour Timmie c'était pareil : aussi étrange que cela puisse paraître, elle se désintéressait du désastre de leurs usines de Taipei. Elle regardait Jade et David d'un air à la fois heureux et ahuri chaque fois qu'ils lui en parlaient.

— Je crois que je suis en train de perdre la tête, dit-elle à Jean-Charles. J'ai toujours pensé que les gens qui réagissaient comme cela étaient cinglés. Quand quelqu'un me racontait qu'il avait eu un coup de foudre, je me disais qu'il fallait lui passer la camisole. Et maintenant cela m'arrive, à moi.

Une semaine plus tôt, ils étaient encore des êtres normaux, avec des carrières qu'ils menaient tambour battant. Ils étaient encore maîtres de leur vie. A présent, Jean-Charles devait faire un effort pour écouter ce que disaient ses patients, pour tenir ses rendez-vous et effectuer ses visites à l'hôpital. Quant à Timmie, elle se moquait complètement des collections d'été.

Jean-Charles confia à son meilleur ami, un neurologue parisien, qu'il pensait que Timmie était la femme de sa vie. Il ne comprenait pas comment il avait pu vivre sans elle et, de son côté, elle ne pouvait plus imaginer ce qu'avait été son existence sans les appels constants de Jean-Charles. Tous deux subissaient une avalanche d'émotions, laquelle recouvrait le monde de beauté et leur donnait ce qu'ils avaient perdu depuis des années : l'espoir. Soudain, la vie était différente. Timmie ne savait pas comment ils allaient résoudre le problème de la distance et de leur carrière. Ils avaient des responsabilités, des obligations. Jean-Charles avait trois enfants, il n'était même pas encore divorcé, et il avait une grande famille à laquelle il était attaché. Il ne faisait aucun doute qu'ils nageaient en pleine folie.

Mais pour Timmie, c'était la folie la plus douce qu'on puisse imaginer. Quand elle avait épousé Derek, ils travaillaient ensemble depuis deux ans sur la ligne pour hommes. Leur amitié et l'intérêt qu'ils partageaient pour leur travail avaient doucement évolué vers des sentiments d'affection. Mais sa rencontre avec Jean-Charles était comme un orage dans un ciel d'été. Toute sa vie en était bouleversée.

Timmie se rendit à Taipei avec David, tandis que Jade demeurait à Los Angeles pour gérer les problèmes au jour le jour. Ils reprirent l'avion pour Los Angeles le samedi. Le voyage s'était bien passé, ils avaient trouvé une solution aux problèmes et remplacé deux employés qui avaient commis des vols. Mais tout cela intéressait David beaucoup moins que l'histoire de Timmie avec Jean-Charles.

— Apparemment, c'est sérieux entre le médecin français et toi, fit-il remarquer pendant qu'ils dînaient.

Ils connaissaient tous deux l'opinion de Jade à ce sujet, mais David savait que la vraie vie ne ressemblait pas toujours à un tableau idéal. On avait beau être raisonnable, on ne maîtrisait pas tout, et les événements se déroulaient suivant un emploi du temps décidé par les dieux et non par les hommes. Le fait que le téléphone de Timmie sonnait constamment n'avait pas échappé à David. Et loin de paraître irritée, Timmie souriait et s'écartait pour répondre, même pendant les réunions où des discussions pourtant cruciales pour l'avenir de la société se tenaient. La dame de fer qui était aux commandes de l'empire Timmie O gloussait comme une écolière au téléphone. Et s'épanouissait comme une fleur au printemps.

David aimait bien ce qu'il voyait, et la douceur qui était apparue chez Timmie. Jean-Charles était exactement le genre de compagnon qu'il espérait pour elle : bon, intelligent, digne de confiance, responsable... Il était également fort respecté dans son monde professionnel, ce qui lui permettait d'accepter la réussite de

Timmie sans jalousies mesquines et sans arrière-pensées, contrairement à ceux qu'elle avait connus avant lui.

La seule ombre au tableau était cette épouse dont il n'avait pas encore divorcé. Mais David avait la conviction que, si cet homme disait qu'il allait se libérer de son mariage, il le ferait. Ce n'était pas l'avis de Jade, qui ne faisait confiance à aucun homme marié et avait peur que Timmie n'ait le cœur brisé.

— Que pourrait-il t'arriver, dans le fond ? dit David à Timmie avec philosophie. Te retrouver seule, abandonnée ? Et alors ? Tu as connu bien pire que cela. Cela vaut le coup de tenter ta chance. D'après ce que tu me dis et ce que je vois, j'ai envie de faire confiance à ce gars. Ne me demande pas pourquoi. Mon instinct me souffle qu'avec lui tu ne risques rien.

— Va dire cela à Jade, répondit Timmie en soupirant. Mais ce qui me fait peur, c'est le fait que ça aille si vite. J'ai toujours pensé qu'il fallait du temps pour qu'une vraie relation s'installe. Beaucoup de temps.

Elle devait pourtant reconnaître que ce n'était pas une règle sans exception, notamment en affaires : il lui était arrivé de prendre ses meilleures décisions en un éclair.

— Il n'y a pas de schéma type en amour, affirma doucement David. J'espère que ça marchera pour toi, Timmie. En fait, j'en suis sûr. Et je suis heureux. Tu le mérites. Il y a trop longtemps que tu pousses le rocher vers le haut de la colline toute seule. Et la plupart du temps, tu ne donnes même pas l'impression de fournir un effort. Je me demande comment tu fais. A ta place, j'aurais baissé les bras.

Les épreuves qu'elle avait endurées auraient assommé n'importe qui d'autre. Timmie avait continué à se battre, poussée par une détermination exceptionnelle, une volonté hors normes. Le succès avait été remporté de haute lutte.

— Je sais qu'il est encore trop tôt pour se prononcer. Mais j'ai confiance, tu es sur la bonne voie.

— C'est aussi ce que je crois. Cependant, c'est difficile à expliquer. Si je disais aux gens que j'ai eu un coup de foudre au Plaza Athénée, ils me prendraient pour une folle. Mais pour Jean-Charles et moi, cela paraît tout à fait normal. Comme si c'était écrit. Pourtant nous ne nous sommes même pas encore embrassés.

— Cela te donne un objectif, répondit David, taquin.

— Je ne suis pas pressée, tout du moins de coucher avec lui. Je veux attendre. Attendre qu'il quitte le domicile conjugal, en juin. Je veux être sûre de ses sentiments.

— Ne sois pas trop dure envers toi-même si tu changes d'avis et que la passion vous emporte tous les deux. Quatre mois, ça peut sembler très long quand on est aussi amoureux que vous semblez l'être. Et d'ailleurs, pourquoi attendre quand on s'aime vraiment ?

David avait énormément de respect pour Timmie, pour son jugement, sa sagesse et son intégrité. Il ne l'avait encore jamais vue offrir son cœur à un homme avec une telle spontanéité. Jean-Charles avait sûrement quelque chose de spécial.

Quelques heures plus tard, Timmie arrivait à Bel Air. Son téléphone sonna à l'instant où elle franchissait la porte. Elle décrocha, s'attendant à entendre la voix de Jean-Charles, mais c'était Jade.

— Le voyage s'est bien passé ?

— C'était long, mais tout va bien.

Elle raconta à Jade comment s'étaient déroulées les négociations, et quelles solutions ils avaient trouvées.

— Je suis désolée, reprit Jade, mais il y a une urgence : il faut que tu retournes à New York. Les syndicats ont lancé une grève dans l'usine du New Jersey. Ils veulent te voir pour négocier. Il faut que tu règles ça rapidement, sinon nous n'aurons pas les livraisons pour la collection de printemps.

— Zut, dit Timmie en s'asseyant. Il n'y a pas cinq minutes que je suis rentrée. Quand faut-il que je reparte ?

— Je t'ai pris un billet pour demain midi. Il se pourrait qu'il y ait du changement demain matin, mais ce soir à dix-huit heures la situation était bloquée. Tu n'en auras que pour un jour ou deux. Je viens d'appeler David, il t'accompagnera. J'ai tout fait pour t'éviter cela, mais je n'ai pas réussi.

Timmie était exténuée. Elle raccrocha et posa les yeux sur sa valise. Inutile de la défaire, elle la reprendrait intacte pour partir à New York. A cet instant, son téléphone cellulaire sonna. C'était Jean-Charles. Elle lui exposa la situation. Il y eut un long silence. Timmie avait envie de pleurer. Elle détestait négocier avec les syndicats. D'un autre côté, elle ne pouvait se permettre de renoncer aux livraisons de tissus pour le printemps.

— Veux-tu que je te rejoigne là-bas ? suggéra doucement Jean-Charles.

Il ne voulait pas empiéter sur sa vie professionnelle, mais il mourait d'envie de la voir. Ce déplacement, finalement, était un cadeau de la providence.

— Tu parles sérieusement ?

Elle sentit quelque chose tressauter dans son estomac. Elle avait besoin de temps pour s'habituer à l'idée de ce qui leur arrivait et s'assurer que c'était bien réel.

— Absolument. A moins que ma présence ne te dérange pour régler tes problèmes.

— J'ai besoin d'un jour ou deux pour rencontrer les délégués syndicaux et leurs avocats, et évaluer la situation. Mais… j'ai tellement envie de te voir, avoua-t-elle à mi-voix.

— Quand pars-tu ? demanda-t-il.

— Demain à midi.

Elle avait à peine le temps de prendre une bonne nuit de repos. Elle ne savait même plus où elle en était dans le décalage horaire, et elle avait le sentiment de voyager dans l'espace. Elle était désorientée.

— Ils ne te laissent pas le temps de respirer, n'est-ce pas ? Es-tu vraiment obligée de faire tout cela toi-même, Timmie ? ajouta-t-il, l'air inquiet. Personne ne peut te remplacer ?

— Non, pas vraiment.

Elle était trop perfectionniste pour lâcher prise. Elle aimait tout superviser elle-même, mettre son grain de sel à tous les niveaux. Cela faisait partie de la légende de Timmie O. Depuis les dessins de la collection jusqu'à l'organisation des défilés, elle était là. Elle était une sorte de magicienne qui éblouissait la foule et travaillait sans filet. Les responsabilités reposaient uniquement sur ses épaules. Jean-Charles s'en était rendu compte, depuis qu'il suivait ses déplacements aux quatre coins du monde.

— Je pourrais venir à New York jeudi, suggéra-t-il. Ce qui te laisserait le temps de régler tes problèmes dans le New Jersey. Pourras-tu prendre quelques jours de repos ?

— J'essayerai, dit-elle en passant en revue tout ce qu'elle avait à faire.

Soudain, elle prit conscience de ce qu'il lui offrait : l'occasion d'aimer, d'être aimée, de découvrir un univers entièrement nouveau.

— Non, je le ferai, affirma-t-elle avec force.

Elle vivait quelque chose de terrifiant et de merveilleux. Quelque chose qu'elle n'osait espérer, un rêve qu'elle croyait ne jamais voir se réaliser.

— Tu vas vraiment venir à New York ?

Elle était comme une enfant attendant Noël avec impatience. Maintenant, les quelques jours la séparant de leurs retrouvailles lui semblaient une éternité. Il était temps de se lancer, d'attraper au vol ce que le destin leur offrait. Cette perspective était enivrante.

— Bien sûr. Comment pourrais-je y renoncer, Timmie ? Je le fais pour moi autant que pour toi. J'ai envie de te voir. Veux-tu que je retienne une chambre dans un hôtel différent ? Je ne voudrais pas te mettre dans l'embarras...

— Pourquoi ne réserves-tu pas au Four Seasons ? Je pense que nous saurons nous tenir convenablement.

— Bien, je prends une chambre pour jeudi. Et... Timmie... merci de me laisser venir.

Elle était si fatiguée que toutes ses émotions menaçaient de remonter à la surface en un immense geyser. Cela durait depuis deux semaines, et peut-être plus. De fait, ces sentiments couvaient depuis le mois d'octobre, lorsqu'elle avait été opérée. A l'époque ils ne s'en étaient pas rendu compte ou bien n'avaient pas voulu se l'avouer.

— Merci de venir, répondit-elle à mi-voix.

— Je rentrerai à Paris dimanche soir, par un vol de nuit. Cela nous laisse presque quatre jours.

— Il me tarde de te voir.

Elle avait un peu peur aussi. Le pas qu'ils allaient franchir les rapprocherait de leur rêve, ou l'anéantirait à jamais. Puis elle se dit que ce n'était qu'un weekend. Quelques jours à passer avec lui, pour découvrir qui il était. Une mission d'exploration, pour deux personnes qui avaient été frappées par la foudre. Quand ils se verraient, peut-être réaliseraient-ils qu'ils avaient été fous pendant deux semaines, victimes d'une illusion. Vrai ou faux ? Rêve ou réalité ? Ils le sauraient à New York.

— A jeudi, dit-il. Maintenant, va dormir. Nous parlerons demain.

Elle lui souhaita bonne nuit et raccrocha. Elle avait été à deux doigts de lui dire *je t'aime*. Mais comment pouvait-elle aimer un homme qu'elle connaissait à peine ? Elle se leva et regarda autour d'elle, étourdie et effrayée.

A dix mille kilomètres de là, campé devant la fenêtre de son bureau, Jean-Charles contempla Paris en souriant. Il n'avait jamais été aussi heureux.

13

Après dix heures passées chaque jour à la table de négociations, entourée d'une armée d'avocats, Timmie parvint à résoudre la crise au sein de l'usine du New Jersey. Un miracle. Le prix était élevé, mais cela en valait la peine. L'usine rouvrit le mercredi soir, avec de nouveaux tarifs pour les heures supplémentaires et des hausses de salaires. Il fallait lâcher du lest quand cela devenait indispensable. Timmie savait faire tourner sa société.

David lui serra la main sans dissimuler son admiration. Il allait retenir des places sur le prochain vol pour Los Angeles, au départ de Newark, quand Timmie lui apprit qu'elle restait à New York.

— Bon sang, je croyais que tu étais aussi pressée que moi de rentrer !

Ces déplacements continuels étaient épuisants et expliquaient pourquoi il n'avait plus de petite amie régulière depuis deux ans. Comment trouver le temps pour une relation, quand vous étiez toujours entre Paris, New York, L.A. et Taipei ? Timmie n'avait même pas l'air fatiguée. Une vraie Superwoman, songea-t-il.

— Je prends quelques jours de repos, annonça-t-elle tranquillement.

— Ici ? Mais pourquoi ?

Il faisait un froid de canard et ils avaient eu trois chutes de neige en deux jours. Mais bon, Timmie avait besoin de décompresser. Sans doute pouvait-elle mieux le faire loin des bureaux de la société, même si elle n'échappait jamais tout à fait à la pression.

— J'ai juste envie de me détendre, lui dit-elle tandis qu'ils quittaient la table de négociations.

Les avocats les suivaient, en se félicitant mutuellement.

— Je voudrais dormir, aller au théâtre, faire les magasins.

Elle ne parla pas de Jean-Charles. Elle était comme une enfant et voulait protéger leurs sentiments naissants. Elle voulait s'échapper avec lui, voir ce qui allait se passer. Ils savaient déjà ce qui ne se passerait pas. Pour le reste, personne n'avait à être au courant de leur escapade.

Quand elle rentra à l'hôtel ce soir-là, elle se coucha immédiatement. Il était trop tard de toute façon pour appeler Jean-Charles. Il lui avait dit de ne pas venir le chercher à l'aéroport le lendemain. Il la rejoindrait à l'hôtel dès son arrivée.

Timmie dormit si profondément qu'elle s'éveilla à six heures le lendemain matin. En fait, elle avait largement le temps de se préparer, de prendre son petit déjeuner et de filer le retrouver à l'aéroport. A sept heures, elle appela son chauffeur et lui demanda de venir à neuf heures. L'avion de Jean-Charles atterrissait à dix heures. Il ne fallait pas qu'elle le rate dans le tohu-bohu qui régnait toujours à la sortie de la douane.

Pendant le trajet, Timmie s'abîma dans ses pensées. Au cours des deux semaines écoulées, ils s'étaient laissé entraîner dans une douce folie. Qu'arriverait-il si, confrontée à la réalité, l'aventure se terminait dans un total fiasco ? C'était tout à fait possible. Elle était impatiente et terrifiée à l'idée de le voir. A son âge, elle réagissait comme une adolescente !

Alors que l'avion se posait sur la piste de Kennedy Airport, Jean-Charles fut assailli par les mêmes pensées. S'était-il laissé emporter par son imagination ? par un fantasme qui s'évaporerait à l'instant même où ils se retrouveraient face à face ? Il n'allait pas tarder à le savoir. Par chance, il avait un peu de temps devant lui pour se ressaisir et se composer une attitude digne. Il voulait se doucher et se raser avant de la voir. Quand l'avion toucha le sol, il vit qu'il neigeait. De gros flocons tombaient en tourbillonnant, formant une couverture blanche sur le sol. Cela contribuait à créer une atmosphère magique, un peu irréelle.

Jean-Charles fut parmi les premiers à quitter l'appareil, avec son bagage à main. Il n'avait pas de valise à récupérer, il ne lui restait donc qu'à faire tamponner son passeport aux bureaux de l'immigration avant de prendre un taxi. Il fit la queue aux guichets, puis s'engouffra tête baissée dans les couloirs de l'aéroport en pensant à Timmie et aux quelques jours qu'ils allaient passer au Four Seasons de New York.

Adossée à un mur devant la porte du bureau des douanes, Timmie observait les voyageurs qui en sortaient, craignant de l'avoir raté. Puis soudain elle le vit, vêtu d'un pardessus bleu marine, son sac à la main. Elle sourit, le cœur battant, tandis qu'il avançait vers elle sans la voir. A cet instant, tous ses doutes furent balayés. Cet homme était sa destinée.

Il n'était plus qu'à quelques pas quand, instinctivement, il leva les yeux et s'immobilisa. Un sourire apparut sur ses lèvres. Timmie fit deux pas en avant, il laissa tomber son sac et l'entoura de ses bras. Il la tint serrée contre lui et, oubliant le flot des voyageurs qui les entourait, il l'embrassa. Timmie eut l'impression que leurs âmes se fondaient l'une dans l'autre. Ils demeurèrent ainsi un long moment, puis il lui sourit.

— *Bonjour, madame O'Neill.*

— *Bonjour, docteur,* chuchota-t-elle, submergée par une folle envie de lui dire qu'elle l'aimait.

Elle se contenta de sourire, laissant ses sentiments transparaître dans son regard.

— Je suis tellement contente.

Une grande histoire d'amour commençait entre eux, elle en avait la certitude.

Il l'enlaça, et ils sortirent lentement de l'aéroport. Le chauffeur les attendait. Jean-Charles l'embrassa de nouveau quand ils montèrent dans la voiture, et ils se mirent à bavarder tranquillement. Timmie lui raconta les négociations avec les syndicats, les subtilités des discussions, et il l'écouta, subjugué. Puis ils parlèrent de lui, de ses patients, et enfin du plaisir qu'ils avaient à se revoir.

A l'hôtel, elle l'accompagna jusqu'à sa chambre. Elle était au même étage que la sienne, avec une vue panoramique sur la ville. Jean-Charles la prit dans ses bras. C'est alors qu'ils comprirent que leur projet d'abstinence serait plus difficile à respecter qu'ils ne l'avaient cru. En fait, ils se sentaient parfaitement à l'aise ensemble, comme s'ils se connaissaient depuis toujours. Ils étaient les deux moitiés d'un tout.

Ils décidèrent de faire un tour dans le parc pour prendre l'air. Central Park était d'une blancheur immaculée. Timmie lui lança une boule de neige, qui laissa une marque poudrée sur son manteau bleu marine. Elle aurait voulu courir dans la neige avec lui, redevenir une enfant et rattraper le temps qu'ils avaient perdu avant de se rencontrer.

Alors qu'ils retournaient à l'hôtel les joues rougies par le froid, Jean-Charles, sur une impulsion, fit signe à une calèche et demanda au cocher de faire le tour du parc.

Ils se serrèrent l'un contre l'autre sur la banquette et jetèrent un plaid sur leurs genoux, admirant le paysage féerique. Ensuite, ils allèrent déjeuner. Après le repas ils firent un tour dans les magasins et rentrèrent à l'hôtel heureux et détendus. Ils avaient parlé tout l'après-midi en se tenant la main, comme des écoliers amoureux. Timmie avait l'impression d'avoir quinze ans, et Jean-Charles en avait tout juste vingt. Avec lui, la vie était un enchantement.

— Où aimerais-tu aller dîner, ma chérie ? lui demanda-t-il alors qu'ils se reposaient dans la suite de Timmie.

Il proposa le Café Boulud, ou la Grenouille, les seuls restaurants qu'il connaissait à New York. Finalement, ils se décidèrent pour un petit établissement discret et confortable que Timmie suggéra.

Jean-Charles regagna sa chambre pour se doucher et se changer pendant que Timmie se préparait. Elle lui ouvrit de nouveau la porte une heure plus tard, rayonnante. Avec ses grands yeux verts, ses cheveux auburn et son corps mince et souple, elle était resplendissante. Jean-Charles l'embrassa et entra dans la chambre sans relâcher son étreinte. Timmie se sentit étourdie, sa voix était rauque. Soudain, leur projet de dîner leur parut sans intérêt et s'évapora.

— Désolé... je ne pouvais plus m'arrêter, murmura-t-il.

Elle eut un sourire timide. Elle n'avait pas plus envie que lui d'interrompre leur baiser. Sans un mot, elle lui enleva doucement sa veste et lui déboutonna sa chemise. Jean-Charles s'écarta et la questionna du regard. Il ne voulait rien faire qu'elle puisse regretter plus tard.

— Que fais-tu, Timmie ? demanda-t-il à voix basse.

— Je t'aime.

— Moi aussi, je t'aime.

Il le répéta en français, car cela lui paraissait plus naturel.

— *Je t'aime... tellement...*

Elle vit la sincérité dans son regard. Les règles qu'elle s'était fixées n'avaient plus aucun sens maintenant qu'ils savaient sans nul doute qu'ils étaient profondément amoureux. Les frontières s'effaçaient.

— Je ne veux pas que tu fasses quelque chose que tu regretteras plus tard. Je ne veux pas te faire de mal.

— Me feras-tu souffrir, Jean-Charles ?

Allait-il la trahir un jour, l'abandonner, renoncer à quitter sa femme ? Les promesses pouvaient être aussi fragiles que des ailes de papillon. Rien n'était jamais garanti en ce monde, la vie était faite d'espoirs, de rêves et de bonnes intentions. Ils étaient tous deux honnêtes, intègres et sincères.

— J'espère que cela n'arrivera jamais, Timmie. Tu sais, moi aussi, j'ai peur.

— Je t'aime, Jean-Charles... Je ne te trahirai jamais, et j'espère ne jamais te faire souffrir.

Mais personne ne pouvait voir l'avenir et prédire les défis et les chagrins qu'ils auraient à surmonter plus tard. Etaient-ils prêts à prendre des risques, à affronter ensemble les tempêtes de la vie ?

Sans prononcer un mot, Timmie l'entraîna dans sa chambre. Elle acheva de déboutonner sa chemise, défit la boucle de sa ceinture et fit doucement glisser son pantalon sur ses hanches. Au bout de quelques secondes, leurs vêtements à tous deux se trouvèrent en tas sur le sol, et ils se glissèrent sous les draps. Ses longues jambes d'un blanc d'ivoire enserrèrent le corps viril de Jean-Charles. L'obscurité régnait dans la chambre, et elle sentit son cœur battre.

— Timmie... *je t'aime...*, murmura-t-il alors qu'elle vibrait de désir contre lui.

La passion les submergea, telle une vague irrépressible. Timmie s'offrit totalement, avec ses espérances, ses rêves, son cœur, son corps. Et il l'emmena avec lui dans un voyage d'amour et de passion auquel, ils le savaient, il était impossible de résister. Car ils étaient destinés l'un à l'autre.

Plus tard, tandis qu'ils reposaient dans les bras l'un de l'autre, tous leurs projets de dîner oubliés, ils surent qu'ils étaient irrémédiablement unis. Ils avaient franchi le pont qui menait de l'incertitude à un amour fort et serein. Avec un peu de chance et l'aide des dieux, leur amour durerait toujours.

14

Leur séjour à New York fut magique. Ils firent de longues promenades dans le parc, visitèrent des galeries d'art, s'arrêtant dans de drôles de petits restaurants quand ils avaient envie d'une pizza ou d'un café. Ils arpentèrent SoHo, émerveillés par le charme de ce quartier. Et la nuit, une passion insatiable les dévorait. Timmie n'avait jamais fait autant l'amour, et Jean-Charles retrouvait une vigueur qu'il croyait disparue depuis longtemps. Leurs étreintes se prolongeaient pendant des heures. Tous deux bousculés par le décalage horaire, ils dormaient puis s'éveillaient pour s'enlacer, faisaient un somme dans l'après-midi, commandaient au room service des petits déjeuners pantagruéliques à quatre heures du matin. Une nuit, ils quittèrent l'hôtel à pied sous la neige et s'arrêtèrent dans un relais de camionneurs, où ils mangèrent du steak et des pommes de terre sautées à cinq heures du matin !

Ils avaient l'impression de rêver, ils évoluaient dans un univers qui leur semblait complètement surréaliste. Ils souriaient et riaient de bonheur à l'idée de vivre ce miracle.

Le dimanche, Timmie prépara ses valises, désemparée. Jean-Charles la regardait, allongé dans le lit.

— Je n'ai pas envie de te quitter, dit-elle tristement. Après à peine quatre jours, elle ne pouvait déjà plus imaginer la vie sans lui. Ils étaient complètement accros.

— Moi non plus. Je n'ai aucune envie de retourner à Paris. Je viendrai te voir en Californie le plus vite possible.

— Tu me le promets ?

Elle était effrayée soudain. Allaient-ils vraiment se revoir ? Comment survivrait-elle, s'il changeait d'avis et l'abandonnait ? Elle avait déjà perdu tant de gens qu'elle aimait qu'elle ne pouvait supporter l'idée que cela se reproduise encore une fois. Jean-Charles éprouvait la même panique. Elle le lut dans ses yeux.

— Je ne veux pas te perdre, dit-il en venant la prendre dans ses bras pour la ramener vers le lit. Et je viendrai te voir en Californie, naturellement. Je ne pourrai pas tenir longtemps sans toi.

Elle se lova dans ses bras, et une question lui vint aux lèvres presque malgré elle.

— Quand quitteras-tu ton appartement ?

La question le prit de court. Il n'avait pas envie de penser à cela. Sa vie d'avant n'existait plus pour lui. Elle était morte depuis des années et, au fur et à mesure que son lien avec Timmie se renforçait, les cendres de son ancien mariage se dispersaient. Timmie ne l'enlevait pas à une autre femme. Elle l'accueillait dans ses bras, dans sa vie, dans son cœur, avec un mélange d'amour et de passion.

— Je te l'ai dit : en juin. J'ai promis à mes enfants de rester jusqu'à la fin de l'année scolaire. J'espère que nous aurons vendu l'appartement d'ici là. Sinon, je partirai pendant l'été.

Cela paraissait très loin à Timmie, mais elle venait tout juste de débarquer dans son existence et elle ne se sentait pas le droit d'insister. Mais s'il ne partait pas de chez lui… Si Jade avait raison et qu'il joue les prolongations pendant des années ? Que ferait-elle ?

— Je t'en prie, ne prends pas cet air inquiet, dit-il en la serrant contre lui pour la rassurer.

— J'ai peur, avoua-t-elle.

Si pour une raison ou une autre il renonçait à partager sa vie, elle serait profondément blessée. Elle était terrifiée à l'idée de se retrouver seule, une fois de plus abandonnée.

— Et si tu décidais de ne pas quitter ta femme ?

— Nous nous sommes déjà quittés, il y a des années, répondit-il avec simplicité. Je ne reste que pour mes filles. Pas pour elle. Je leur en ai fait la promesse, et je dois tenir parole.

Que représentait-elle, dans ce contexte ? Elle ne pouvait, et ne voulait pas, entrer en compétition avec ses enfants. Il n'était pas question de le déchirer, de l'attirer vers elle à tout prix. Il fallait qu'il vienne à elle, de son plein gré.

— Imagine que tes filles te supplient de ne pas partir en juin ? Ou que…

L'inconnu l'angoissait. Dans le passé, les choses avaient toujours été pires que ce à quoi elle s'attendait. Il était difficile pour elle d'imaginer que le futur serait différent.

— Dans ce cas-là, nous verrons bien, dit-il avec un calme qui ne la tranquillisa pas tout à fait.

Il ne promettait pas de partir quoi qu'il arrive. Il laissait une porte ouverte au hasard. Timmie aurait préféré une plus grande fermeté, mais elle savait qu'elle devait lui faire confiance. Désormais elle était attachée à lui, pour le meilleur ou pour le pire.

— Je t'aime, Timmie. Je ne vais pas te faire de mal, ni t'abandonner.

Il connaissait son histoire, il avait été témoin de sa terreur le soir de son opération, aussi voulait-il absolument la rassurer.

— J'ai autant besoin de toi que toi de moi. Je ne te laisserai pas tomber, Timmie. Je te le promets.

Elle soupira en se lovant contre lui, le dos contre son torse. Entourée de ses bras, elle se sentait protégée.

— J'espère que non.

Elle se retourna pour l'embrasser et ils firent l'amour une dernière fois.

Puis ce fut l'heure du départ. Timmie eut le plus grand mal à s'arracher à la chambre. Elle aurait voulu rester là, fermer la porte à clé et se cramponner à Jean-Charles pour le reste de sa vie. Elle n'avait aucune envie de partir à des milliers de kilomètres, tandis que lui-même reprenait l'avion dans la direction opposée.

— Nous nous reverrons bientôt, je te le promets.

Tout dans son attitude était rassurant. Elle espérait seulement ne pas se tromper. De toute façon, elle n'avait pas le choix. Elle lui appartenait désormais.

Ils se rendirent à l'aéroport dans la limousine de Timmie, et Jean-Charles l'accompagna jusqu'au terminal d'où partait son avion. Ravagée par le chagrin, elle lui fit signe, depuis la salle d'embarquement. Il eut le sentiment de voir un petit enfant qu'il aimait emmené loin de lui. Il aurait donné n'importe quoi pour pouvoir franchir la porte et la reprendre dans ses bras. Lorsqu'elle disparut de sa vue, il se sentit désemparé.

Il l'appela aussitôt sur son téléphone mobile.

— Tu me manques trop, dit-il, la gorge nouée. Nous devrions peut-être nous enfuir ensemble.

— D'accord. Quand veux-tu partir ?

— Tout de suite.

Il sourit, puis alla reprendre la voiture pour la zone internationale.

— J'ai passé le week-end le plus merveilleux de ma vie, dit-elle à mi-voix.

— Et moi, j'ai l'impression d'avoir vécu un rêve. En tout cas, tu m'as fait retrouver ma jeunesse ! s'exclama-t-il en riant.

Ils avaient fait l'amour tant de fois. Dès qu'ils se touchaient, leurs sens explosaient. C'était de la dynamite.

— Je t'appelle dès que j'arrive à Paris.

Elle savait qu'il le ferait, mais elle détestait penser qu'il allait rentrer dans l'appartement où vivait encore sa femme. Cependant, elle était un peu moins inquiète. Jean-Charles avait besoin de temps pour résoudre ses problèmes familiaux et tenir les promesses qu'il avait faites à ses enfants. De toute façon, une passion comme la leur ne pouvait s'éteindre. Elle avait la conviction qu'ils iraient au bout de leur histoire.

De retour chez elle, Timmie se coucha et ne rouvrit les yeux que le lendemain, à cinq heures du matin, triste de ne pas trouver Jean-Charles à ses côtés. Leur séjour new-yorkais n'était déjà plus qu'un souvenir. Mais il était deux heures de l'après-midi pour lui, et elle pouvait lui téléphoner. Il venait juste de finir de déjeuner et fut enchanté d'entendre la voix ensommeillée de Timmie.

— Tu me manques, marmonna-t-elle.

— Toi aussi. Je t'ai cherchée toute la nuit à côté de moi. Il faut absolument que je vienne te voir le plus vite possible. Je me sens comme un drogué en manque.

Il promit de l'appeler à la fin de sa journée de travail. Timmie voulut se rendormir, mais elle en fut incapable. Elle ne cessa de se retourner dans son lit en pensant aux nuits qu'ils avaient passées ensemble. Elle sourit en se rappelant tout ce qu'il lui avait dit. A six heures, elle finit par se lever, et à sept heures trente elle entra dans son bureau. Elle se rendait souvent très tôt au siège de la société, quand le décalage horaire l'empêchait de dormir. C'était le meilleur moment de la journée pour abattre du travail : l'Europe et New York étaient déjà réveillés.

Jade arriva à huit heures trente. Heureuse de la revoir, la jeune assistante lui demanda comment s'était passé son week-end.

— C'était fantastique ! s'exclama Timmie, radieuse.

Jade étrécit les yeux, soupçonneuse. Elle connaissait trop bien sa patronne pour croire qu'un simple week-end de shopping et de visites de musées pouvait la mettre dans cet état. Timmie se détourna rapidement pour feuilleter des documents, mais Jade avait déjà compris.

— Je flaire un loup, annonça-t-elle.

— Ce doit être notre nouveau parfum, suggéra Timmie d'un air innocent.

— N'essaye pas de me faire avaler ça, rétorqua Jade.

Elle se permettait souvent des remarques que personne d'autre n'aurait osé formuler. Et Timmie le prenait bien.

— Tu as passé le week-end avec le médecin français, je suppose ? lâcha Jade en dardant sur elle un regard accusateur.

Timmie acquiesça d'un hochement de tête. Elle était à la fois fière et excitée d'être la maîtresse de cet homme, et elle n'avait aucune raison de cacher son bonheur.

— Eh bien oui, avoua-t-elle, de l'air d'une chatte qui vient de laper un bol de crème en cachette.

— J'espère que tu n'as rien fait qui porte à conséquence ?

— Rien, absolument rien, répondit Timmie.

Bien qu'elle n'eût pas fait ce qu'elle avait décidé, elle ne regrettait rien. De toute sa vie, elle n'avait jamais passé un week-end aussi enchanteur.

— Je me demande pourquoi je ne te crois pas, fit Jade. Tu as l'air tellement heureuse que je ne peux m'empêcher de me dire que tu mens. Tu es aussi resplendissante qu'une femme qui vient de passer le week-end au lit avec son amant. J'espère seulement que tu ne te four-voies pas, que tu ne te mens pas à toi-même et, surtout, qu'il n'est pas malhonnête avec toi.

— Je ne le pense pas, Jade. Je suis persuadée que c'est un homme honnête, qui fait ce qu'il dit. Il est simple-ment inquiet pour ses enfants.

— Alors, tu as bel et bien couché avec lui !

Timmie eut l'impression d'être une adolescente délu-rée prise en faute par ses parents. Cette idée la fit rire. A cet instant, David entra.

— Que se passe-t-il ? J'ai raté quelque chose ?

— Rien du tout, affirma Timmie, rassurante. Jade était en train d'émettre d'injustes accusations.

— Elle a passé le week-end avec le médecin français, expliqua Jade tandis que Timmie les gratifiait d'un sou-rire bienveillant.

Elle aimait ces discussions bon enfant avec ses assis-tants. Tous deux connaissaient les limites à ne pas dépasser. Mais celles-ci étaient loin d'être atteintes. Jade et David ne pensaient qu'à son bien.

— C'est donc pour cela que tu as voulu rester à New York ! s'exclama David. J'espère que tu t'es bien amu-sée, ajouta-t-il, loin d'éprouver la même inquiétude que Jade.

— Un peu trop, si tu veux mon avis, grommela Jade.

Mais Timmie décrocha le téléphone. C'était le signal qu'il fallait se remettre au travail.

Jade revint à la charge un peu plus tard, alors qu'elle déjeunait en tête à tête avec David.

— Je suis inquiète pour elle. Il m'est arrivé exacte-ment la même chose. D'abord, tu trouves tout cela fabu-leux et tu crois être la femme la plus heureuse du monde. Et puis le type commence à te tuer à petit feu. Il annule des rendez-vous, change de plan pour les vacances. Il te promet un week-end en amoureux et se décommande au dernier moment parce que ses enfants sont malades. Ensuite sa femme tombe malade à son tour, puis les enfants font une crise de nerfs. Et tu passes tes vacances seule. Il te cache dans un placard secret, te garde en réserve. Finalement, tu te retrouves avec tes rêves en miettes et tes espoirs détruits. Dix ans plus tard, le gars est toujours avec sa femme et ses enfants. Je ne veux pas qu'il arrive la même chose à Timmie.

— Personne ne veut cela, Jade. Mais ce n'est pas parce que ça t'est arrivé à toi que ça se passera ainsi pour elle. Cet homme m'a fait une bonne impression. C'est un médecin, il est responsable. Il ne prévoyait pas qu'elle allait faire irruption dans sa vie. Il faut lui laisser le temps de tenir les promesses qu'il a faites à ses enfants.

— C'est ce que j'ai cru aussi, à l'époque. Mais à la fin, ces hommes sont trop lâches pour partir. Ils ont peur, et ils restent où ils sont.

— Attendons de voir comment cela se passe. Pour l'instant, nous n'avons aucune raison de ne pas croire ce Dr Vernier. Laisse-lui une chance.

— J'ai entendu trop d'histoires comme la mienne. Ce n'est pas une bonne idée de sortir avec un homme marié.

— Il n'est plus vraiment marié. C'est un homme en plein divorce. Et pour le moment, Timmie ne souffre pas. Je ne l'avais jamais vue aussi heureuse.

— Moi non plus, reconnut Jade. C'est ce qui me fait peur. Si ça se passe mal, elle aura le cœur brisé. Je le sais.

— Il est trop tôt pour s'inquiéter. Et je fais confiance à cet homme. Au fait, comment ça se passe avec ton architecte ?

David réussit à faire dévier la conversation, et Jade lui raconta sa merveilleuse histoire avec l'architecte. Les rencontres sur Internet étaient une invention formidable !

Pendant ce temps, enfermée dans son bureau, Timmie parlait avec Jean-Charles. Il était onze heures du soir à Paris.

— Tu m'as manqué toute la journée, avoua-t-il d'un ton chagrin. Tu sais, je suis en train de voir si je peux bientôt venir te rendre visite en Californie. Il faut que je sois sûr d'être remplacé. Je le saurai dans un jour ou deux.

Ils firent plein de projets, parlèrent de la maison de Timmie à Malibu. Jean-Charles avait très envie de la connaître. Timmie avait l'impression de rêver. Ce merveilleux médecin parisien, passionné, attentionné, sexy, était tombé amoureux d'elle ! Ils venaient de vivre quatre jours de passion enflammée, et il allait faire le voyage jusqu'à Los Angeles pour la voir ! C'était extraordinaire. Quand ils eurent raccroché, elle songea aux surprises que la vie réservait parfois. A ces cadeaux inattendus, qui faisaient toute la différence dans une existence. Jean-Charles était un cadeau du ciel. Une bénédiction.

15

Le remplaçant de Jean-Charles accepta de se charger de ses patients pendant une semaine, en mars. Jean-Charles appela immédiatement Timmie pour lui communiquer la bonne nouvelle. Son billet d'avion était déjà réservé, il bouillait d'impatience, comme un enfant avant Noël. Tout s'enchaînait parfaitement.

Les deux semaines suivantes passèrent avec une lenteur désespérante pour Timmie. Les journées lui paraissaient interminables, et elle était heureuse d'avoir son travail pour l'occuper. Elle emportait des dossiers chez elle le soir et passa les week-ends à terminer ses modèles et à ranger ses deux maisons. Tout devait être frais et pimpant pour la venue de son amant. Elle jeta ce qu'elle trouvait trop vieux, acheta des plantes vertes dans une pépinière, commanda de nouvelles serviettes de toilette et de nouveaux draps pour Malibu. La veille de son arrivée, elle acheta des CD et des journaux français, qu'elle posa sur la table basse, à côté d'un bouquet de fleurs. Tout devait être parfait. Il faisait un temps splendide, sans vent ni nuages, et une douceur printanière flottait dans l'air. Cela le changerait du froid glacial de Paris.

Le matin, elle revêtit un pantalon beige avec un pull et des mocassins assortis et prit un sac Kelly jaune pâle, acheté à Paris. Ses cheveux flottaient sur ses épaules. Quand elle descendit de voiture à l'aéroport, elle semblait sortir tout droit d'un magazine de mode. Elle n'était pas passée au bureau le matin, car elle voulait finir d'arranger sa maison dans les moindres détails. Elle avait eu plaisir à tout préparer pour son arrivée. Elle s'était avancée dans son travail, et on ne la verrait pas au bureau pendant toute la semaine. Jade n'avait pas fait de commentaire, se contentant de lui lancer un regard noir, pour lequel elle s'était excusée un peu plus tard. David, en revanche, lui avait souhaité de bonnes vacances avec Jean-Charles. Timmie avait l'impression de partir en voyage de noces. D'une certaine façon, c'était un peu le cas. Une nouvelle vie commençait pour eux.

Soudain, elle le vit avancer dans la foule. Il portait une chemise bleu ciel au col ouvert et avait jeté son blazer sur l'épaule. Une cravate rouge sortait de sa poche. Il avait une allure très française, à la fois chic et décontractée. Elle se jeta dans ses bras et il la serra à l'étouffer. Les mots étaient inutiles, le bonheur se lisait sur leur visage.

— Tu m'as tellement manqué, souffla-t-elle en passant les bras autour de sa taille.

Ils n'avaient été séparés que deux semaines, mais cela leur avait semblé une éternité.

— Et moi, j'ai cru que l'avion n'arriverait jamais.

— Tu n'es pas trop fatigué ? s'enquit-elle tendrement.

— Pas du tout. J'ai dormi un peu. J'ai regardé deux films, et j'ai très bien dîné.

Timmie savait que la compagnie Air France servait du caviar en première classe.

— Qu'allons-nous faire aujourd'hui ?

Il l'embrassa dès qu'ils furent dans la voiture et il ne put s'empêcher de lui caresser les seins, brûlant de désir pour elle.

— Je suis tellement heureuse que tu sois là ! murmura-t-elle, aux anges.

Il lui tardait de lui montrer tous les endroits qu'elle aimait, sa maison de Bel Air, celle de la plage. Elle voulait se promener dans les rues avec lui, préparer le dîner, sortir, rire, faire l'amour, dormir. Un arc-en-ciel de plaisirs les attendait.

Pour une fois, la circulation était fluide sur l'autoroute de Santa Monica. Ils parlèrent de mille choses. Jean-Charles voulait tout savoir sur son univers.

Jean-Charles fut impressionné par la décoration raffinée de sa maison. Les couleurs du salon, douces et apaisantes, mettaient en valeur les œuvres d'art accrochées aux murs. Il fit le tour de la pièce, admiratif. Et soudain, comme attiré malgré lui, il se dirigea vers la bibliothèque et contempla la photo de Mark. Timmie le regarda en silence.

— C'est ton fils, n'est-ce pas ?

— Oui. C'est Mark.

— C'était un bel enfant.

Il reposa le cadre qu'il avait pris pour l'examiner de plus près et entoura Timmie de ses bras.

— Je suis désolé, ma chérie. Terriblement désolé.

Elle hocha la tête et songea à son fils, blottie entre les bras de Jean-Charles. A cet instant, ce fut comme si ses deux grands amours se rejoignaient. Cette pensée l'apaisa. Puis elle s'écarta pour lui sourire, et il l'embrassa de nouveau, l'emplissant de joie et de tendresse.

— Tu as faim ? questionna-t-elle en l'entraînant vers la cuisine.

Il rit.

— J'ai faim de toi, mon amour.

— Je parlais de nourriture.

Elle avait acheté tout ce qui était susceptible de lui faire plaisir, y compris une baguette de pain, car elle avait remarqué à New York qu'il en mangeait à tous les repas.

— J'ai dîné dans l'avion. Tout ce que je veux pour le moment, c'est toi.

Il l'embrassa, et elle eut l'impression de vivre une scène romantique, dans un vieux film français. Elle lui fit visiter le reste de la maison. Dans sa chambre, les rideaux ouverts laissaient entrer le soleil à flots. Le lit était garni de draps neufs et elle avait posé un vase de fleurs fraîches sur une table.

— C'est charmant, Timmie. Ta maison me plaît.

Ce décor lui allait si bien. Sa maison élégante, chaleureuse, avec une touche de création artistique, reflétait parfaitement sa personnalité. Avant qu'elle ait pu le remercier de son compliment, il la souleva dans ses bras dans un geste chevaleresque et alla la déposer délicatement sur le lit.

— Je me sens fatigué. Je crois que j'ai besoin d'une petite sieste.

Timmie se mit à rire.

— Viens donc, mon amour.

Il se fondit dans ses bras. En quelques secondes, ils ôtèrent leurs vêtements et les jetèrent pêle-mêle sur le sol. Leurs corps s'enlacèrent passionnément. Timmie eut la sensation de lui appartenir totalement, pour toujours.

Il faisait nuit quand ils parvinrent à s'extirper du lit, après avoir alternativement dormi et fait l'amour pendant plusieurs heures. Ils ne se lassaient pas l'un de l'autre. Jean-Charles lui avait dit que leurs cœurs se mêlaient. C'était exactement ce qu'elle ressentait.

Ils descendirent dans la cuisine, enveloppés dans des peignoirs de bain. Timmie prépara une omelette et de la salade, et posa sur la table un morceau de brie, avec la baguette. Après cette collation, ils retournèrent au lit, refirent l'amour, puis prirent un bain et parlèrent longtemps. Chaque fois qu'ils étaient ensemble, ils avaient l'impression de vivre sur une autre planète, où le temps, les responsabilités et les obligations n'existaient plus. Ces moments d'intimité étaient si agréables qu'ils en désiraient toujours davantage. C'était comme une drogue pour eux.

Ils ne cédèrent au sommeil que tard dans la nuit. Jean-Charles s'éveilla à dix heures du matin, affamé. Pour lui, c'était l'heure du dîner. Timmie lui fit cuire un steak, après quoi ils se douchèrent et s'habillèrent. La journée était printanière et ils décidèrent de partir à Malibu.

Timmie conduisit lentement le long de la Pacific Coast Highway pour lui permettre d'admirer le paysage.

— C'est très beau, Timmie. Et toi, tu es encore plus belle.

Quand Jean-Charles vit la maison de Malibu, il fut ému aux larmes. La décoration, toute de bleu et de blanc, la superbe terrasse, la plage, le panorama, tout le fascinait. Ils partirent immédiatement se promener, les pieds dans l'eau.

— Je pourrais rester là toute ma vie, dit Jean-Charles.

— Si seulement c'était possible, répondit Timmie.

Mais il avait une vie à Paris, une carrière de médecin, des enfants qu'il adorait. Et elle avait une affaire à faire tourner en Californie. Comment concilier tout ça avec leur amour ? La question semblait insoluble.

Dans l'après-midi, ils paressèrent sur la terrasse, au soleil. Jean-Charles, encore perturbé par le décalage horaire, s'endormit sur la chaise longue. Quand l'air se rafraîchit, Timmie posa sur lui une couverture en cachemire. Après le coucher du soleil, elle le réveilla, et ils rentrèrent et firent du feu dans la cheminée. Timmie s'efforça de ne pas aborder la question de l'avenir. Elle ne voulait pas le harceler en lui demandant ce qu'il comptait faire, et quand. En revanche, elle le questionna sur ses enfants.

— Julianne est très élégante et réservée. Comme sa mère. Mais elle n'est pas aussi proche de moi que je le voudrais. Elle est distante, un peu à la manière d'un chat. C'est quelqu'un qui observe, qui voit tout. Elle est très mûre, pour ses dix-sept ans. Très complice de sa sœur et de sa mère, et un peu moins de Xavier. Mon fils a six ans de plus qu'elle, et il a toujours considéré ses sœurs comme des petites pestes. Elles entraient dans sa chambre pour jouer et mettaient du désordre dans ses affaires. Plus grandes, elles se moquaient de lui quand il amenait ses copines à la maison. Il a fini par arrêter, ce qui était une sage décision. Sophie a quinze ans, et elle est plutôt du genre garçon manqué. Ce qui ne l'empêche pas de faire de moi ce qu'elle veut. Xavier est son héros, et moi aussi, je crois bien. Elle ne s'entend pas trop avec sa mère, par contre. Je pense que c'est une question d'âge. Julianne n'était pas proche de sa mère non plus, à quinze ans. Maintenant elles sont très complices, alliées contre moi naturellement.

Il sourit en prononçant ces derniers mots. Son amour pour ses enfants était évident. Timmie ne l'en aimait que davantage et regrettait de ne pas être plus jeune. S'il était venu plus tôt dans sa vie, elle aurait aimé avoir un bébé de lui. Elle le lui confia un peu plus tard, lorsqu'ils furent couchés. Jean-Charles fut profondément touché.

— Est-ce encore possible ? lui demanda-t-il tendrement.

— Possible oui, mais très peu probable, à mon âge.

Elle resta songeuse un instant. Jusqu'à sa rencontre avec Jean-Charles, l'idée d'avoir un autre enfant ne l'avait jamais effleurée.

— J'ai parfois pensé à adopter, avoua-t-elle. Je ne l'ai pas fait, parce que j'avais peur d'aimer de nouveau. Que ce soit un homme ou un enfant. Je trouvais plus facile de garder mes distances.

— Et maintenant ? Tu as toujours peur ?

Elle ne répondit pas tout de suite, et il la serra un peu plus fort dans ses bras.

— Non, je n'ai peur de rien quand je suis avec toi. A part te perdre.

Ils firent l'amour, s'endormirent, refirent l'amour... A quatre heures du matin, elle finit par le taquiner en disant qu'il devait être plus jeune qu'il ne le prétendait. Aucun homme de son âge ne pouvait faire l'amour aussi souvent. Ou alors il avait des pouvoirs magiques, ce qui n'était pas pour lui déplaire.

Au petit matin, ils sortirent sur la terrasse, vêtus de peignoirs de bain, et s'installèrent sur les chaises longues pour contempler le ciel. Puis ils s'endormirent de nouveau jusqu'à midi. Timmie fit du thé avec des croissants, et ils partirent pour une grande balade le long de la plage.

Ils passèrent quatre jours à Malibu. Jean-Charles n'avait plus aucune envie de partir. L'univers de Timmie lui faisait l'effet d'un cocon douillet. Il y aurait volontiers passé tout son séjour, mais il voulait aussi connaître sa vie à Los Angeles. De retour dans la grande ville, ils allèrent dans les restaurants, dans les boutiques d'antiquités, dans les cafés qu'elle connaissait, et firent aussi de longues promenades. Ils nagèrent dans sa piscine de Bel Air, passèrent des heures dans le jacuzzi ou dans la gigantesque baignoire de marbre.

La dernière nuit arriva trop vite. Allongés dans le grand lit confortable, ils parlèrent des jours merveilleux qu'ils venaient de vivre et qui leur semblaient comme un don de Dieu. Ils avaient du mal à croire que leur histoire d'amour n'avait commencé que le mois précédent, ils avaient l'impression de se connaître depuis toujours. Ils s'étaient tout raconté, depuis leurs chagrins d'enfants jusqu'à leurs déceptions d'adultes, leurs terreurs, leurs rêves, leurs espoirs. Et leur avenir. S'ils savaient qu'il n'y aurait plus de bébé, en revanche ils espéraient très fort avoir un futur ensemble.

Le jour du départ, Timmie accompagna Jean-Charles à l'aéroport. Le moment était venu de se séparer de nouveau, d'apprendre à vivre l'un sans l'autre jusqu'aux prochaines retrouvailles. Autant se couper un bras, ou une main, songea Timmie. La réadaptation au monde ordinaire allait être très dure.

Pendant le séjour de Jean-Charles, Timmie n'avait pas appelé une seule fois son bureau. Elle avait donné comme instruction de ne pas la déranger à moins que le siège de la société ne soit la proie des flammes. Aussi Jean-Charles ne soupçonnait-il pas quelle somme de travail quotidien elle fournissait d'ordinaire. Timmie préférait qu'il en soit ainsi. Quand il était là, elle ne voulait plus être le P-DG de Timmie O. Elle n'était plus que la femme qui l'aimait.

Le cœur chaviré, elle le regarda faire enregistrer ses bagages et prendre sa carte d'embarquement. Ils s'attardèrent un moment près du terminal, puis ils n'eurent plus le choix. Jean-Charles devait passer les barrières de sécurité pour rejoindre la porte d'embarquement. Il la tint un long moment dans ses bras, l'embrassant tendrement. Une fois de plus, elle se sentit comme un enfant abandonné. Chaque fois qu'il partait, elle vivait une tragédie. Une petite voix apeurée lui demandait comment elle survivrait s'il ne revenait pas. Jean-

Charles le savait, et il lui répéta encore et encore qu'il allait revenir.

— Je t'aime, chuchota-t-il, juste avant de passer sous les portiques à rayons X... Quand pourras-tu venir à Paris, Timmie ?

Sans elle, sa vie serait vide, insupportable.

— Je ne sais pas.

Elle n'y avait pas réfléchi. Mais elle pourrait facilement trouver une excuse. A vrai dire, elle n'en avait même pas besoin. Il lui suffisait de modifier son emploi du temps et de prendre l'avion. Le problème, cependant, c'est qu'elle ne pouvait pas habiter avec lui à Paris, puisqu'il n'avait pas quitté l'appartement familial. Et il n'osait pas séjourner à l'hôtel avec elle, craignant de compromettre sa réputation. Mais soudain, tout cela lui parut sans importance.

— Au diable ma réputation, Timmie ! Viens à Paris, je t'en prie.

— Oui, peut-être. Nous verrons.

Il l'embrassa une dernière fois. La mine sombre, il traversa les portiques de détection. Une fois de l'autre côté, il se retourna pour lui sourire. Ils étaient tous deux émus aux larmes. Aussi romantiques l'un que l'autre, songeat-elle, la gorge serrée. Ils semblaient être parfaitement assortis, dans tous les domaines. C'était tellement inattendu qu'ils étaient persuadés que Dieu les avait guidés l'un vers l'autre. C'était autrement plus efficace que les rencontres par Internet.

Jean-Charles s'engagea dans le couloir qui menait à la salle d'embarquement et elle ne le vit plus. Il était parti. Elle éprouva une sensation de vide presque insoutenable.

Elle regagna le parking, monta dans sa voiture et resta assise un moment, immobile. Un parfum d'aftershave flottait dans l'habitacle, comme si le fantôme de son bien-aimé demeurait, refusant de la quitter. Puis, lentement, l'esprit ailleurs, elle démarra et rentra chez elle. Tout dans la maison semblait imprégné par sa présence. Jean-Charles y avait mis son empreinte. Cette maison était maintenant la sienne aussi.

Tout comme Timmie : elle était sienne.

16

Trois semaines s'écoulèrent, pendant lesquelles Timmie et Jean-Charles s'appelèrent constamment et s'envoyèrent plusieurs mails par jour. Ils n'avaient toujours pas de projet défini pour se revoir. Ils étaient comme deux lions affamés dans leur cage, qui ne savaient pas quand ils dîneraient.

Il y avait une épidémie de grippe à Paris, provenant vraisemblablement d'Afrique du Nord, et Jean-Charles était surchargé de travail. Timmie, de son côté, cherchait toujours un moyen de partir en France, quand une nouvelle crise surgit dans les usines du New Jersey. Le syndicat menaçait de lancer un ordre de grève. Elle établit un plan d'action avec ses avocats, mais, au même moment, un des grands magasins avec lesquels elle travaillait tripla sa commande. D'où un sérieux problème de production.

Timmie décida donc de se rendre à New York afin de régler le problème en personne. Et soudain elle réalisa que toutes ces difficultés étaient pain bénit : elle téléphona sur-le-champ à Jean-Charles pour lui annoncer qu'elle partait à New York le lendemain matin.

— J'y resterai sans doute trois ou quatre jours, c'est-à-dire jusqu'au week-end. Tu ne pourrais pas me rejoindre ?

Jean-Charles fut enchanté. Il était bien plus facile de la retrouver à New York, après à peine six heures de voyage.

— Je vais faire mon possible. Par bonheur, mon assistant a enfin repris le travail. Tu sais, il s'était cassé la jambe au ski. Je t'appellerai ce soir, promit-il.

Ce voyage était une excellente opportunité. Ces trois semaines de séparation avaient été affreusement longues.

Jean-Charles la rappela le soir, à minuit. Il était déjà neuf heures du matin pour lui, à Paris. Tout était réglé. Il quitterait Paris jeudi après son travail, par le vol de vingt heures. Et rentrerait le dimanche soir. Son assistant acceptait de le remplacer pendant le week-end, malgré son plâtre. Jean-Charles était aux anges, et Timmie aussi. Cela allait lui donner la force de relever les défis difficiles qui l'attendaient.

Elle eut du mal à dormir cette nuit-là. Le lendemain, elle se leva très tôt et partit pour l'aéroport à cinq heures du matin. C'était un vol principalement destiné aux hommes d'affaires, et elles n'étaient que deux femmes en première classe. David, comme toujours, l'accompagna pendant que Jade restait pour diriger l'empire en son absence. Une fois de plus, elle parvint, avec l'aide de David et des avocats, à établir une entente avec les syndicats, tout en ayant conscience que la moindre étincelle risquait de remettre le feu aux poudres. Il n'y avait pas de solution définitive, mais elle pensait avoir gagné une ou deux années de paix grâce à quelques compromis. A l'arrivée de Jean-Charles le jeudi soir, les affaires de Timmie étaient en ordre. Néanmoins, s'inquiétant de la voir épuisée et amaigrie, il la poussa à manger davantage. Ils dînèrent au restaurant chaque soir, ce qui ne les empêcha pas de passer énormément de temps dans la chambre. Il plut abondamment pendant les trois jours, et Timmie n'avait qu'une seule envie, c'était de rester douillettement au lit avec lui. Ce qui convenait parfaitement à Jean-Charles, car il avait faim de sa présence. Ils emmagasinaient de l'amour pour les périodes de solitude qui suivraient.

Timmie apprit avec soulagement qu'il comptait quitter l'appartement deux mois plus tard. Ses filles s'étaient résignées à la situation, et plusieurs acheteurs potentiels s'étaient présentés. Jean-Charles pensait que la situation serait réglée début juin, et Timmie était impatiente. Quand il vivrait seul, ils auraient un appartement à Paris pour se retrouver. Jean-Charles souhaitait qu'elle l'aide à le choisir et à le décorer. Désormais, il voulait qu'elle fasse partie de sa vie, et il espérait la présenter à ses enfants au cours des prochains mois.

Le samedi soir, ils annulèrent leur dîner chez Cipriani pour rester à l'hôtel. Il pleuvait à verse, et Timmie déclara qu'elle n'avait aucune envie de s'habiller pour aller dans un restaurant chic. Ils voulaient se détendre, profiter au maximum de ce week-end ensemble. Ils demeurèrent donc dans le cocon feutré de la chambre. Cette nuit-là, quand ils firent l'amour, elle se sentit plus proche de lui que jamais. Elle avait l'impression que leurs deux esprits, leurs deux cœurs et leurs deux âmes s'unissaient comme leurs corps. Jean-Charles avait la même sensation, et après qu'ils eurent fait l'amour elle vit qu'il avait les larmes aux yeux. Timmie n'avait jamais rien ressenti de pareil. Quand elle s'abandonnait entre ses bras, elle avait le sentiment que son âme était offerte et qu'elle ne serait plus jamais séparée de lui. Chaque fois qu'ils faisaient l'amour, c'était différent et mieux que la fois précédente. Elle dormit serrée contre lui, blottie entre ses bras. Jean-Charles la regarda dormir, le cœur consumé de tendresse.

Toute la nuit, elle rêva qu'ils n'étaient plus qu'un. Quand ils ouvrirent les yeux le lendemain, ils sourirent en se voyant. Leurs nez et leurs lèvres se touchaient presque. Il l'embrassa, et ils demeurèrent un long moment ainsi, avant de se lever. Jean-Charles commanda le petit déjeuner, mais Timmie n'avait toujours pas envie de quitter le lit. Elle aurait voulu continuer de dormir indéfiniment, au creux de ses bras. Elle finit par se faire violence et alla se coiffer et se rafraîchir avant de s'asseoir à table. Il la trouva magnifique. Ils lurent les journaux du dimanche, commentant l'actualité. Timmie était friande des pages économiques, tandis que Jean-Charles préférait les articles scientifiques. Cela leur promettait une longue série de petits déjeuners enrichissants.

L'après-midi ils allèrent au musée, puis regagnèrent l'hôtel sous la pluie. Timmie était profondément heureuse. Ils firent l'amour une dernière fois avant de partir. Durant le trajet jusqu'à l'aéroport, elle lui promit de venir le voir dans quelques semaines. Rien ne l'enchantait plus que Paris au printemps, et elle espérait pouvoir s'y rendre en mai. Quand il l'embrassa, elle se sentit un peu moins triste que d'habitude, car elle était en totale harmonie avec lui. Il y avait une parfaite synchronisation entre leurs pensées et leurs mouvements. Deux personnes fortes et indépendantes, qui ne faisaient plus qu'une.

Ce sentiment se prolongea lors de son retour en Californie. Elle se sentait étrangement sereine et plus amoureuse que jamais. Toutefois, elle voulait absolument avoir une bonne raison de se rendre en France : faire d'une pierre deux coups. Elle allait à Paris pour lui, mais elle tenait aussi à prendre contact avec des usines locales de textiles. Cela lui donnerait quelque chose à faire pendant qu'il travaillait.

Un après-midi, Timmie tomba brusquement malade. Jade avait commandé des sushis pour le déjeuner, et de toute évidence Timmie les avait mal supportés. Elle fut effrayée par les violentes nausées qui la secouèrent. Jean-Charles, qu'elle appela aussitôt, lui conseilla d'aller aux urgences. Mais Timmie détestait les hôpitaux et préféra attendre. Le soir, elle se sentait mieux. Mais le lendemain matin, en se levant, elle était encore très faible. En outre, l'usine française avec laquelle elle était en contact n'avait toujours pas confirmé leur rendez-vous, ce qui la contraria. C'est alors qu'elle fut de nouveau malade. Désemparée, elle rappela Jean-Charles, qui diagnostiqua à distance une crise de vésicule biliaire, ou une forte grippe. Timmie appela le médecin. Elle était si pâle en arrivant à son cabinet que sa peau était translucide. Le médecin prescrivit des examens, et Jean-Charles insista pour qu'elle les fasse.

Elle était allongée dans un lit d'hôpital, quand Jade l'appela pour lui dire que l'usine de textile avait confirmé la date des rendez-vous. La nouvelle fut loin de faire plaisir à Jean-Charles.

— Ne pense pas à l'usine. Attends plutôt d'avoir les résultats des examens.

— Je me sens déjà mieux. Ce devait être la grippe.

Mais Jean-Charles était inquiet. Timmie voyageait tellement qu'elle pouvait attraper n'importe quoi. L'hépatite par exemple.

Lorsqu'elle rentra chez elle, Timmie alla directement au lit et s'endormit, exténuée. Le lendemain, tout allait bien et elle retourna au bureau. Quand le médecin l'appela, elle était persuadée d'être complètement rétablie. Quoi qu'elle ait pu avoir, c'était terminé.

— Bonjour, Timmie ! Comment vous sentez-vous à présent ?

— Très bien, répondit-elle, un peu embarrassée d'avoir fait tous ces examens pour rien. Je pense que c'est terminé. Je ne sais pas si c'était la grippe ou une intoxication alimentaire, mais je peux vous dire que je ne suis pas près de remanger des sushis !

— Je ne suis pas persuadé que ce soit terminé, comme vous dites. J'aimerais que vous passiez cet après-midi pour que nous discutions des résultats des examens.

— Quelque chose ne va pas ? s'inquiéta Timmie.

— Pas du tout, mais je n'aime pas communiquer les résultats par téléphone. Pourriez-vous passer demain matin ? Il n'y a rien d'urgent, cependant.

Ce n'était pas l'impression qu'il lui donnait. Si tout allait bien, pourquoi voulait-il la voir ?

En fait, elle avait deux rendez-vous le lendemain. Mais ce que le médecin lui disait l'alarmait, et elle était tentée de les annuler pour se rendre à son cabinet.

— Est-ce que c'est grave ? demanda-t-elle.

— Timmie, je suis d'accord avec votre diagnostic, dit-il d'un ton apaisant. Je pense qu'il s'agit d'un banal empoisonnement. Mais les analyses de sang révèlent des taux inhabituels dans votre organisme. Je serais irresponsable si je n'en parlais pas avec vous.

— Je n'ai pas un cancer ou quelque chose dans ce genre ?

— Bien sûr que non. Mais ces tests n'étaient pas inutiles. Vous n'en aviez plus fait depuis longtemps, je crois.

— Oui, je suis très occupée, et je voyage beaucoup.

— Raison de plus pour faire un petit check-up. On peut attraper n'importe quoi en voyage.

— Je suis partie à Taiwan il y a deux mois. Mais je n'ai pas bu l'eau du robinet, et je fais attention à ce que je mange. Je n'ai pas attrapé une maladie horrible, si ?

Le médecin se mit à rire, ce qui la rassura.

— Non, ne vous inquiétez pas, Timmie. Passez demain au cabinet, si vous avez le temps.

— A quelle heure ? demanda-t-elle, décidée à annuler ses rendez-vous.

— Dix heures, ça vous va ?

— C'est parfait.

— A demain alors. Et je vous conseille d'éviter les sushis ce soir, ajouta-t-il d'un ton malicieux.

— Pas de souci, Brad. A demain.

Elle raccrocha, puis enchaîna avec deux rendez-vous, l'un avec un styliste qu'elle envisageait d'embaucher, l'autre avec l'agence chargée de la publicité pour la prochaine saison d'hiver. Ce n'est qu'en retournant chez elle le soir qu'elle repensa à ce qu'avait dit le médecin. Brad Friedman ne pouvait avoir décelé quelque chose de vraiment inquiétant dans ses résultats, sinon il aurait insisté pour la voir sur-le-champ. Elle en parla tout de même à Jean-Charles.

— A-t-il précisé quels étaient les taux trop élevés ? s'enquit-il d'un ton soucieux.

— Non, il m'a simplement demandé de passer demain.

— Il se peut que tu aies une infection ou une allergie. Je ne comprends pas pourquoi il ne te l'a pas dit par téléphone.

— Les médecins sont souvent bizarres. Brad n'aime pas communiquer les résultats à distance.

— Je veux que tu m'appelles dès que tu l'auras vu. Si ce qu'il te dit n'est pas clair, je lui parlerai moi-même. Mais tu as raison : si c'était grave il aurait voulu te voir aujourd'hui.

Timmie se leva tôt le lendemain et passa ses coups de fil à New York en buvant une tasse de thé. Elle ne se sentait pas tout à fait dans son assiette, et se contenta donc d'une tranche de pain, évitant le yaourt qu'elle prenait habituellement. La circulation était dense. Elle n'arriva au cabinet de Brad Friedman qu'à dix heures et quart. L'infirmière la fit entrer immédiatement. Brad ne la faisait jamais attendre. Chez le médecin comme partout ailleurs, elle était traitée en VIP. Il entra cinq minutes après qu'elle se fut assise, alors qu'elle sentait son appréhension resurgir.

— Comment vous sentez-vous, Timmie ? lança-t-il d'une voix enjouée.

Brad était adepte d'une vie saine, il jouait au tennis, et avait épousé en secondes noces une femme de vingt ans sa cadette, avec laquelle il avait trois jeunes enfants.

— Bien, répondit Timmie. Mais pourquoi tout ce mystère ?

— Il faut que je vous pose quelques questions. C'est la raison pour laquelle je vous ai demandé de passer. Il y a un certain temps que nous ne nous sommes pas vus, et la vie de mes patients change parfois de manière radicale. Etes-vous toujours célibataire, Timmie ?

— Qu'est-ce que cela vient faire dans cette histoire ? Ne me dites pas que j'ai attrapé une MST !

— Non, pas de MST, Timmie. Nous avons vérifié. Quel genre de relation amoureuse avez-vous en ce moment ?

— Oh, mon Dieu... Ce n'est pas le sida ?

Brad sourit et fit un signe négatif. Il avait demandé une recherche du virus, dont il n'avait pas encore reçu les résultats, mais il n'était pas inquiet. Telle qu'il la connaissait, Timmie n'entrait pas dans la catégorie des personnes à risques.

— Non, mais nous avons décelé autre chose que j'ai trouvé surprenant, et qui va sans doute vous étonner aussi. A moins que vous n'ayez oublié de m'en informer. Ma technicienne de laboratoire fait du zèle. Elle a pris l'initiative de cocher toutes les cases du formulaire d'analyses, sans que j'en aie fait la demande. C'est ainsi que, grâce à elle, j'ai pu constater que vous aviez un taux élevé de HCG. Nous avons donc effectué un test de grossesse, qui s'est révélé positif, Timmie. Je tenais à en parler avec vous de vive voix.

— Quoi ? s'exclama Timmie, abasourdie. Vous voulez dire que je suis enceinte ? C'est une plaisanterie ?

Elle n'avait pas envisagé cette éventualité une minute. Et Jean-Charles était de son avis : la probabilité de tomber enceinte à son âge, sans traitement hormonal spécifique, était très faible.

— Vous êtes toujours réglée normalement ? s'enquit le médecin d'un ton égal.

Il ne semblait pas inquiet le moins du monde. Mais ce n'était pas à lui que cela arrivait ! Timmie était si choquée que ses idées se brouillaient. Elle se sentait assommée.

— Non, mon cycle est devenu irrégulier. C'est peut-être une erreur, suggéra-t-elle avec un vague espoir. Vous avez pu confondre mes tests avec ceux d'une autre femme.

— Non, il n'y a pas d'erreur. Votre taux de HCG en est la preuve. Vous pensez que cette grossesse date de quand ?

— Je n'en ai aucune idée.

Elle avait des rapports sexuels avec Jean-Charles depuis le mois de février. On était début mai.

— De moins de trois mois en tout cas.

Cela faisait presque un mois qu'elle n'avait pas vu Jean-Charles.

— D'après mon estimation, vous devez être enceinte de six semaines environ.

Timmie eut l'impression de devenir folle. Cela ne pouvait pas lui arriver. Pas à elle. Qu'allait dire Jean-Charles ? En théorie, l'idée d'avoir un enfant lui plaisait. Mais à ce stade de leur relation, l'arrivée d'un bébé était-elle souhaitable ? Il risquait de ne pas être content du tout. Elle n'aurait su dire elle-même ce qu'elle ressentait. D'un côté, elle était surexcitée, de l'autre elle pensait que c'était de la folie. Elle avait quarante-huit ans, ils n'étaient pas mariés, vivaient à dix mille kilomètres de distance, et Jean-Charles habitait encore sous le même toit que sa femme !

— Je pense que, si vous étiez enceinte depuis plus longtemps, vous auriez remarqué certains signes annonciateurs.

Brad connaissait tout de la vie de Timmie. Il était déjà son médecin quand Mark était mort.

— Vous pensez que cela explique mes problèmes d'il y a deux jours ? interrogea-t-elle, sidérée.

— Peut-être. C'était probablement à cause des sushis, mais vous avez réagi plus violemment qu'en temps normal. La question que je vous pose, c'est : qu'avez-vous l'intention de faire ? J'ignore si votre relation avec le père est sérieuse. Si vous ne voulez pas poursuivre cette grossesse, il faut envisager une interruption tout de suite.

Une grossesse. Une interruption. Le taux de HCG. Les mots tourbillonnaient autour d'elle et lui donnaient le vertige.

— Vous devez consulter votre gynécologue et prendre une décision rapidement, surtout si vous pensez être enceinte de deux mois. Votre relation avec le père est-elle stable ?

— Oui. Mais il a cinquante-sept ans, il vit à Paris et nous ne nous connaissons que depuis trois mois. Et encore, pas tout à fait.

Sans compter ce qu'elle omit sciemment de dire à Brad. A savoir que Jean-Charles vivait encore avec sa femme. En fait, cet événement risquait d'accélérer les choses… ou de mettre carrément un terme à leur liaison. Elle n'était pas sûre de sa réaction. La nouvelle était un peu difficile à encaisser, même pour un homme aussi solide que Jean-Charles.

— En plus, mon gynécologue vient de prendre sa retraite, ajouta-t-elle, comme si ce détail faisait une différence.

— Ce n'est pas un problème. Je vais vous indiquer un ou deux confrères. Timmie, est-ce que vous vous sentez le courage d'avoir un enfant à votre âge ? Il y a des risques. Mais il existe des tests comme l'amniocentèse pour vous rassurer sur le plan génétique. Et de nos jours, nombreuses sont les femmes de votre âge qui accouchent. Certains médecins estiment qu'une femme peut donner la vie jusqu'à cinquante ans. Plusieurs de mes patientes l'ont fait. Vous êtes en bonne santé, et je ne pense pas que cela pose un problème. Mais vous êtes aussi une femme très occupée, absorbée par sa carrière. Je me suis dit que cette grossesse ne devait pas être attendue. Je suppose que vous ne vous êtes pas protégée ?

— Non.

Timmie avait fait un test de dépistage du sida après sa rupture avec Zack, juste pour en avoir le cœur net. Et Jean-Charles avait également fait des analyses peu de temps avant, pour son contrat d'assurance. Voilà pourquoi ils n'avaient pas estimé nécessaire de mettre des préservatifs.

— Je me sens carrément stupide, à mon âge, de devoir appeler mon amant pour lui annoncer que je suis enceinte.

— Comment pensez-vous qu'il réagira ?

— Je ne sais pas. Nous sommes follement amoureux, mais sa situation familiale est compliquée. Il a des enfants, il vit en France et sa procédure de divorce est en cours. Cela risque de faire beaucoup pour lui.

— Pour vous aussi.

Timmie acquiesça d'un hochement de tête. Il allait lui falloir du temps pour réfléchir. Elle n'allait pas en parler à Jean-Charles tout de suite. Avant tout, elle avait besoin de digérer la nouvelle.

Brad griffonna sur un papier le nom de trois obstétriciens et lui répéta qu'il fallait qu'elle décide très vite si elle voulait poursuivre cette grossesse ou l'interrompre. Certes, mais c'était plus facile à dire qu'à faire.

— Merci, murmura Timmie en glissant la feuille dans son sac. Avez-vous trouvé autre chose, dans les examens ?

— Non. Tout va très bien. Mais je pensais que cette nouvelle était suffisamment renversante pour que je vous fasse venir.

— En effet, elle l'est, admit-elle à voix basse.

De fait, c'était ahurissant.

— Faites-moi savoir ce que vous aurez décidé.

— Je n'y manquerai pas.

Elle quitta son cabinet le cœur lourd. Ce n'était pas de chance. Une grossesse aurait dû être quelque chose de merveilleux étant donné l'amour qu'elle éprouvait pour Jean-Charles. Mais une relation de trois mois résisterait-elle à ce genre d'événement ? Timmie savait qu'à ce stade tout pouvait s'effondrer. Dieu avait peut-être d'autres projets pour eux, finalement. La vie était déroutante.

Elle appela Jade de sa voiture et fit quelque chose qu'elle n'avait encore jamais fait : elle lui dit qu'elle était malade et qu'elle rentrait se coucher. Elle avait envie de se recroqueviller dans sa coquille pour réfléchir. On était vendredi et elle allait partir à Malibu. Jade lui répondit de ne pas s'en faire et de se reposer jusqu'au lundi. La jeune femme était de très bonne humeur, car elle avait rendez-vous avec son architecte pendant le week-end.

Timmie venait juste de raccrocher quand Jean-Charles l'appela, pour savoir ce que le médecin lui avait dit. Elle eut du mal à contenir ses larmes. Elle répugnait à lui mentir, mais elle n'était pas prête à lui annoncer la vérité. Il lui fallait du temps pour réfléchir et prendre une décision.

— Ce n'était qu'une bêtise sans importance. Le médecin a pensé que j'étais allergique au poisson des sushis, qui de plus ne devait pas être assez frais. Il m'a donné des antibiotiques pour une infection intestinale.

— Il aurait pu te le dire par téléphone ! Je déteste les types qui se donnent trop d'importance, déclara Jean-Charles.

— Moi aussi.

— Tu te sens bien, ma chérie ? Tu as une drôle de voix. Quel antibiotique t'a-t-il prescrit ?

Timmie eut une légère hésitation.

— De l'érythromycine.

— Tu risques d'avoir des maux d'estomac. A sa place, je n'aurais pas choisi celui-ci. Si tu as un problème, avertis-le tout de suite, même pendant le week-end.

Soudain, elle éprouva un tel amour pour Jean-Charles qu'elle sut qu'elle ne voulait rien d'autre que ce bébé. Mais il fallait qu'elle garde la tête froide pour prendre sa décision. Car cette grossesse allait changer la vie de plusieurs personnes. La sienne, celle de Jean-Charles, celle de ses enfants. Tout cela devait être pris en compte.

— Tu vas au bureau ? s'enquit-il.

— Je me sens encore un peu faible, je rentre me coucher.

— Mon pauvre bébé. Je regrette de ne pas être près de toi pour te prendre dans mes bras.

— Moi aussi. Je te rappellerai de la maison.

— En fait, je sors dîner avec les enfants. Je te ferai signe dès que je serai rentré.

— Passe une bonne soirée, mon chéri.

Elle l'aimait si fort. Mais elle n'avait pas pour autant le droit de lui gâcher la vie en ayant un enfant qu'il ne souhaitait pas. Quand ils eurent raccroché, elle fondit en larmes.

Comme promis, il la rappela un peu plus tard, puis dans la nuit, c'est-à-dire au moment où il se levait, le samedi matin. Il fut comme toujours adorable, attentionné, mais il se rendit compte qu'elle n'était pas dans son état normal.

En fait, Timmie avait beaucoup pleuré. Jamais elle n'avait eu une décision aussi difficile à prendre. Devait-elle ou non garder ce bébé ? Si pour une raison quelconque sa relation avec Jean-Charles ne durait pas, avait-elle le droit de priver cet enfant de son père ?

Et son âge, risquait-il d'être un handicap pour la santé de l'enfant ? Pour elle, ce n'était pas un facteur déterminant. Elle pourrait toujours demander une amniocentèse, ou d'autres tests. Alors, où était le problème ?

Le problème était clair : Jean-Charles était encore marié. S'il ne quittait pas sa femme, elle devrait élever seule cet enfant. Et si quelque chose de terrible lui arrivait, comme à Mark ? Elle ne se pensait pas capable de surmonter de nouveau une épreuve aussi douloureuse.

Mais alors, quelle était la solution ? Devait-elle renoncer, et perdre cet enfant avant même qu'il soit né ? Dans ce cas, parviendrait-elle à se pardonner ? Timmie n'était pas profondément croyante mais, avec sa culture catholique, il lui était impossible d'approuver un avortement. Surtout si c'était le sien. D'autant qu'elle avait suffisamment d'argent pour élever un enfant avec ou sans homme et qu'elle ne pouvait prétexter des problèmes matériels.

Le dimanche matin, elle s'éveilla avec un sentiment d'accablement. Le souvenir de Mark la hantait plus que jamais. Elle était la mère d'un petit garçon qui lui avait été arraché prématurément. Et aujourd'hui, Dieu décidait de lui en donner un autre… Comment pourrait-elle refuser un tel présent ? De plus, elle avait été orpheline et, pendant des années, elle avait consacré une grande partie de son énergie à aider des enfants dont personne

ne voulait. Elle ne pouvait pas refuser ce bébé sous prétexte qu'il avait été conçu par accident. Celui-ci serait
peut-être la plus grande joie de son existence. Avait-elle
le droit de refuser la vie qui croissait en elle ?

Et surtout, elle aimait le père de cet enfant plus
qu'elle n'avait aimé aucun autre homme. Ce bébé était
la preuve de l'amour qu'ils partageaient. C'était leur
seule et unique chance de fonder une famille. Si elle
renonçait à ce bébé par peur ou par lâcheté, elle le
regretterait toute sa vie. Jean-Charles ne lui pardonne-
rait peut-être pas. Soudain, ce bébé lui sembla plus
important que tout. Il devait avoir une chance de venir
au monde.

Le dimanche soir en rentrant à Bel Air, elle alla se
camper devant le portrait de Mark. Finalement, ce fut
lui qui prit la décision alors qu'elle serrait la photo entre
ses mains. Elle eut l'impression qu'il se tenait près
d'elle, se rappela la texture soyeuse de ses cheveux, ses
immenses yeux verts si semblables aux siens. Il lui manquait chaque jour. Et maintenant ce bébé venait, non
pour prendre sa place, mais pour donner à Timmie une
chance d'aimer de nouveau un enfant. C'était un
miracle.

Lorsqu'elle se coucha ce soir-là, sa décision était
prise. Elle eut l'impression de voir Mark lui sourire. Il
était serein, tout comme elle. Dieu lui faisait un cadeau
d'amour qu'elle ne pouvait refuser. Jean-Charles
l'appela juste avant qu'elle ne s'endorme. Pour la première fois depuis plusieurs jours, il lui trouva une voix
calme et tranquille.

— Je me suis fait du souci pour toi, chuchota-t-il.

— Je vais bien, à présent. Je t'aime... tant.

Il sourit de bonheur.

— Je t'aime aussi. Je suis tellement heureux à l'idée
de te voir la semaine prochaine.

Dans le bouleversement qui venait de l'assaillir, elle avait complètement oublié ce voyage. Elle partait à Paris. Elle allait devoir parler du bébé à Jean-Charles. Il avait le droit de savoir. Peut-être la repousserait-il. Mais elle ne le croyait pas capable d'une telle réaction. Elle espérait que la nouvelle le rendrait aussi heureux qu'elle.

— Dors bien, mon amour, chuchota-t-elle avant de raccrocher.

Elle s'endormit en souriant. La semaine prochaine, à Paris, elle lui dirait qu'elle était enceinte. Avec un peu de chance, tout se passerait bien.

17

Le lendemain à minuit, Timmie reçut un coup de fil de Jean-Charles. Il était tellement bouleversé qu'elle ne reconnut pas sa voix.

— Que se passe-t-il, *mon chéri* ?

Elle commençait à utiliser quelques mots de français, par-ci par-là, et avait même promis à Jean-Charles de prendre des leçons. Quand elle aurait le temps. Dans une autre vie sans doute. Mais elle avait vraiment envie d'apprendre, pour lui faire plaisir.

— Un problème, annonça-t-il avec gravité.

Le cœur de Timmie fit un bond. L'espace d'un instant, elle crut qu'il voulait rompre, et elle eut du mal à respirer. Un sentiment de terreur fondit sur elle, des visions de l'orphelinat lui traversèrent l'esprit, la ramenant des années en arrière.

— Que veux-tu dire ? articula-t-elle d'une voix étranglée.

— Ma femme est malade. Gravement malade. On lui a diagnostiqué un cancer aujourd'hui.

— Oh, mon Dieu. Je suis désolée ! s'exclama Timmie, spontanément.

Puis, lentement, elle prit conscience des conséquences que cette maladie allait avoir pour eux.

— Elle avait une petite boule, dans le sein. Je pensais que ce n'était pas grave, aussi, je ne t'en ai jamais parlé. Elle est très soucieuse de sa santé, et ce n'est pas la première fois qu'elle a ce genre de frayeur. Mais nous avons eu les résultats de la biopsie ce matin, la tumeur est cancéreuse. Ils vont l'opérer, mais ne lui enlèveront pas le sein. En revanche, elle aura de la chimiothérapie ensuite. Elle est effondrée, et moi aussi.

Timmie ne le trouva pas plus froid que d'habitude. Simplement différent. Très différent. Elle eut peur.

— Timmie, elle m'a demandé de rester avec elle, de ne pas partir en juin. Elle a très peur du traitement, et elle voudrait que je sois là pour la soutenir. Cela peut durer de deux à six mois, selon la façon dont elle réagit. Elle va perdre ses cheveux et sera sûrement très affaiblie. C'est la mère de mes enfants. Je ne peux pas la laisser tomber maintenant, même si ce que je ressens pour toi est très fort.

Tout à coup, Timmie crut entendre la voix de Jade. Son assistante l'avait mise en garde. Jean-Charles ne mentait pas, elle en avait la certitude. Mais ce contretemps était sans doute le premier d'une longue série. Il ne quitterait jamais sa femme.

— Je ne sais pas quoi te dire, répondit-elle d'une voix tremblante. Je suis désolée pour elle… et j'ai peur pour moi, ajouta-t-elle avec franchise.

— N'aie pas peur, dit-il d'une voix soudain mieux maîtrisée.

Il avait terriblement appréhendé sa réaction. Et il avait passé sa journée à essayer de rassurer sa femme et ses enfants. Son fils était aussi bouleversé que ses sœurs.

— Cela ne change rien pour nous, ce n'est qu'un petit retard dans nos projets.

Ou la fin de leur histoire. Timmie n'avait pas encore consulté de gynécologue et elle ne savait pas de combien de mois elle était enceinte. Mais à en croire ce que Jean-

Charles venait de lui annoncer, sa grossesse serait bien avancée quand il quitterait le foyer familial. A supposer que sa femme soit suffisamment rétablie pour qu'il puisse le faire. Et qu'il ne trouve pas une nouvelle excuse.

— Tu ne dis rien. A quoi penses-tu ? Timmie, je t'aime. Je t'en prie, n'oublie pas cela, quoi qu'il arrive.

— J'ai peur, répondit-elle sans détour. Je suis désolée pour ton épouse, c'est ce que toute femme redoute chaque fois qu'elle passe une mammographie ou d'autres examens. La chimio est une chose tellement affreuse. Je comprends qu'elle te supplie de rester, je serais terrifiée à sa place. Mais je me demande ce que tout cela signifie pour nous. Je dois te paraître égoïste, mais je t'aime et je ne veux pas que tu restes toute ta vie auprès d'elle.

— C'est seulement une question de mois.

A l'origine, il lui avait demandé de patienter quatre mois. Maintenant, il en voulait six de plus. La maladie de sa femme ne risquait-elle pas de la rapprocher de lui, ou de guérir de vieilles blessures ? Où serait Timmie, alors ? Elle serait perdue, trompée, désemparée, comme Jade l'avait prédit. Le cœur brisé. Seule. Et ce serait pire, maintenant qu'elle attendait un enfant. Elle n'userait toutefois pas de cet argument pour le retenir ou l'influencer. Il fallait qu'il prenne sa décision librement, et non déchiré entre une épouse malade et une maîtresse enceinte. S'il venait vers elle, il devait le faire parce qu'il l'aimait, et non parce qu'il s'y sentait obligé à cause d'un bébé. Lui parler de sa grossesse maintenant relèverait de la manipulation, et elle ne jouerait pas à ce jeu avec lui. Elle garderait donc cette nouvelle pour elle en attendant que sa vie reprenne un cours normal. Mais cela risquait de prendre du temps.

C'est alors qu'il lui assena un coup inattendu.

— Il vaudrait mieux que tu ne viennes pas demain, à moins que tu n'y sois obligée pour tes affaires. Les choses sont déjà très compliquées pour moi, et je ne suis pas sûr de pouvoir m'échapper. J'espère que tu comprends.

Timmie garda le silence. Une douleur insoutenable lui transperça le corps, le souffle lui manqua, comme si elle recevait un coup de poignard. Jean-Charles l'abandonnait. Elle se retrouvait seule, délaissée. La petite orpheline de cinq ans refit aussitôt surface.

— Je comprends, parvint-elle à articuler. Préviens-moi quand ça ira mieux.

— Je t'appellerai demain. Je suis vraiment désolé, ce n'est pas ma faute.

En effet, ce n'était la faute de personne. Mais elle prit conscience de façon douloureuse que la priorité revenait à son épouse, et non à elle. Etait-ce le signe qu'elle allait finir par gagner la partie ?

— Je t'aime, murmura-t-il.

Elle raccrocha, submergée par une immense panique. Et si elle ne le voyait plus jamais ? L'idée était si horrible qu'elle refusa de l'envisager une seconde de plus. Pelotonnée dans son lit, en position fœtale, elle se mit à pleurer.

Devait-elle changer d'avis pour le bébé ? Non, elle ne reviendrait pas sur sa décision. Ce bébé, elle ne l'avait pas seulement à cause de lui. Elle l'avait pour elle, à cause de Mark, avec l'aide de Dieu. S'ils ne se revoyaient jamais, Jean-Charles ignorerait son existence.

Certes, cela revenait à envisager le pire, mais comment faire autrement ? Sa relation avec lui était tout à fait instable. Ils avaient beau s'aimer, il restait un homme marié, qui vivait avec sa femme. Maintenant que celle-ci était malade, elle avait besoin de lui. Les plus grandes craintes de Timmie se réalisaient.

Elle pleura toute la nuit. A six heures, elle finit par se lever et s'habiller. Elle envoya des mails pour décommander ses rendez-vous à Paris, annula son vol et sa réservation à l'hôtel. Puis elle s'assit dans la cuisine et contempla sa tasse de thé sans la boire. A peine avala-t-elle une gorgée de liquide tiède avant de partir au bureau. Jade la trouva en plein travail, quand elle arriva un peu après huit heures.

— Que fais-tu là ? s'exclama-t-elle, interdite.

Timmie évita son regard.

— Jean-Charles a eu une urgence, et j'ai reporté mon voyage. J'irai dans quelques jours, quand tout sera rentré dans l'ordre.

— Quel genre d'urgence ? Personnelle ou professionnelle ? s'enquit Jade d'un ton suspicieux.

— Une histoire de famille.

Timmie ne tenait pas à entrer dans les détails. Ce qui se passait ressemblait trop aux scénarios catastrophe que la jeune femme avait décrits. Elle s'empresserait de faire remarquer qu'elle avait eu raison, et Timmie n'avait pas besoin d'entendre ça. Jade ne pourrait pas résister, ses opinions étaient toutes faites, et ses souffrances encore trop fraîches. Pour elle, tous les hommes mariés se valaient. Elle avait peut-être raison.

Cependant, Timmie aurait désespérément voulu qu'elle se trompe.

— Il s'est passé quelque chose avec sa femme ?

— C'est trop compliqué à expliquer, répliqua Timmie d'un ton bref. Quelqu'un dans sa famille est tombé malade.

— Je parie que c'est sa femme. J'ai déjà entendu ça quelque part. La femme de Stanley avait la maladie de Crohn. Chaque fois qu'il était sur le point de la quitter, elle se retrouvait comme par hasard à l'hôpital, malade comme un chien. Et celle-ci, que lui arrive-t-il ?

Un cancer, songea Timmie. Bien pire que la maladie de Crohn.

— Ce n'est pas grave, dit-elle d'un ton vague. J'irai dans quelques jours, quand ça ira mieux.

— J'espère que tu ne te trompes pas, déclara Jade en sortant.

Timmie alla s'enfermer dans les toilettes et pleura pendant une demi-heure. Puis elle fut prise de vomissements, causés par l'angoisse et non par sa grossesse. Elle vomissait toujours quand elle avait peur. La contrariété risquait-elle de provoquer une fausse couche ? Cela résoudrait un problème... mais elle n'avait pas du tout envie de perdre son bébé. Elle voulait absolument avoir l'enfant de Jean-Charles, qu'il revienne ou non. Parce que, comme une idiote, elle l'aimait toujours autant !

Jean-Charles l'appela au bureau, tard dans l'après-midi. Il était près de deux heures du matin pour lui. L'air épuisé, il lui répéta plusieurs fois qu'il l'aimait et qu'ils devaient juste faire preuve d'un peu de patience.

— Quand son traitement va-t-il commencer ? demanda Timmie d'une voix creuse.

Il n'était plus question que de sa femme, à présent.

— L'intervention a lieu la semaine prochaine. Et la chimio commencera quand elle se sera remise de l'opération. Mais ils décideront peut-être de faire des rayons avant.

Il était complètement absorbé par ces préoccupations médicales. Intellectuellement, Timmie comprenait très bien, et elle se sentait sincèrement désolée pour cette femme qu'elle ne connaissait pas. Mais émotionnellement, elle n'était plus qu'une enfant terrifiée. Sans compter les problèmes soulevés par une grossesse inattendue, dont Jean-Charles ignorait tout et devait tout ignorer. Elle ne pourrait lui annoncer la nouvelle tant que les choses ne seraient pas rentrées dans l'ordre chez lui. La maladie de sa femme n'aurait pu survenir à un plus mauvais moment. Elle ne put s'empêcher de se demander ce qui se serait passé si le cancer avait été diagnostiqué après le mois de juin, après le départ de Jean-Charles. Serait-il retourné vers son épouse ? Peut-être. Et cela aurait été pire encore pour Timmie.

Avant de raccrocher, il promit de la rappeler dès que possible, mais sa vie était devenue très chaotique. Sa femme était courageuse mais terrorisée. Timmie l'était aussi. Ne s'en doutait-il pas ?

Comme elle était censée être en voyage, elle ne reçut aucun appel téléphonique et n'appela personne. Assise à son bureau, elle s'efforça vaillamment d'avancer dans la préparation de sa prochaine collection. En vain. Elle était incapable de se concentrer. Ses dessins finirent à la poubelle, et elle ne put s'empêcher de pleurer. Jade avait prévenu David que quelque chose n'allait pas, et ils la laissèrent tranquille toute la journée, évitant soigneusement de la déranger. Avec son optimisme habituel, David pensait que tout s'arrangerait ; il avait totalement confiance en Jean-Charles.

Tout le reste de la semaine, Timmie eut une mine épouvantable.

Le vendredi soir, elle quitta son bureau vers six heures et partit directement à Malibu, sans même repasser par chez elle pour prendre des bagages. Elle n'emporta pas de dossier pour travailler, ni même de livre pour se distraire, et passa le week-end entier à dormir, à pleurer et à marcher sur la plage. Quand elle ne s'inquiétait pas à cause de Jean-Charles, elle pensait à l'enfant qui allait naître. Il fallait qu'elle se décide à consulter un médecin. Mais elle ne se souciait pas de savoir de combien de semaines elle était enceinte. Elle portait l'enfant de Jean-Charles, et c'était son doux secret.

Quand celui-ci lui téléphona, il se montra plus tendre que jamais et lui demanda mille fois pardon de l'avoir obligée à annuler son voyage.

— J'espère que tout s'arrangera au cours des prochains mois et que je pourrai déménager à la fin de l'été.

L'été allait être long, songea Timmie. Il suggéra aussi qu'elle vienne à Paris dans quelques semaines, après l'opération de sa femme et avant que le traitement de chimiothérapie ne commence. Il ne voyait pas comment se libérer plus tôt. Timmie ne fit aucun commentaire. Visiblement, elle passait désormais au second plan, après sa femme et sa maladie. Cela faisait un mois qu'ils ne s'étaient pas vus, et il était impossible de dire quand ils se verraient de nouveau. Ils avaient passé en tout et pour tout quatorze jours ensemble depuis le début de leur liaison. Comment mettre en balance une relation de trois mois, constituée principalement d'échanges de mails et de coups de fil, avec un mariage de trente ans ? C'était impossible. Elle ne devait représenter pour lui qu'un fantasme, un rêve qu'il espérait voir se réaliser un jour, dans une vie lointaine. Seul le bébé qu'elle portait était bien réel. Le reste n'était qu'une illusion. La vie quotidienne de Jean-Charles, c'était sa famille.

Le dimanche, sur le chemin du retour, elle alla rendre visite aux enfants de Sainte-Cécilia et dîna avec eux. Trois nouveaux étaient arrivés, dont un adorable petit garçon de six ans, retiré à une famille d'accueil qui le maltraitait. Cela arrivait quelquefois. Il demeura silencieux, le regard fixe, pendant tout le repas. Timmie ne réussit pas à lui faire prononcer un seul mot. Il lui rappelait Blake. Elle avait reçu une carte de ses grands-parents disant qu'il allait bien, mais il lui manquait encore parfois.

Sœur Anne lui expliqua que l'enfant souffrait d'un stress post-traumatique. Il suivait une thérapie. Quand Timmie voulut lui caresser les cheveux pour lui dire au revoir, il leva un bras devant lui pour se protéger. Elle eut les larmes aux yeux en songeant à ce qu'il avait dû vivre avant d'arriver à Sainte-Cécilia.

Jean-Charles la rappela tard ce soir-là. Il semblait exténué. Des patients attendaient dans son cabinet. L'opération de sa femme était programmée pour le lendemain et il ne parlait que de cela. Timmie écoutait, en lui assurant qu'elle l'aimait et qu'elle était là pour lui. Mais lui semblait ailleurs, et la panique et l'incertitude submergeaient Timmie.

Le mois de mai s'écoula ainsi, tristement et dans l'angoisse, sans que Jean-Charles évoque son éventuelle venue à Paris. Le vendredi avant le week-end du Memorial Day, elle prit son courage à deux mains et remit le sujet sur le tapis. Sa femme devait commencer les séances de chimio dans deux semaines. De son côté, Timmie avait consulté un obstétricien. Le bébé se développait normalement. Elle avait vu son petit cœur battre, à l'échographie, et elle gardait précieusement un cliché sur elle. A en croire leurs calculs, elle était enceinte de neuf semaines et le bébé devait naître début janvier. Tout cela demeurait un peu irréel pour elle, d'autant plus que personne n'était au courant.

Elle l'interrogea donc sur son emploi du temps. Il répondit d'un soupir, suivi d'un long silence. Il était stressé, tiraillé dans tous les sens. Il lui expliqua que ses filles avaient très peur pour leur mère et que sa famille vivait des moments difficiles.

— Je ne sais pas, Timmie. J'ai tellement envie de te voir. Chaque jour, je voudrais te demander de venir. Mais en ce moment, je ne peux pas la quitter. Même si tu étais à Paris, je ne pourrais pas te voir comme je le veux. Par respect pour toi, je ne veux pas de cela.

Cela partait d'une bonne intention, mais elle avait l'impression d'être mise à l'écart. Il lui demanda d'attendre quelques semaines de plus, afin de voir comment se passait la chimiothérapie. Une autre excuse...

« Et moi ? » lui soufflait une petite voix intérieure. La vérité, c'était qu'il n'y avait pas de place pour elle en ce moment dans la vie de Jean-Charles. Sauf au téléphone. Mais elle avait besoin de plus. De beaucoup plus.

— Tu ne voudrais pas t'échapper quelques jours, avant qu'elle ne commence les séances de chimio ? Je pourrais venir ce week-end.

Le lundi était férié pour elle, et son médecin l'autorisait à voyager. La joie de le voir aurait compensé le stress du vol. A vrai dire, elle aurait marché sur des charbons ardents pour le voir. Ce qui n'était visiblement pas le cas de Jean-Charles. A certains moments, elle éprouvait une sincère compassion pour lui. A d'autres, elle s'apitoyait sur elle-même. La situation n'était facile pour personne.

— Je ne sais pas quoi te dire, ma chérie. Il me semble que nous devrions attendre.

Attendre quoi ? Que sa femme soit affaiblie par la chimiothérapie ? A ce moment, il pourrait encore moins s'éloigner d'elle, ses enfants seraient trop inquiets. Timmie avait beau scruter l'avenir, elle ne voyait rien de rose. La femme de Jean-Charles allait avoir un dur chemin à parcourir. Timmie avait eu l'exemple de certaines de ses amies. Et Jean-Charles le voyait régulièrement, avec ses patients.

— Je suis désolé de te demander cela, dit-il. A la fin de l'été, quand le traitement sera fini, tout reprendra un cours normal.

Timmie avait beau comprendre, elle avait ses propres besoins à prendre en compte. Tout ce qu'elle savait, c'était qu'il existait un homme à Paris qui était amoureux d'elle. Ou du moins qui prétendait l'être. Mais leur histoire devenait de plus en plus lointaine et irréelle. La seule réalité était leur bébé. Mais cela, Jean-Charles ne le saurait que lorsqu'il pourrait considérer cette nouvelle comme un don du ciel, et non comme une menace.

— Je ne sais pas quoi faire, avoua-t-il dans un soupir. Je t'aime, mais j'ignore quand nous pourrons nous retrouver. Ma femme a un cancer, mes enfants sont au bord de la crise de nerfs, et j'ai dû retirer l'appartement de la vente car l'idée de déménager en ce moment la rendait hystérique.

Timmie sentit son estomac se nouer.

— Que voudrais-tu que je fasse, Timmie ?

Elle aurait voulu qu'il quitte cet appartement malgré tout ; qu'il continue de soigner sa femme, tout en vivant ailleurs. Mais il trouverait certainement cette idée cruelle, aussi, elle se tut. Il fallait qu'il en arrive lui-même à cette conclusion. Tout cela était carrément effrayant. Timmie vivait ce que Jade lui avait prédit, mais en pire. Le cancer était une maladie si grave qu'elle ne se sentait pas le droit d'argumenter.

Les larmes lui montèrent aux yeux. Elle tenta de lutter contre, se força à l'optimisme, dit d'un ton léger :

— Nous devrions prendre exemple sur les personnages de *Elle et lui*.

— Que veux-tu dire ? rétorqua-t-il, l'air vaguement offensé. Je ne prends pas cette histoire à la légère, Timmie. Tu es l'amour de ma vie.

Et inversement. Pourtant, il ne faisait aucun pas vers elle. Et n'en ferait peut-être plus jamais.

— *Elle et lui* est un vieux film, un classique, avec Cary Grant et Deborah Kerr. Ils se rencontrent lors d'un voyage en bateau et tombent amoureux. Mais ils sont tous les deux fiancés à quelqu'un d'autre et conviennent de se revoir six mois plus tard en haut de l'Empire State Building, après avoir mis de l'ordre dans leur vie. Cary Grant promet à la jeune femme de ne pas lui en vouloir si elle ne vient pas. Elle lui fait la même promesse. Pendant qu'il l'attend, elle est renversée par une voiture et n'arrive jamais au rendez-vous. A la suite de cet accident, elle se retrouve dans un fauteuil roulant et ne lui refait pas signe car elle ne veut pas qu'il la voie dans cet état et qu'il ait pitié d'elle. Il la rencontre par hasard quelques mois plus tard, ne se rend pas compte qu'elle est paralysée, lui en veut beaucoup. Il est peintre. Un jour, son galeriste lui dit qu'une femme a acheté le portrait qu'il avait fait d'elle... une femme en fauteuil roulant... c'est alors qu'il comprend et qu'il retourne vers elle. Et ils vécurent heureux, conclut-elle.

Les yeux de Timmie étaient toujours embués de larmes. Les happy ends aussi faisaient pleurer.

— C'est une belle histoire, dit Jean-Charles. Mais j'espère que tu ne projettes pas de te jeter sous une voiture. Il n'est pas question que tu finisses dans un fauteuil roulant, Timmie.

— Non. Mais, si j'ai bien compris, tu préférerais sans doute que nous nous donnions rendez-vous dans quelques mois. J'attends chaque jour, le souffle court, que tu me donnes une date pour mon prochain voyage, et ce n'est jamais le bon moment. Nous devrions peut-être lâcher prise et ne plus nous voir pendant quelque temps.

— C'est ce que tu veux ? s'exclama-t-il, bouleversé.

La panique transparaissait dans sa voix. Il ne voulait pas la perdre. Mais il était indéniable que sa vie était sens dessus dessous, que sa famille avait besoin de lui, et qu'il devait la faire passer avant tout. Même avant Timmie. Il était conscient que ce n'était pas juste pour elle, et il en éprouvait une immense culpabilité.

— Non, moi, je veux te voir, avoua-t-elle. Maintenant, tout de suite. Je t'aime et tu me manques terriblement. Mais étant donné la situation, cela ne paraît pas possible. Aussi, il serait peut-être plus simple de fixer une date plus lointaine, à laquelle nous aurons pu mettre de l'ordre dans nos vies respectives.

Timmie n'avait rien à mettre en ordre, il le savait. Mais au moins elle ne serait pas déçue chaque jour.

— Tu me parlerais encore si nous faisions cela ? demanda-t-il.

— Je ne sais pas...

Tout à coup, elle ne put retenir ses larmes davantage. Jean-Charles eut le cœur brisé en l'entendant pleurer. Il voulait la prendre dans ses bras, la consoler. Il était conscient du mal qu'il lui faisait, de la terreur qu'elle éprouvait à l'idée d'être une fois de plus abandonnée.

— Je ne crois pas pouvoir survivre plusieurs mois sans te parler, bredouilla-t-elle entre ses sanglots. Tu me manques déjà tellement.

Le fait de lui parler au téléphone l'aidait à surmonter sa solitude et son angoisse. Surtout maintenant qu'elle était enceinte et avait besoin de son soutien.

— Je ne pourrais pas non plus, affirma-t-il. Ma chérie, je t'en prie, ne t'inquiète pas, je t'aime. Nous allons être ensemble, et ce sera pour toujours. Je te le promets. Mais tu as peut-être raison, nous devrions ne plus songer à nous voir pour le moment. Au moins cet été. Lundi, nous serons le 1er juin. Le 1er septembre, le traitement de chimiothérapie sera terminé. Les autres soins seront moins traumatisants, et je l'aurai aidée à traverser les pires moments. Les enfants et elle ne pourront pas me reprocher de l'avoir délaissée pendant sa maladie. Si tu me donnes jusqu'à septembre, je t'en serai infiniment reconnaissant, Timmie.

Tout de même, que se passerait-il si sa femme, au lieu de se rétablir, était de plus en plus malade ? Ou si ses enfants ne voyaient pas les choses sous le même angle que lui ? Timmie se garda d'exprimer ses doutes à haute voix, espérant simplement qu'il ne se montrait pas trop naïf.

— Veux-tu que nous nous donnions rendez-vous le 1er septembre à l'Empire State Building ? proposa-t-il, parvenant à la faire rire à travers ses larmes.

— Pourquoi pas la tour Eiffel ? Mais si nous continuons à nous parler par téléphone, nous saurons si l'autre viendra ou non.

— Je viendrai. Je t'en fais la promesse solennelle. Le 1er septembre, je serai à toi pour toujours.

Après un rapide calcul, Timmie conclut qu'elle serait alors enceinte de cinq mois. Cela serait une grande surprise pour lui. Mais elle attendrait. S'il lui promettait de passer sa vie avec elle, elle pouvait attendre trois mois de plus. Jusque-là, elle se débrouillerait seule. Avec un peu de chance, elle aurait alors un enfant et un homme pour la vie.

— Très bien, je prends date, dit-elle. Le 1er septembre, à la tour Eiffel.

— Au restaurant le Jules-Verne, tu connais ? En attendant, je t'appellerai tous les jours.

Timmie raccrocha avec l'impression d'avoir perdu quelque chose dans cet accord. Elle avait renoncé à le voir pendant les trois prochains mois, et cela allait être très dur. Comment savoir si leur relation survivrait à cette épreuve ? Elle n'avait plus que l'espoir, ses rêves, son amour pour lui, et l'enfant qu'elle portait. S'il ne venait pas au rendez-vous le 1er septembre, elle ne lui révélerait jamais sa grossesse. Elle passerait le reste de sa vie seule avec le bébé et ses souvenirs. Cette pensée était effrayante.

Il ne lui restait plus qu'à prier, à espérer, et à attendre.

18

Les mois suivants furent douloureux pour Timmie. Elle s'efforça d'être beau joueur, mais le défi se révélait plus dur à relever qu'elle ne l'avait cru. Jean-Charles l'appelait quotidiennement pour lui faire un rapport sur la situation. Comme prévu, le traitement de chimiothérapie était horrible. Au bout d'une semaine, sa femme avait déjà perdu ses cheveux et ses enfants étaient effondrés à l'idée de voir leur mère mourir. Il était encore impossible de dire si le traitement serait efficace. Jean-Charles semblait épuisé. Il lui répétait qu'il l'aimait, mais il n'était plus pour elle qu'une voix lointaine, presque désincarnée. Elle avait de plus en plus de mal à se rappeler qu'elle avait été heureuse dans ses bras.

Au début, elle n'eut aucun mal à cacher sa grossesse à Jade et à David. Bien qu'en proie parfois à des nausées ou à des maux de tête, elle ne leur confiait rien de ses malaises, ni de ses espoirs ou de ses angoisses. Elle gardait tout pour elle. Et comme elle était grande et mince, sa grossesse passait encore inaperçue. Elle portait des chemises plus larges et avait dû acheter un jean un peu plus grand, mais elle paraissait toujours aussi mince.

Jade fit un jour remarquer à David que Timmie avait pris un peu de poids, mais ils mirent cela sur le dos de l'anxiété, qui la poussait à manger. Elle avait fini par leur avouer que la femme de Jean-Charles avait un cancer et que leur relation était en stand-by jusqu'au mois de septembre. David n'avait pas abandonné tout espoir. Jade, en revanche, n'avait plus aucun doute sur l'issue de l'histoire.

— C'est fini, déclara-t-elle à David. Il ne reviendra pas. Sa femme a besoin de lui et ses enfants ne lui pardonneraient jamais de la laisser tomber maintenant. Même si elle guérit, ils vont craindre pendant des années qu'elle ne rechute.

— Tu n'envisages même pas que ce pauvre gars tienne parole et parvienne à se libérer en fin de compte ? C'est quelqu'un de bien, Jade. Il veut simplement se conduire honorablement, c'est admirable.

— Tu parles ! Tu l'admires pour ce qu'il fait à Timmie ? Tu as vu sa tête d'enterrement, ces temps-ci ? De fait, elle a bel et bien perdu quelqu'un ! Crois-moi, je sais ce que c'est. Au fond d'elle-même, elle se doute qu'il ne reviendra pas.

— Mon Dieu, ce que tu es pessimiste ! Je pense qu'ils s'aiment vraiment. Nous devrions faire comme elle : attendre le mois de septembre pour émettre un jugement. S'il ne revient pas, je consentirai à t'écouter. Et quand bien même, il parviendra peut-être à se libérer en novembre, décembre, ou janvier. Je suis sûr qu'il reviendra, j'en mettrais ma main au feu.

— Entre hommes, vous vous serrez les coudes. Crois-moi, il ne reviendra pas.

— Je te parie mille dollars que oui !

— Pari tenu. J'ai justement envie d'un nouveau sac Chanel. Quelle date fixons-nous ?

— Le 1er octobre, ça lui laisse une marge de trente jours.

— 1er septembre.

— Tu es dure en affaires, Jade. Mais imagine qu'il revienne après cette date ? Que j'aie raison au final ?

— Je te prêterai mon sac ! répondit-elle en riant.

— Non. Tu vends le sac, et tu m'achètes des clubs de golf.

— D'accord, David. Et même, s'il revient après le 1er septembre, je t'invite dans un restaurant de luxe.

— Marché conclu.

Ils se serrèrent la main à l'instant même où Timmie entrait dans le bureau. Elle devait se rendre à Santa Barbara pour le week-end du 4 Juillet, et l'idée n'avait pas l'air de l'emballer.

— Que manigancez-vous, tous les deux ?

Jade était de bonne humeur ces temps-ci. Sa romance avec l'architecte était en bonne voie. David, de son côté, sortait avec trois femmes qu'il avait rencontrées sur Internet.

— Rien, répondirent-ils d'une seule voix.

— Nous venons juste de faire un pari, ajouta Jade malicieusement, au sujet de la nouvelle petite amie que David a rencontrée sur Match.com.

— Honte sur vous ! La pauvre petite, si elle savait ! Et vous avez parié combien ?

— On ne te le dira pas, rétorqua David en riant.

Il lui tendit quelques dossiers, et elle retourna dans son bureau. Elle s'isolait de plus en plus, surtout parce qu'elle n'avait pas envie d'entendre Jade lui répéter d'un air triomphant : « Je te l'avais bien dit. » Jean-Charles, lui, était toujours aussi tendre au téléphone et l'appelait chaque jour comme promis. C'était tout ce à quoi elle pouvait se raccrocher en ce moment.

Naturellement, il ignorait tout du bébé. Tout ce qu'il avait remarqué, c'est qu'il la réveillait souvent quand il l'appelait à minuit, c'est-à-dire en arrivant au bureau à neuf heures du matin à Paris. Il craignait qu'elle ne soit en dépression. L'idée qu'elle puisse être enceinte ne l'avait pas effleuré.

Le week-end de Timmie à Santa Barbara fut aussi rasoir qu'escompté. Pendant le reste du mois de juillet, elle partagea son temps entre le travail, Malibu et Sainte-Cécilia. C'est là que, par une journée particulièrement chaude et étouffante, elle eut un léger malaise.

— Je vais bien. Ne vous inquiétez pas, sœur Anne. J'ai trop travaillé, comme d'habitude, dit Timmie.

Les deux femmes bavardèrent un moment, et la religieuse expliqua à Timmie qu'elles allaient emmener tous les enfants camper pendant deux semaines à Tahoe. Elle invita Timmie à se joindre à eux, mais celle-ci déclina. Elle était trop fatiguée en ce moment. Cependant, elle les rejoignit tout de même le premier week-end d'août. Sœur Anne et les enfants furent enchantés de sa visite.

— Je suis si contente de vous voir ! s'exclama la religieuse.

— Je n'ai pas campé depuis des années, lâcha Timmie d'un air inquiet. Je ne suis même pas certaine d'y arriver.

— Vous verrez, ça vous plaira ! affirma sœur Anne.

Elle ne se trompait pas. Le soir, ils allumèrent des feux de camp, et les enfants firent rôtir de la guimauve au-dessus des flammes. Il fallait ensuite les faire se coucher, ce qui n'allait pas sans protestations, car ils aimaient l'atmosphère de la nuit et se raconter des histoires de fantômes. Le lendemain, Timmie alla pêcher avec eux et les accompagna en randonnée dans la nature. Ils revinrent tous affolés après avoir croisé un ours, qui ne se manifesta heureusement plus par la suite. Finalement, le dernier jour, elle plongea dans le lac avec ses petits protégés. L'eau était glacée, mais ils s'amusèrent beaucoup et elle apprit à nager au petit garçon qui refusait de parler à son arrivée et était depuis devenu bavard comme une pie. Quand elle sortit du lac, elle s'enveloppa dans une serviette en frissonnant et croisa le regard bienveillant de sœur Anne.

Ce soir-là, les deux femmes s'assirent côte à côte devant le feu. Timmie fit rôtir une brochette de guimauve, qu'elle offrit à sœur Anne. Elle était triste de devoir partir le lendemain matin, mais le travail s'accumulait déjà au bureau. On préparait les défilés d'octobre.

— Je suis contente que vous soyez venue, Timmie. Vous êtes une bénédiction pour ces enfants. Non seulement pour tout ce que vous faites pour eux, mais aussi pour l'exemple que vous leur donnez. Vous leur montrez que, malgré votre enfance difficile, vous avez pu vous construire une vie merveilleuse.

Timmie songea que sa vie lui paraissait un peu moins merveilleuse ces derniers temps. Cela faisait trois jours qu'elle n'avait pas parlé à Jean-Charles, car il n'y avait pas de réseau dans la montagne. Dans un sens, c'était mieux ainsi. Elle était lasse de lui mentir au sujet du bébé. Quatre semaines seulement les séparaient du rendez-vous à la tour Eiffel et, de plus en plus, elle doutait qu'il puisse venir, qu'il puisse échapper un jour à son ancienne vie. L'espoir s'évanouissait tout doucement, et elle se préparait sans se l'avouer à une déception.

Elle ne l'avait pas vu depuis quatre mois, c'est-à-dire depuis le début de sa grossesse. Personne n'était au courant, mais son ventre s'était un peu arrondi, et elle avait l'impression que ses hanches avaient doublé, ce qui en réalité était faux. Cette semaine, elle avait perçu pour la première fois ce qui ressemblait à un mouvement du bébé, comme le battement des ailes d'un papillon dans son ventre. Elle n'avait pu retenir ses larmes. Cinq minutes plus tard, Jean-Charles l'avait appelée et lui avait demandé pourquoi elle pleurait. Elle avait répondu qu'elle venait de lire une histoire triste.

Sœur Anne regarda attentivement Timmie. Celle-ci venait de finir la dernière brochette de guimauve et se léchait les doigts. Elle avait un solide appétit en ce moment.

— Me permettez-vous de vous poser une question ? demanda la religieuse d'une voix douce.

— Bien sûr. Vous pouvez me demander tout ce que vous voulez.

Timmie pensait que la directrice voulait aborder le sujet du budget du foyer, dans l'espoir de renouveler plus souvent ce genre de vacances.

— Je vous ai vue quand vous sortiez de l'eau, cet après-midi. Je ne suis pas experte dans ce domaine, mais il me semble que... votre tour de taille... je me suis demandé...

Elle s'était rappelé le malaise de Timmie le mois précédent et en avait tiré certaines conclusions.

— Serait-il possible que Dieu vous ait envoyé un présent ?

Timmie sourit, touchée par la formule de la religieuse. Elle se tourna vers elle et ne vit que de l'affection dans ses beaux yeux bruns. Au bord des larmes, elle acquiesça d'un signe de tête. Sœur Anne la serra dans ses bras, heureuse pour elle.

— Vous n'êtes pas choquée ? demanda Timmie timidement.

— Non, pas du tout. Je trouve que vous avez de la chance. C'est ce qui m'a manqué le plus, en entrant dans la vie religieuse. Le fait de ne pas avoir d'enfants à moi. Mais, au fil des ans, j'ai eu tant d'orphelins sous ma responsabilité que... cela n'a pas vraiment d'importance. Cependant, à votre place, je serais si reconnaissante que je fêterais chaque instant de la vie de ce bébé.

Timmie ne put retenir ses larmes. Elle raconta alors sa rencontre avec Jean-Charles, leurs rêves, leurs projets, le cancer de sa femme, et le rendez-vous qu'ils s'étaient fixé le 1er septembre à la tour Eiffel. Elle expliqua que, quand elle avait connu Jean-Charles, son mariage était déjà mort et qu'elle n'aurait jamais détourné un mari de son foyer. Il avait lui-même pris la décision de divorcer, avant le début de leur relation.

— Je ne connais pas cet homme, Timmie. Mais ce que vous dites de lui m'inspire confiance. Il agit convenablement envers son épouse et ses enfants, c'est quelqu'un de bien. Je ne crois pas qu'il vous laissera tomber.

— J'aimerais en être aussi sûre que vous.

Ces quatre mois sans lui semblaient une éternité, et elle ne l'imaginait plus quittant sa famille à présent.

— Je ne croyais pas au coup de foudre avant de le rencontrer, avoua-t-elle dans un soupir.

— Moi, j'y crois. Non que je me réfère à mon expérience, dit sœur Anne en riant, mais j'ai entendu de nombreuses histoires à ce sujet. Je suis sûre que votre histoire n'est pas finie.

— Vous prierez pour nous, sœur Anne ?

C'était la première fois que Timmie demandait à quelqu'un de prier pour elle.

— Bien sûr. Pour vous deux, et pour votre bébé. Si j'ai bien compris, vous n'avez pas encore annoncé votre grossesse à Jean-Charles ?

Timmie secoua la tête.

— Je veux qu'il parte de chez lui parce qu'il m'aime, non parce qu'il s'y sent obligé.

— Je suis sûre qu'il vous aime, Timmie. Mais ce serait bien qu'il sache. C'est aussi son enfant, après tout.

— Je le lui dirai quand nous nous verrons à Paris. Je ne voulais pas lui mettre la pression tant qu'il traversait toutes ces épreuves. Et s'il ne vient pas au rendez-vous, il n'aura pas besoin de savoir. Je ne l'obligerai pas à vivre avec moi parce que je suis enceinte de lui. En septembre, je n'aurai pas besoin de parler, car je ne pourrai plus cacher ma grossesse. S'il vient, il verra.

— Il viendra, déclara sœur Anne en souriant.

Comme David, elle ne doutait pas de Jean-Charles. Timmie, elle, ne savait plus ce qu'elle devait croire. Elle balançait sans cesse entre l'amour et l'appréhension. Les prières de sœur Anne l'aideraient peut-être.

— Il faudra que vous m'appeliez de Paris. Ensuite vous viendrez ensemble me rendre visite. Il me tarde de voir votre bébé !

Timmie sourit. Le fait d'en avoir parlé à sœur Anne donnait enfin un peu de réalité à cet enfant.

— Vous savez, je n'ai rien fait d'extraordinaire dans ma vie. J'ai créé une société qui marche bien, mais c'est tout. Je ne suis pas mariée, je n'ai pas d'enfants, pas de famille. A part Timmie O, il n'y a rien.

— Vous vous trompez, Timmie. Vous êtes au contraire un exemple car, en dépit de toutes les difficultés, vous n'avez jamais renoncé. C'est cela qui donne de l'espoir aux gens autour de vous. Parfois, nous avons plus besoin d'espoir que d'amour. Dans l'idéal, il nous faudrait les deux. Vous donnez aux enfants de Sainte-Cécilia un espoir et, pour les aider à réaliser cet espoir, vous leur donnez de l'amour. Il n'y a pas de meilleur cadeau.

De l'amour et de l'espoir, c'était exactement ce que sœur Anne venait de lui offrir et ce dont Timmie avait besoin. Elle prit la religieuse dans ses bras.

— Merci, dit-elle avec une profonde émotion.

— Ce n'est rien, Timmie, dit sœur Anne en lui tapotant la main. Ayez confiance en Dieu. Jean-Charles vous reviendra.

Timmie hocha la tête, espérant qu'elle disait vrai.

19

Le jour suivant, Timmie s'apprêtait à quitter le campement, quand une voiture approcha. Deux prêtres en descendirent. Sœur Anne les présenta à Timmie. Celle-ci dévisagea le plus âgé avec curiosité. Son visage lui était familier, mais elle n'aurait su dire où elle l'avait déjà vu. Il avait le type irlandais, une épaisse chevelure blanche et des yeux bleus pétillants. Il serra la main de Timmie et la regarda fixement, fronçant les sourcils.

— Timmie O'Neill ? Auriez-vous par hasard séjourné à l'institution St Clare ?

Cela fit tilt dans l'esprit de Timmie. Il s'agissait du prêtre qui entendait les enfants en confession, à l'orphelinat où elle avait grandi. Il leur distribuait des bonbons et donnait de jolies barrettes aux petites filles. Il lui avait offert un jour un gros nœud en satin bleu pour ses cheveux, qu'elle avait porté jusqu'à ce qu'il soit en lambeaux.

— Père Patrick ?

— C'est bien moi, dit-il avec un bon sourire. J'avais gardé de vous le souvenir d'une petite fille aux genoux cagneux et aux joues criblées de taches de rousseur ! Qu'êtes-vous devenue, depuis tout ce temps ?

Timmie éclata de rire, ainsi que sœur Anne. Le père Patrick était sans doute le seul homme du pays à ne pas connaître son nom.

— Je dirige une entreprise de vêtements à Los Angeles, répondit-elle avec modestie.

— Oh, mon Dieu ! Vous ne seriez pas Timmie O ? Je n'avais jamais fait le rapport entre les deux noms. Mais j'achète toujours mes jeans et mes chemises chez vous.

Il vivait aux Etats-Unis depuis cinquante ans, mais s'exprimait toujours avec un fort accent irlandais.

— Eh bien, ne les achetez plus ! Je vous en enverrai moi-même. Je suis vraiment contente de vous avoir revu, père Patrick.

Le prêtre comptait parmi les rares bons souvenirs de son enfance, et elle était émue de le retrouver. Les deux hommes, les religieuses et les enfants firent alors tout leur possible pour la convaincre de rester. Elle accepta de dîner avec eux, néanmoins elle était obligée de regagner le soir même San Francisco, d'où elle prendrait un avion pour Los Angeles.

Le père Patrick connaissait très bien Sainte-Cécilia et était un vieil ami de sœur Anne.

— Vous faites du bon travail, Timmie, dit-il avec gentillesse. Quand je vois les gens qui ont souffert faire le bien autour d'eux, cela me réchauffe le cœur. Ces enfants ont besoin de vous. Trop nombreux sont ceux qui ne sont jamais adoptés. Je me souviens de vous à St Clare. Je n'ai jamais compris pourquoi les gens ne vous gardaient pas. Vous étiez sans doute déjà trop grande quand vos parents vous ont abandonnée.

De toute évidence, il avait oublié les détails de son histoire. Mais il se rappelait le principal, ce qui la toucha.

— En fait, je me suis retrouvée à St Clare à la mort de mes parents. Je ne devais pas être très mignonne. Les familles d'accueil n'aiment pas les genoux cagneux, les taches de rousseur et les cheveux roux… Je me souviens vous avoir dit un jour en confession que je détestais ma dernière famille d'accueil parce qu'ils m'avaient ramenée. Vous m'aviez donné une barre de chocolat, et je n'ai même pas eu à réciter un « Je vous salue Marie ».

Il sourit, mais détourna les yeux. Ce n'est que plus tard dans la journée, après qu'elle fut allée nager une dernière fois avec les enfants, que le père Patrick revint vers elle.

— Timmie…, dit-il d'un air hésitant.

Il avait longuement discuté avec sœur Anne avant de lui parler.

— Je ne suis pas censé vous le dire, bien que les lois aient changé dans ce domaine. Si vous aviez fait des recherches, les services sociaux auraient été obligés de vous répondre. Et j'ai pensé que vous aimeriez savoir la vérité : vos parents ne sont pas morts, Timmie. Ils vous ont abandonnée et sont repartis en Irlande. Je ne les ai jamais vus, mais je connais leur histoire. Ils étaient jeunes et s'étaient enfuis de chez eux. Ils se sont mariés, mais, après votre naissance, tout s'est mis à aller de travers. Ils avaient une vingtaine d'années à l'époque. Sans argent ni travail, ils n'étaient pas capables d'élever un enfant convenablement. Ils vous ont donnée à l'adoption et sont retournés en Irlande chez leurs propres parents. Je ne sais pas s'ils sont restés ensemble, mais je me souviens qu'ils ont longtemps hésité à signer les papiers par lesquels ils renonçaient à leurs droits parentaux. Puis ils ont eu cet accident de voiture. Ils avaient bu, mais par miracle personne n'a été tué dans la collision. C'est alors qu'ils ont pris leur décision. Pendant que l'ambulance les emmenait à l'hôpital, un autre véhicule vous expédiait à St Clare. Ils sont venus le lendemain, mais ne vous ont pas vue. Votre mère a dit qu'ils n'étaient pas assez responsables pour élever un enfant, et sans doute avait-elle raison. Vous auriez pu être tuée la veille, à cause d'eux. Votre mère tenait à ce que vous croyiez qu'ils étaient morts. Elle pensait que ce serait plus facile à comprendre pour vous.

Timmie resta bouche bée. Elle était choquée. Ses parents l'avaient donc rejetée, abandonnée dans un orphelinat ! Puis ils étaient rentrés chez eux, laissant les autres s'occuper de leur enfant. Ils n'étaient jamais revenus. Elle comprenait sa terreur à l'idée d'être abandonnée, à présent ! C'était son pire cauchemar, parce que cela lui était bel et bien arrivé.

— Comment vous sentez-vous, Timmie ? demanda le prêtre en voyant son expression.

— Ça va... je crois. Savez-vous où ils se trouvent à présent ?

— Probablement en Irlande. Nous n'avons aucun renseignement. Ils n'avaient plus le droit de vous contacter après vous avoir abandonnée. Mais si vous en faites la demande, le diocèse vous communiquera le dossier. Il contiendra peut-être un détail susceptible de vous aider à les retrouver, si c'est ce que vous voulez.

Le prêtre ne pouvait imaginer que Timmie en ait envie. Elle semblait heureuse, elle avait réussi sa vie. Mais on ne savait jamais quels fantômes torturaient les gens, et il s'était senti obligé de lui révéler la vérité.

— Est-ce que O'Neill est mon vrai nom ?

— Je pense que oui.

Timmie passa le reste de l'après-midi dans un état second, puis partit après dîner. Le père Patrick lui avait laissé son adresse, car elle voulait lui envoyer des vêtements de Timmie O.

Le lendemain matin, Jean-Charles fut soulagé de pouvoir la joindre enfin. Ils ne s'étaient pas parlé pendant quatre jours. Elle lui raconta ce que le père Patrick lui avait dit sur ses parents.

— Ils m'ont laissée à l'orphelinat et sont rentrés chez eux, en Irlande, expliqua-t-elle d'une voix tremblante.

Il n'était pas difficile de comprendre que cet abandon était à l'origine de ses terreurs d'adulte.

— Ils devaient être très jeunes et avoir très peur de ne pas pouvoir t'élever, tenta de la rassurer Jean-Charles. Je suppose qu'ils n'avaient pas d'argent et ne savaient pas quoi faire d'autre.

— Ils auraient pu m'emmener en Irlande avec eux. Je n'étais plus un nouveau-né qu'on abandonne sur les marches d'une église ou dans une poubelle. J'avais cinq ans !

Mais cela s'était passé quarante-trois ans auparavant, et elle ne pouvait plus rien faire.

— Timmie, il faut mettre cela derrière toi, à présent.

Il s'efforça de la distraire en lui parlant de leur rendez-vous à la tour Eiffel. Tout se passait bien, sa femme allait un peu mieux, ses enfants étaient rassérénés et il était certain de pouvoir se libérer. Il était impatient. Timmie était aux anges. Dans trois semaines, leur nouvelle vie pourrait commencer. Jean-Charles organisait son départ et comptait avertir sa famille au cours des prochains jours.

— Je serai au rendez-vous, ma chérie.

— J'aurai quelque chose à te dire quand nous nous verrons.

Il était curieux de savoir ce que c'était. Ils avaient tant de choses à partager ! Toute une vie les attendait. Timmie avait plus d'amour à lui offrir qu'elle ne pouvait le dire. Pour eux, la vraie vie allait démarrer le 1er septembre.

Elle gagna son bureau peu après son appel téléphonique et fut sur des charbons ardents toute la journée. Les révélations du père Patrick tourbillonnaient dans sa tête. Elle n'était pas d'accord avec Jean-Charles. Certes elle ne pouvait rien changer au passé, mais elle avait le droit d'essayer d'en apprendre plus sur ses parents.

Elle appela elle-même St Clare à seize heures trente et leur demanda de lui expédier tous les documents en leur possession. Pendant trois jours, telle la fameuse chatte sur un toit brûlant, elle ne tint plus en place. Mais lorsque l'envoi lui parvint, elle fut déçue. Le dossier ne contenait pas grand-chose. Le nom de ses parents, Joseph et Mary O'Neill. Sa mère avait vingt-deux ans, son père vingt-trois. Ils étaient tous les deux irlandais et sans emploi. Il y avait une copie de leur certificat de mariage, la preuve qu'elle était une enfant légitime, à supposer que cela ait la moindre importance. C'était très simple, en fait : ils ne voulaient pas d'elle, ne pouvaient pas la garder, n'avaient pas les moyens de l'élever. Ils avaient demandé qu'on lui dise qu'ils étaient morts afin qu'elle ne soit pas traumatisée par le fait d'avoir été abandonnée. Il y avait une photo d'eux, sur laquelle ils semblaient avoir environ quatorze ans. Timmie avait les traits de sa mère et les cheveux roux de son père. Sa main se mit à trembler, et de grosses larmes perlèrent sous ses paupières. Elle aurait voulu les détester, mais elle n'y arrivait pas. Tout ce qu'elle voulait à présent, c'était une explication. Pourquoi avaient-ils fait cela ? Leur avait-elle manqué ensuite ? L'avaient-ils aimée ? Avaient-ils été soulagés de l'abandonner, ou bien cela leur avait-il brisé le cœur ? Timmie n'aurait su dire pourquoi, mais cela avait de l'importance. Ce qu'elle voulait savoir par-dessus tout, c'était s'ils l'avaient aimée un jour.

Elle demeura assise à son bureau, les yeux dans le vide, pendant au moins une heure. Puis elle appela Jade.

— Je veux trouver deux personnes en Irlande, lui dit-elle sans préambule : Joseph et Mary O'Neill. Je crois qu'ils vivent à Dublin. Comment faut-il faire ? Engager un détective privé ?

— Je peux faire une recherche sur Internet, si tu veux. Le nom est assez répandu, je risque d'en trouver plusieurs. Si tu me fournis plus de renseignements, je pourrai faire un tri avant de te transmettre la liste. Ce sont des parents à toi, je suppose ?

— Donne-moi tout ce que tu trouves. J'appellerai moi-même.

La recherche révéla qu'il existait trois Joseph et Mary O'Neill à Dublin. Que devait-elle faire ? Leur téléphoner en demandant s'ils avaient bien eu une fille du nom de Timmie ? Et leur annoncer que c'était elle ? Cela paraissait un peu trop direct. Finalement, elle décida de se présenter comme une employée de St Clare. Le second appel fut le bon. Elle imagina le scénario suivant : l'orphelinat détruisait les dossiers les plus anciens et elle voulait savoir s'ils désiraient qu'on leur envoie les documents.

— Non, ce n'est pas nécessaire, répondit une femme au fort accent irlandais. Cela n'a plus vraiment d'importance. Mon mari est mort l'année dernière.

Timmie ne voyait pas quelle différence cela pouvait faire, mais elle poursuivit néanmoins la conversation, juste pour parler avec l'inconnue... sa mère donc, selon toute vraisemblance. Sa voix, qui semblait celle d'une femme extrêmement âgée, ne lui disait rien.

— Je ne veux pas de ce dossier, déclara-t-elle avec fermeté.

Cela fit l'effet à Timmie d'un ultime rejet. Sa mère ne voulait même pas avoir la trace du bref passage qu'elle avait fait dans leur vie.

— Pourquoi ? demanda-t-elle d'une voix tremblante.

— Je ne veux pas que mes autres enfants voient cela, quand je disparaîtrai. Ils n'ont jamais su qu'ils avaient une sœur.

Ainsi, ses parents avaient eu d'autres enfants, qu'ils avaient gardés auprès d'eux. Mais elle, ils ne l'avaient pas gardée. Pourquoi ? aurait-elle voulu demander. Et combien d'enfants avaient-ils eus ? Et comment avaient-ils pu l'abandonner alors qu'elle avait cinq ans ? Autant de mystères qui torturaient Timmie. Finalement, la femme à l'autre bout du fil dit quelque chose qui la toucha.

— Elle va bien ? Le dossier contient-il des renseignements sur elle ?

Sa voix était triste. Sa mère n'avait que soixante-cinq ans, mais elle semblait usée par une vie difficile.

— Nous n'avons pas d'informations récentes, bien entendu, répondit Timmie. Mais d'après ce que nous savons, elle va bien.

La femme soupira.

— Tant mieux. Je me suis toujours demandé qui l'avait adoptée et si ces personnes étaient gentilles. Nous pensions qu'elle serait mieux dans une autre famille, nous étions trop jeunes à l'époque.

Vous étiez aussi sans cœur, et lâches, et méchants, songea Timmie, les yeux brûlants de larmes. Soudain, elle éprouva une vive colère. Elle fut submergée par une vague faite de tristesse et de fureur. Ces gens avaient changé le cours de sa vie, lui avaient infligé des blessures qui ne guériraient jamais.

— En fait, personne ne l'a adoptée, déclara-t-elle d'un ton sec. Elle était déjà trop grande, probablement. Les gens préfèrent les bébés, vous comprenez. Nous avons essayé plusieurs familles, une dizaine je crois, mais cela n'a rien donné. Puis nous l'avons mise en famille d'accueil, mais elles finissaient toujours par nous la renvoyer. C'était pourtant une gentille fille, mais cela arrive. En fait, elle a grandi à St Clare.

Il y eut un silence interminable à l'autre bout de la ligne. Puis Timmie entendit la femme pleurer.

— Oh, mon Dieu... nous avons toujours cru qu'elle serait adoptée par des gens riches, qui s'occuperaient bien d'elle. Si j'avais su...

Oui, quoi ? Si vous aviez su, vous seriez venus me chercher ? Vous m'auriez ramenée à Dublin avec vous ? Et pourquoi ne l'avez-vous pas fait ?

Timmie aurait voulu hurler ces mots, mais un sanglot lui noua la gorge. Elle dut lutter pour se maîtriser et ne pas être démasquée.

— Vous n'auriez pas son adresse, par hasard ? reprit la femme. Je pourrais lui écrire une lettre, essayer de lui expliquer. Son père ne m'a jamais pardonné d'avoir insisté pour l'abandonner. Je pensais que ce serait mieux pour elle. Nous étions tellement pauvres.

— Je verrai si je peux trouver sa trace, dit Timmie d'un ton vague. Je vous rappellerai.

— Merci. Et si vous rappelez... demandez à me parler à moi, directement. Je vous en prie.

— Je n'y manquerai pas. Au revoir, madame.

Timmie réfléchit un long moment, les yeux rivés sur la fenêtre de son bureau. Puis, très pâle, elle prit le téléphone et réserva une place sur un vol à destination de Dublin le lendemain matin. Elle voulait voir de ses yeux. Un coup de téléphone ne lui suffisait pas. Il était sans doute trop tard. Mais pas forcément. Elle se leva et entra dans le bureau de Jade.

— Annule mes rendez-vous, lança-t-elle de but en blanc. Je pars à Dublin. Une affaire de famille.

— Tu vas voir les O'Neill que tu m'as demandé de rechercher ? Je peux faire autre chose pour toi ?

Timmie fit non de la tête.

— Tu pars combien de temps ?

— Un jour ou deux.

Elle avait encore trois semaines devant elle, avant son rendez-vous à la tour Eiffel. Elle ne dirait pas à Jean-Charles qu'elle se rendait en Europe. Et personne ne connaîtrait le but de ce voyage. Elle ne savait pas à quoi s'attendre, ni ce qu'elle allait trouver là-bas.

Mais quoi qu'il arrive, elle devait faire ce pèlerinage. Non seulement pour voir sa mère, mais surtout pour trouver la petite partie d'elle-même qui lui manquait et qu'elle cherchait depuis toujours.

20

Le vol de Los Angeles jusqu'à Londres durait onze heures. Timmie dormit pendant une bonne partie du voyage. Puis échafauda divers scénarios sur le déroulement de sa rencontre avec Mary O'Neill. Serait-elle bouleversée ? Allait-elle s'évanouir, avoir une crise cardiaque, ou encore sauter au cou de Timmie ? Il était même possible que cette femme n'éprouve rien en la voyant, bien qu'elle ait semblé émue la veille au téléphone.

Ses parents avaient dû nourrir les illusions puériles que partageaient beaucoup d'Irlandais au sujet des Etats-Unis. Les rues pavées de diamants, des gens riches qui n'attendaient que d'adopter des petites filles aux taches de rousseur. La réalité était à des années-lumière de cela, mais il était trop tard pour y changer quoi que ce soit. Timmie voulait juste voir cette femme, comprendre ce qui s'était passé, pourquoi tout avait si mal tourné pour eux et pour elle. Ayant elle-même eu un enfant qu'elle adorait, elle n'imaginait pas qu'on puisse tourner le dos à sa petite fille.

Et alors qu'un nouvel être grandissait dans son ventre, aucune force sur terre n'aurait pu la convaincre de l'abandonner, fût-elle pauvre et seule au monde. Ce bébé était sa chair et son sang, elle mourrait pour lui, et elle l'aimerait toujours.

En attendant, il fallait qu'elle rencontre sa propre mère.

Après une escale de deux heures à Londres, elle prit l'avion pour Dublin. Les doigts tremblants, elle composa le numéro depuis l'aéroport. Elle avait réservé une chambre à l'hôtel Shelbourne, mais avant de s'y rendre elle voulait voir Mary O'Neill. Sur-le-champ. Ce fut elle qui répondit au téléphone et, l'espace d'un instant, Timmie demeura muette.

— Allô ? dit la voix fatiguée, à l'autre bout de la ligne.

— Madame O'Neill ?

— Oui ?

— Mary O'Neill ?

— Oui. Ah bonjour, vous m'appelez de nouveau de St Clare ?

Elle avait reconnu sa voix.

— En fait, je suis à l'aéroport. A Dublin, dit Timmie.

— Quoi ? Que faites-vous ici ? s'exclama Mary O'Neill, effrayée.

— J'aimerais vous voir, c'est tout.

Soudain, sa fureur l'abandonna. Cette femme semblait si vieille, si simple, si pathétique...

— Je suis Timmie. Je suis venue vous voir. Acceptez-vous de me parler quelques minutes ?

Elle retint son souffle et entendit sa mère pleurer.

— Tu me détestes ? lança celle-ci au bout d'un moment.

— Non, je ne vous déteste pas. Mais je ne comprends pas. Nous devrions peut-être parler. Vous ne serez pas obligée de me revoir ensuite.

Timmie ne voulait pas faire irruption dans la vie de sa mère. Il lui suffisait de la voir une fois pour être apaisée. Mary lui devait bien cela.

— Nous étions si pauvres. Nous n'avions même pas de quoi manger. Ton père a été envoyé en prison parce qu'il avait volé une pomme et un sandwich. Tu pleurais tout le temps parce que tu avais faim, et nous ne trouvions pas de travail. Nous n'avions pas de diplômes, pas de formation professionnelle, les gens nous comprenaient mal à cause de notre accent. Il nous arrivait de dormir dans le parc, et tu attrapais froid, tu étais malade, et nous n'avions pas les moyens de t'emmener chez le médecin. J'avais peur de te voir mourir. Tu aurais pu être tuée cette nuit-là, quand nous avons eu l'accident. Nous avions emprunté la voiture, et ton père était ivre. Il était si jeune, c'était un gamin. J'ai compris que tu avais besoin de vrais parents, et je t'ai envoyée à St Clare. Ce sont les policiers qui me l'ont proposé.

C'était aussi simple que cela. Un policier suggérant une solution à un couple de jeunes gens ivres... Et elle avait disparu de leur vie. Timmie fut parcourue d'un frisson glacé. Ils avaient failli la détruire.

Mary sanglotait à présent. Timmie avait du mal à croire qu'ils aient pu être aussi irresponsables.

— Pourquoi ne m'avez-vous pas emmenée à Dublin avec vous ?

— Nous n'avions pas d'argent. Il nous restait à peine de quoi acheter deux billets. Et nous n'aurions pas pu t'élever, ici non plus. Ce n'est que dix ans après notre retour que nous avons eu nos deux autres enfants. Ton père a attrapé la tuberculose à cette époque, et j'ai dû faire des ménages chez des gens de la haute. Nous n'avons jamais eu d'argent. Je t'imaginais dans une belle maison, chez des gens riches, vivant comme une princesse.

— Je vis bien à présent, dit Timmie en essuyant les larmes sur ses joues. J'ai réussi dans la vie. Mais quand j'étais petite, ce n'était pas facile.

Elle avait été malheureuse pendant toute son enfance et son adolescence.

— Je suis désolée, Timmie. Veux-tu venir prendre le thé, puisque tu as fait ce long voyage ?

— Oui, cela me ferait plaisir.

Une demi-heure plus tard, Timmie était devant la maison de sa mère. Celle-ci vivait en banlieue, dans un vieux cottage à l'aspect délabré, visiblement négligé depuis des années.

Timmie sonna. Au bout d'un long moment, elle vit une femme apparaître derrière la fenêtre. Mary ouvrit lentement la porte et contempla Timmie. Elle était aussi grande que sa fille, elles avaient la même morphologie et des traits semblables. La vieille femme portait une robe de maison et des pantoufles, ses cheveux étaient tirés en un chignon serré. Ses mains étaient déformées par les rhumatismes, son visage était creusé de rides. Elle n'avait que soixante-cinq ans, mais on lui en aurait facilement donné quinze de plus.

— Bonjour, dit doucement Timmie.

Puis tout naturellement, elle prit sa mère dans ses bras pour la réconforter, songeant à tout ce qu'elle avait vécu, à ce qu'elle n'avait pas fait, à ce qu'elle aurait dû faire, à la jeune femme égarée et lâche qu'elle avait été à vingt-deux ans quand elle avait abandonné sa petite fille. Timmie avait de vagues souvenirs d'elle, comme des photos vieillies, à demi effacées. Mary lui passa un bras sur les épaules et la fit entrer dans la cuisine. Là, elle l'observa timidement et lui dit qu'elle avait les cheveux de son père et les traits fins de sa grand-mère.

— Tu es belle, fit-elle, moitié riant, moitié pleurant. Et tu as l'air d'être riche.

Timmie portait un jean et un tee-shirt, mais Mary avait remarqué le bracelet en diamant, les boucles d'oreilles en or, le sac luxueux. Puis elle vit son ventre arrondi.

— Tu es enceinte ? Vraiment ? Tu es mariée ? Tu as d'autres enfants ?

Elles s'assirent toutes deux devant un mug de thé fort et se mirent à parler. Il y avait tant de choses à raconter.

— J'ai été mariée, et j'ai divorcé il y a onze ans. J'ai eu un petit garçon qui est mort d'une tumeur au cerveau. Je suis amoureuse d'un homme qui vit à Paris, et j'attends un bébé de lui. Je ne sais pas si nous nous marierons, mais je suis contente d'avoir un enfant. Je n'en ai pas d'autres ; la mort de mon fils m'a causé un immense chagrin.

Sa mère hocha la tête.

— J'espère que ton bébé sera en bonne santé. J'ai un petit-fils qui est mort lui aussi, d'une leucémie... Tu sembles avoir un bon métier ?

— Oui, répondit simplement Timmie.

— Je suis contente pour toi. Où vis-tu ?

— A Los Angeles.

Elle n'aborda pas le sujet de son enfance, devinant que sa mère n'avait pas envie d'en parler. Cela n'avait pas d'importance, il lui suffisait d'être là et de la voir. Pendant qu'elles prenaient le thé, une jeune femme entra avec deux petits enfants. Elle avait la trentaine bien avancée et des cheveux roux comme Timmie. Mais la ressemblance s'arrêtait là. Elle portait un jean, des sandales, et les enfants étaient très mignons. La jeune femme lui sourit. Comment aurait-elle pu deviner qui elle était ? Pour elle, Timmie n'existait pas. Elle était un secret que sa mère entendait emporter avec elle dans la tombe. Mary lui lança un coup d'œil inquiet, et Timmie hocha la tête pour la rassurer. Elle serait muette.

— Je ne savais pas que tu avais de la visite, maman.

Bridget se servit une tasse de thé et s'assit avec elles pendant que les enfants allaient jouer dans le jardin livré aux mauvaises herbes.

— Timmie est la fille d'une amie que nous avons connue en Amérique autrefois, dit Mary. Elle est de passage à Dublin. Je n'avais pas eu de nouvelles de sa maman depuis très longtemps. Elle est morte, ajouta-t-elle à voix basse.

C'était la vérité. La jeune mère qui avait abandonné Timmie à l'orphelinat n'existait plus. Et l'enfant qu'elle avait été pour ses parents non plus.

— C'est gentil d'être passée, dit Bridget en souriant. Vous êtes en vacances ? Vous devriez aller sur la côte, c'est très joli.

Elle alla surveiller les enfants dans le jardin, et Timmie se leva.

Elle n'avait pas de raison de s'attarder. Elle avait vu sa mère, fait la connaissance de sa sœur. Elle en savait assez. Dans le fond, peut-être lui avaient-ils rendu service sans le savoir, en la laissant au pensionnat. Ils lui avaient donné une force qu'elle n'aurait sans doute pas eue sans cela. La force de survivre à la mort de Mark, au départ de Derek, la force de bâtir l'empire de Timmie O, et maintenant celle de soutenir Jean-Charles et de l'attendre.

Sa mère, en revanche, semblait faible : elle n'avait pas le courage de dire à sa sœur qui elle était ; elle n'avait pas le courage de lui faire une place dans sa vie. Pour elle, Timmie ne faisait que passer, comme un souffle venu d'un temps oublié. Timmie l'embrassa sur la joue et, ressentant un peu de pitié pour elle, lui pressa l'épaule.

— Au revoir, murmura-t-elle.

— Dieu te bénisse, répondit Mary.

Elle remonta dans le taxi qui l'attendait devant la porte et fit un signe d'adieu à Bridget. Une fois de plus, Dieu l'avait aidée, songea-t-elle. Maintenant qu'elle avait affronté les fantômes du passé, elle allait pouvoir vivre le présent et envisager l'avenir sereinement.

— Elle est sympathique, fit remarquer Bridget à sa mère quelques minutes plus tard. Elle a l'air riche. Vous avez dû connaître du beau monde quand vous étiez aux Etats-Unis...

Son père avait raconté toutes sortes d'histoires extravagantes pour impressionner ses enfants.

Mary hocha la tête et se détourna pour cacher ses larmes.

21

Timmie profita de l'escale à Londres pour appeler Jean-Charles de l'aéroport. L'espace d'une minute, elle fut tentée de lui dire où elle se trouvait et de passer par Paris pour aller le voir.

— Que fais-tu ? demanda-t-elle.

Elle se sentait libre et détendue, certaine désormais que tout allait bien se passer pour eux. Les prières de sœur Anne avaient peut-être été efficaces. Elle avait aussi la sensation que, d'heure en heure, le bébé devenait plus grand et plus fort.

— Je m'apprête à emmener ma femme à l'hôpital pour sa dernière séance de chimiothérapie, répondit-il.

Il avait l'air surmené. Il lui restait beaucoup de choses à boucler au cours des deux semaines suivantes. Ses enfants n'étaient pas encore avertis de son départ. Il allait les retrouver quelques jours à Portofino afin de leur parler. A son retour il annoncerait à sa femme qu'il partait. Si elle avait besoin de lui, il ne serait pas loin, naturellement. Mais il savait qu'elle pouvait gérer seule la suite des soins. Ses filles seraient là pour la soutenir.

— Pourquoi me poses-tu cette question ? Tu vas bien ? s'enquit-il, brusquement inquiet.

Il avait toujours peur qu'elle ne renonce à lui sur un coup de tête, et s'étonnait même parfois qu'elle ne l'ait pas encore fait.

— Je ne sais pas. Dans un moment de folie, je me suis dit que nous pourrions avancer la date de notre rendez-vous.

S'il avait accepté, elle aurait sauté dans un avion et l'aurait retrouvé n'importe où à Paris. Car elle se sentait plus légère que jamais. Comme si son voyage à Dublin lui avait ôté un poids immense. Comme si cette visite avait fait disparaître une crainte profonde, celle d'être destinée à être encore et toujours abandonnée. Elle n'avait plus ce sentiment. Ses parents s'étaient débarrassés d'elle, mais sa mère lui avait paru si faible et si accablée qu'elle doutait qu'ils aient pu agir autrement.

— Timmie, je ne peux pas, répondit Jean-Charles. Tu sais que je veux passer la semaine prochaine avec mes enfants. Je leur dois bien ça.

Elle s'efforça de ravaler sa déception. Elle n'avait plus que deux semaines à attendre, et elle pouvait tenir. Pendant qu'ils parlaient, l'hôtesse annonça l'embarquement.

— Je dois y aller, déclara-t-elle, coupant court à la discussion.

— Mais où es-tu ?

— Nulle part. Sur le chemin de la maison. J'ai juste eu envie de te parler.

Quand il voulut la rappeler une heure plus tard, son téléphone était éteint.

Les deux semaines suivantes, Timmie fut d'excellente humeur. Son billet d'avion pour Paris était réservé, ainsi que sa chambre au Plaza Athénée. Elle partirait le 31 août, afin d'être fraîche et dispose le 1er septembre pour leur rendez-vous. Elle avait même acheté de nouveaux vêtements qui dissimuleraient son ventre, au moins pendant les premières minutes. Ensuite elle ne pourrait plus rien lui cacher, surtout s'ils allaient à l'hôtel pour rattraper le temps perdu.

Deux jours avant son départ, Jade fit remarquer à David que Timmie était de très bonne humeur. David en profita pour la taquiner au sujet des mille dollars qu'elle allait devoir lui remettre le 1er septembre.

— Je t'avais dit qu'il passerait le test ! s'exclama-t-il d'un ton triomphant.

Jade arqua un sourcil, refusant de reconnaître sa défaite. On n'était que le 29 août.

— Ne crie pas victoire trop tôt. S'il ressemble à Stanley, il l'appellera la veille pour se décommander. C'est plus drôle.

— Pour l'amour du ciel, comment peux-tu être aussi cynique ?

— Nous verrons bien. J'espère me tromper. Mais si ce gars voulait quitter sa femme, il l'aurait fait depuis des mois. Ceux qui attendent trop n'agissent jamais.

— Mais sa femme a un cancer du sein ! Il n'aurait été qu'un pauvre type s'il l'avait plaquée en pleine chimio.

Le lendemain après-midi, Timmie partit tôt du travail pour aller chez le coiffeur et chez l'esthéticienne. Elle avait pris une semaine de congé pour rester avec Jean-Charles. Ils iraient peut-être sur la Côte d'Azur, mais ce n'était pas encore sûr.

Timmie mettait la dernière main à ses bagages ce soir-là, quand Jean-Charles l'appela. Tout son voyage était organisé, et elle avait même acheté des vêtements de grossesse dans un magasin de Rodeo Drive, en prétendant qu'ils étaient destinés à sa nièce pour ne pas éveiller les soupçons. Elle prévoyait d'annoncer la nouvelle à ses connaissances dès qu'elle aurait revu Jean-Charles. Le cœur battant de bonheur, elle décrocha le récepteur.

— Bonsoir, lança-t-elle d'une voix enjouée.

La perspective de leur rendez-vous à la tour Eiffel lui donnait des ailes. C'était une des choses les plus romantiques qu'elle ait faites dans sa vie.

— Je suis en train de boucler ma valise. Et toi, ça va ?

Son avion partait le lendemain à midi.

Il y eut un silence bizarre à l'autre bout du fil.

— Timmie, je ne pourrai pas venir, dit Jean-Charles d'une voix étranglée. Julianne vient d'avoir un accident de voiture. Elle est à l'hôpital avec une fracture du bassin, les jambes cassées et un traumatisme crânien. Je pars la retrouver ce soir même. En Sardaigne.

Pendant quelques secondes, Timmie ne put émettre aucun son.

— C'est grave ? demanda-t-elle enfin.

— Je ne sais pas. Apparemment sa tête a tenu le choc. Elle a les deux jambes cassées, mais il n'y a pas de lésions irrémédiables. En revanche, elle devra rester allongée très longtemps. J'emmène un ami neurologue avec moi. Je veux être sûr qu'elle n'aura aucune séquelle. Mais je ne pourrai jamais être de retour à Paris après-demain.

— Bon sang. Toi, tu ne fais pas les choses à moitié !

— Que veux-tu dire ?

— Un accident de voiture. Un cancer. J'ai du mal à lutter contre ce genre de choses.

Elle regretta un instant de ne lui avoir rien dit, pour le bébé. Elle était lasse d'attendre sagement son tour, derrière les autres, comme si elle n'était que la cinquième roue du carrosse. Et un enfant à qui on venait d'annoncer que Noël était annulé n'aurait pas été plus déçu.

— Ce n'est pas une compétition, rétorqua-t-il. Avec un peu de chance, je serai de retour dans une semaine. Deux, tout au plus. Je ne veux pas la laisser seule dans un pays étranger, et sa mère n'est pas en état d'aller la voir. De toute façon, elle commence les séances de radiothérapie la semaine prochaine.

Soudain, ce fut trop pour Timmie. Sa belle histoire d'amour se transformait en feuilleton à rallonges. Jean-Charles jouait les héros pour tout le monde, sauf pour elle. Jusqu'ici, elle s'était tenue à l'écart, s'efforçant d'être compréhensive. Mais c'en était trop. Elle avait assez attendu.

— Je t'appellerai dès que je l'aurai vue, ajouta-t-il d'un ton sec.

Timmie ne s'était pas montrée aussi conciliante qu'il l'espérait. En fait, elle n'avait fait preuve d'aucune compassion, ce qui ne lui ressemblait pas.

Oui, mais sa patience avait atteint ses limites. Elle les avait même dépassées. Tout dépendait maintenant du temps qu'il la ferait encore attendre. Ou de la prochaine excuse qu'il invoquerait. Certes, jusqu'à présent, ses motifs avaient été valables. Timmie ne savait plus ce qu'elle devait penser. Elle était certaine qu'il ne mentait pas, mais ce qu'il lui imposait était trop dur. Cela faisait des jours qu'elle comptait les heures, les minutes.

— Je t'appellerai de Sardaigne, dit-il, s'apprêtant à raccrocher.

— Je pourrais aller à Paris et t'attendre à l'hôtel ? eut-elle le temps de suggérer.

Il hésita un peu trop longtemps.

— Non. Pourquoi venir perdre ton temps ici ? Reste chez toi, tu pourras au moins travailler. Je te préviendrai dès mon retour, et tu pourras venir à ce moment-là.

Cette réponse éveilla ses soupçons. Pourquoi voulait-il qu'elle attende à Los Angeles ? Quelle serait la prochaine excuse ? La connaissait-il déjà ? Les mises en garde de Jade résonnèrent dans sa tête. Son assistante avait raison : Jean-Charles jouait avec elle, et elle n'appréciait pas cette mauvaise plaisanterie.

Timmie ôta la valise posée sur son lit et s'allongea en fixant le plafond. Jean-Charles faisait-il traîner les choses, car il n'arrivait pas à quitter sa famille et n'osait pas le lui avouer ? Elle ne savait plus à quel saint se vouer. Bien entendu, elle ne ferma pas l'œil de la nuit, arpentant la maison, égarée, guettant un appel. Celui-ci ne vint que douze heures plus tard. Julianne n'avait rien à la tête. En revanche, ses jambes étaient très abîmées. Elle allait devoir passer quatre semaines immobilisée à l'hôpital, en Sardaigne. Jean-Charles ne pouvait pas la faire transporter en France, ni l'abandonner seule là-bas. Timmie s'efforça de compatir, mais n'y parvint pas vraiment. Le cœur n'y était plus. Elle dit simplement à Jean-Charles de faire ce qu'il avait à faire et de l'appeler quand il serait libre. C'était la meilleure solution.

Le lendemain, elle franchit le seuil du bureau sans dire un mot. On était le 1er septembre. David lança un coup d'œil à Jade. Celle-ci, bien qu'ayant gagné son pari, était effondrée pour sa patronne. Timmie s'enferma dans son bureau, travailla toute la matinée sur la collection, puis leur expliqua que la fille de Jean-Charles avait eu un accident et se retrouvait clouée au lit pendant un mois, en Italie. Jade se garda bien de faire la moindre remarque. Timmie semblait si bouleversée qu'elle et David n'osèrent pas lui adresser la parole de la journée. Le soir, elle partit sans leur dire au revoir.

Elle se rendit directement à Malibu. Jean-Charles l'appela plusieurs fois pendant le week-end. Elle essaya d'être compréhensive, mais elle eut du mal à lui cacher sa déception et son découragement. Elle se demandait vraiment si elle le reverrait un jour. Elle eut envie d'appeler sœur Anne, pour lui demander de prier encore. A moins que ceci ne soit le résultat de ses prières ? Jean-Charles n'était peut-être pas l'homme de sa vie et Dieu voulait le lui faire comprendre ?

Peu à peu, elle se mit à croire de moins en moins à ce qu'il lui racontait chaque jour. Combien de temps encore devrait-elle attendre ? Pas plus d'un mois, lui jura-t-il. Septembre s'écoula lentement, sans qu'elle renonce. Elle cachait toujours sa grossesse. Ses nerfs étaient à vif, elle devenait irritable, gouvernée par ses vieilles terreurs. Elle ne pouvait rien faire, sinon attendre.

Jean-Charles devait rentrer à Paris avec Julianne le 25 septembre. Timmie fit une nouvelle réservation. Il n'était plus question de la tour Eiffel, ils se retrouveraient au Plaza Athénée, ou ailleurs. Tout ce qu'elle voulait, c'était le voir. Le soir de son retour, il l'appela. Sophie disait qu'elle ne lui parlerait plus jamais s'il quittait la maison. Sa femme faisait une réaction à la radiothérapie. Il était au bord des larmes. Timmie demeura assise, le regard dans le vide, sans expression.

Elle avait tout entendu, à présent. Les crises d'adolescence, le cancer de sa femme, la chimiothérapie, la radiothérapie, les jambes cassées, les accidents de voiture. Que restait-il ? Un chien malade, la bonne qui donnait ses huit jours, la maison qui brûlait du sol au grenier et qu'il devait reconstruire de ses mains ? Combien de temps croyait-il qu'elle allait attendre ? Apparemment, son amour ne suffisait pas à le faire venir à elle, à l'attirer hors de chez lui. Elle était contente de ne pas lui avoir annoncé sa grossesse, car de toute façon cela n'aurait fait aucune différence. Il était pris au piège et n'en sortirait jamais. C'était une évidence.

Il ne restait plus à Timmie qu'à prendre son courage à deux mains pour le quitter. De toute façon, cela ne ferait pas une grande différence dans sa vie. C'était à elle de mettre un terme à leur relation, puisqu'il ne parvenait pas à le faire lui-même. Il avait trouvé mille excuses, un million d'excellentes raisons pour rester où il était. Il n'était plus qu'une illusion, une voix au téléphone. Une promesse qui ne se réaliserait pas. Jade avait raison depuis le début, c'était clair à présent. Des larmes de tristesse et de colère roulèrent sur ses joues, tandis qu'elle l'écoutait la supplier d'être raisonnable.

— Que veux-tu de moi ? rétorqua-t-elle tout à coup. Que suis-je censée faire ? Voilà déjà six mois que je t'attends, que nous n'avons même pas pu nous voir une seule fois. Il y a eu le cancer de ta femme, l'accident de Julianne, et maintenant c'est Sophie qui te menace. Tu n'as même pas quitté l'appartement. Tu m'avais demandé d'attendre jusqu'en juin, j'ai accepté. Nous sommes presque en octobre, et tu as encore besoin de temps. Si tu voulais partir, tu le ferais : rien ne t'oblige à habiter sous le même toit qu'elles pour leur porter secours si nécessaire. Tu ne m'as plus vue depuis le mois d'avril, Jean-Charles. Je ne suis même plus ta maîtresse. Tu n'oses peut-être pas me dire que c'est fini, mais je pense que c'est le cas depuis des mois. Je t'aime, je n'ai jamais aimé un homme autant que toi, mais je ne veux plus jouer à ce jeu. Tu n'auras plus à trouver d'excuses. C'est terminé.

Elle pleurait si fort qu'elle ne pouvait plus parler. Jean-Charles était abasourdi. Il avait toujours eu peur de la perdre, et il était sous le choc. Il voulait juste un peu de temps pour résoudre tous ses problèmes avant de partir. Pourquoi ne comprenait-elle pas ? Il était bouleversé.

C'est alors qu'elle lui porta un dernier coup. Timmie voulait qu'il pense que le bébé n'était pas de lui quand il apprendrait son existence. Car la nouvelle serait probablement dans tous les magazines. Il fallait donc lui faire accroire qu'il était l'enfant d'un autre. Le cœur brisé, elle brûla donc ses derniers vaisseaux. C'était fini de toute façon. Et cette fois elle ne serait pas abandonnée. Elle partirait la première, la tête haute.

— J'ai rencontré quelqu'un, annonça-t-elle. Nous nous voyons depuis le mois d'avril.

Elle l'entendit étouffer une exclamation de stupeur.

— Je vois, dit-il au bout d'un long moment et d'une voix tremblante. J'étais loin de m'en douter. Je sais que tu ne me crois pas, mais j'essayais de tout régler ici, afin d'être heureux avec toi. Je ne pouvais pas prévoir que ma femme aurait un cancer, et ma fille un accident. Tu aurais dû me dire que tu voyais quelqu'un d'autre, Timmie. Je suppose qu'à Hollywood la morale n'est pas la même qu'ici. Moi, à ta place, j'aurais eu la décence de te prévenir. La seule raison pour laquelle je n'ai pas voulu qu'on se voie cet été, c'était pour t'éviter de traverser ces moments désagréables. J'ai fait de mon mieux. Et je t'aime. Je ne pensais pas que tu te tournerais aussi vite vers quelqu'un d'autre. Et tu dis que ta liaison avec cet homme a commencé dès le mois d'avril ! Ce n'est pas très correct.

Sa voix se brisa. Elle eut l'impression de lui avoir asséné un coup de poignard. Mais il en avait fait autant, avec ses excuses successives. Il y avait des torts et de la souffrance des deux côtés. Et il y aurait un enfant qui ignorerait toujours l'identité de son père.

— Tu n'es pas parti de chez toi, comme tu me l'avais promis.

— Je n'en ai pas eu le temps. Je voulais visiter trois appartements la semaine prochaine, avec toi.

— Tu aurais trouvé une autre excuse pour m'empêcher de venir.

— Peut-être. Je ne sais plus, Timmie… Je suis désolé. Je te souhaite bonne chance. J'espère que cet homme te rendra heureuse. Je veux que tu saches que je t'ai aimée de tout mon cœur.

Son chagrin semblait dépasser son amertume.

— Prends soin de toi. Je t'aime, dit-elle doucement avant de raccrocher.

Malgré un écrasant sentiment de culpabilité, elle était convaincue de ne pas avoir d'autre solution. Elle aurait pu attendre Jean-Charles pendant des années. Et un beau jour il lui aurait annoncé que c'était fini, qu'il ne pouvait pas quitter sa famille. Elle avait eu le courage de voir l'évidence et de rompre.

Elle élèverait donc son enfant seule. Si plus tard il voulait savoir qui était son père, elle le lui dirait. Et il déciderait ce qu'il voudrait. Il saurait que son père était un homme honnête, merveilleux, qu'elle avait aimé infiniment. Pour lequel elle avait eu un coup de foudre un jour, à Paris. C'était tout ce qu'elle pourrait lui dire.

Elle crut mourir de chagrin, et passa quatre jours à pleurer, recroquevillée au fond de son lit. Jean-Charles l'appela trois fois, mais elle lui ne répondit pas plus qu'aux appels de son bureau. Quand elle se décida enfin à retourner travailler, elle était pâle comme une morte. Elle ne dit pas un mot à Jade et à David. Ils partaient tous les trois pour New York, Milan et Paris dans deux semaines, et elle avait une montagne de travail à rattraper avant le départ.

Une vague de chaleur frappa Los Angeles cette semaine-là, et leur climatisation tomba en panne. Une chaleur étouffante régnait dans les bureaux. N'y tenant plus, Timmie finit par ôter la tunique en coton qui lui servait d'uniforme en ce moment. Jade se figea quand elle la vit. Si elle n'avait pas été ravagée de chagrin après sa rupture, Timmie aurait éclaté de rire devant son expression.

— C'est quoi, ça ? s'écria Jade, incrédule, en désignant son ventre.

— D'après toi ? rétorqua Timmie avec un sourire triste.

David entra à cet instant. De toute façon, il était temps, à six mois de grossesse, de leur dévoiler la vérité. Le reste du monde attendrait encore un peu. Elle espérait garder le secret au moins pendant les défilés, afin d'éviter les articles dans la presse à scandale.

— Oh, mon Dieu ! s'exclama David. Il est au courant ?

Ni Jade ni lui ne doutèrent un instant de l'identité du père. C'était une évidence pour eux. Timmie fit un signe de tête négatif.

— Non, et je ne veux pas qu'il le soit. Je ne lui donnerai pas l'image pathétique d'une femme qu'il repousse malgré sa grossesse. Je mérite mieux que cela. J'avais l'intention de lui annoncer la nouvelle en tête à tête, mais je n'ai pas eu cette chance de le revoir. La dernière fois qu'il m'a appelée avec une nouvelle excuse, je lui ai fait croire que je sortais avec quelqu'un d'autre depuis le mois d'avril.

— Quoi ?! Pourquoi as-tu fait cela ? demanda Jade, horrifiée. Et pourquoi tu le gardes ?

— Je le garde parce que j'aime Jean-Charles, même si je ne dois jamais le revoir. Ce n'est pas parce qu'il n'a pas le courage de quitter sa femme que je ne l'aime plus. Je le fais aussi à cause de Mark. J'ai déjà enterré un enfant, et je ne pouvais pas renoncer à celui-ci. Ce bébé est un cadeau du ciel, même sans Jean-Charles.

Elle essuya une larme, et David la serra dans ses bras.

— Tu as du cran, Timmie. Mais je pense que Jean-Charles devrait le savoir. Il t'aime et c'est aussi son enfant. Il a seulement mis plus longtemps que prévu à se libérer.

— Tu parles ! s'exclama Jade. Il n'aurait jamais quitté sa femme. Ils ne le font jamais.

— Certains franchissent le pas, protesta David d'un ton ferme.

Il avait remis à sa collègue un chèque de mille dollars, avec lequel elle avait acheté le sac Chanel qu'elle convoitait. Elle le portait tous les jours, pour venir au bureau.

David était désolé qu'elle ait gagné le pari. Pas pour les mille dollars, mais pour Timmie.

Il restait trois mois avant la naissance du bébé. Ensuite, toute une vie sans Jean-Charles l'attendait. Elle avait du mal à l'imaginer. Elle n'aimerait plus jamais comme elle avait aimé cet homme. Il était l'amour de sa vie. Et elle ne le verrait plus.

Ses pires cauchemars s'étaient réalisés.

22

Au cours des deux semaines précédant les Fashion Weeks, un silence pesant régna dans les locaux de la société. Timmie parlait peu et ses assistants marchaient sur la pointe des pieds. Elle travaillait tard, enfermée dans son bureau, et ses deux maisons étaient vides comme des tombeaux.

Lors d'une visite à Sainte-Cécilia, elle expliqua à sœur Anne ce qui s'était passé. La religieuse lui assura qu'elle continuerait de prier pour eux.

Timmie la regarda tristement. Il était trop tard pour espérer un heureux dénouement à leur histoire.

— Il n'est jamais trop tard, protesta sœur Anne en souriant.

Timmie demanda à Jade de lui acheter plusieurs tuniques larges et quelques vestes déstructurées ou drapées. Ainsi, avec un peu de chance, on ne remarquerait pas sa grossesse pendant qu'elle superviserait les défilés. Ensuite, elle reviendrait se cacher à L.A. Encore heureux que les journalistes n'aient jamais vu Jean-Charles à ses côtés. Finalement, c'était mieux ainsi.

L'idée de tomber sur lui à Paris l'inquiétait un peu, mais il n'y avait aucune raison que cela se produise. Elle serait trop occupée pour aller déambuler en ville comme elle aimait le faire.

David maintenait qu'elle aurait dû appeler Jean-Charles pour le mettre au courant. Chaque fois qu'il abordait le sujet, Timmie se fermait comme une huître. Il aurait aimé l'appeler lui-même, mais il n'estimait pas correct de passer outre à sa volonté.

— Ce bébé a le droit d'avoir un père, affirma-t-il un jour.

— Faux. Je n'en ai pas eu, et je m'en suis très bien sortie.

— C'est différent. Tu n'avais pas le choix.

— Je ne veux pas que Jean-Charles se sente obligé de rester avec nous par devoir. S'il avait quitté sa famille, le contexte aurait été différent. Mais il ne l'a pas fait, alors tant pis. Je suis trop fière pour être une maîtresse plaquée qui porte l'enfant de son amant.

— Puis-je te rappeler qu'il ne t'a pas plaquée ? C'est toi qui as rompu. Tu lui as même menti en lui faisant croire que tu avais une autre liaison. C'était un sacré coup dur pour lui.

— Il aurait rompu de toute manière. Il ne voulait plus me voir. Dans quelque temps, il m'aurait annoncé qu'il ne divorçait plus.

— Ça, c'est une hypothèse !

Mais David ne faisait pas le poids face à Timmie, et à Jade qui abondait en son sens. Celle-ci venait de se fiancer avec son architecte, et croyait aussi à l'amour fou, mais pas avec les hommes mariés.

Après New York, ils se rendirent à Milan et à Londres, comme d'habitude. Quand ils arrivèrent à Paris, David se rendit compte que Timmie était non seulement épuisée, mais aussi profondément déprimée. Son enthousiasme pour la capitale française avait disparu. Elle fut aussi intransigeante et perfectionniste que d'ordinaire pendant les essayages précédant le défilé, mais ne quitta pas l'hôtel et dîna chaque soir dans sa chambre. Elle redoutait d'être vue, se drapait dans des châles et des vêtements amples ; il faut dire qu'elle avait de plus en plus de mal à dissimuler son ventre proéminent.

David se doutait qu'elle craignait de rencontrer Jean-Charles au détour d'une rue. A la fin de chaque séance de travail, elle filait dans sa chambre, aussi discrète qu'une petite souris, déclinant systématiquement les invitations de David et Jade. De toute façon, elle était trop fatiguée pour sortir.

La préparation du défilé parisien fut chaotique. Les dieux n'étaient pas de leur côté, comme le fit observer Timmie. Deux mannequins tombèrent malades, et une troisième fut arrêtée par la police pour vente de cocaïne. Leur fleuriste se trompa dans la commande. La piste du défilé n'était pas plane et, s'ils la laissaient telle quelle, il était à parier que les filles se rompraient le cou avec leurs hauts talons. Timmie exigea que tout soit corrigé avant le mardi suivant. Enfin, le système électrique était défaillant. Et, alors qu'ils essayaient de le réparer, une rampe lumineuse tomba sur un technicien et lui brisa l'épaule. C'était à croire qu'ils étaient maudits.

— M..., marmonna Timmie, exaspérée.

Cinq des mannequins étaient en retard pour la répétition, et une sixième arriva ivre. Quant aux couturières, elles n'avaient pas fini leurs retouches.

— Il ne nous manque plus qu'un troupeau d'éléphants piétinant la piste, grommela Timmie.

— C'est la loi des séries, murmura David. Cela arrive.

— Pas à Paris ! Pour l'amour du ciel. En Oklahoma, je veux bien. Mais nous n'avons pas le droit d'échouer à Paris. La presse va nous assassiner.

La veille, la répétition générale avait eu l'allure d'un film des Marx Brothers. Timmie avait donc imposé une autre répétition aujourd'hui.

— Les gars qui ont construit cette estrade avaient dû fumer du shit avant de travailler, bougonna-t-elle.

Elle avait hâte que tout ça soit terminé. Paris lui faisait horreur, à présent. Elle ne pensait qu'à Jean-Charles ; elle avait fondu en larmes en entrant dans la suite où elle était tombée amoureuse, huit mois plus tôt.

A seize heures, tout le monde était prêt pour la dernière répétition. Les lumières fonctionnaient à peu près. Suffisamment pour continuer, décida Timmie. Les mannequins étaient là, les retouches étaient terminées. C'est alors qu'une des barres lumineuses s'éteignit de nouveau. Timmie, excédée, monta sur le podium.

— Attention, elle risque de te tomber dessus, dit David au moment exact où la barre se décrocha.

Timmie fit un pas en arrière, trébucha contre une planche de l'estrade qui dépassait, et tomba sur le sol, cinquante centimètres plus bas. Tout le monde se mit à crier et se précipita vers elle.

— Hé ! Tu te sens bien ? Parle-moi, Timmie ! s'écria David.

Elle était allongée sur le dos, extrêmement pâle. Elle leva vers lui un regard égaré. David se redressa et la confia à Jade.

— Pas de... médecin, balbutia-t-elle. Ne les laisse pas appeler le médecin.

Jade acquiesça, mais elle doutait que David obéisse à cette injonction. Timmie poussa un cri de douleur quand elle essaya de se relever. Sa cheville avait doublé de volume.

— C'est une entorse, murmura-t-elle en se laissant tomber sur une chaise.

Un technicien partit chercher de la glace, et quelqu'un suggéra d'appeler le médecin de l'hôtel. Timmie protesta.

— Tu t'es peut-être cassé la cheville, dit Jade. Tu devrais aller à l'hôpital.

Puis elle demanda aux mannequins de patienter. La répétition commencerait dans quelques minutes.

— Je vais bien, affirma Timmie en essayant de se lever. Au travail.

— Tu es folle ! s'exclama Jade. Tu vas tourner de l'œil.

Vingt minutes plus tard, Jean-Charles surgissait dans la salle. Quand elle l'aperçut, Timmie devint encore plus livide qu'elle n'était déjà. Qui l'avait appelé ? L'espace d'une seconde, elle crut qu'elle allait s'évanouir. Jean-Charles s'approcha d'elle et, d'un ton sévère et froid, l'obligea à s'asseoir et à mettre la tête entre ses jambes.

— Je n'ai pas besoin de médecin, dit-elle en se redressant. Je vais bien. Je suis juste un peu étourdie.

Sans un mot, il lui prit le pouls, puis examina sa cheville.

— Elle paraît cassée, dit-il. Il faut faire une radio.

Timmie lança un regard affolé à David, mais ce dernier ne broncha pas. Le destin poursuivait son chemin. Il l'avait juste un peu aidé en appelant le médecin.

— Tu dois aller à l'hôpital, déclara posément Jean-Charles.

— Non, ce n'est pas la peine. La répétition commence.

— Il me semble que nous avons déjà eu cette discussion, murmura Jean-Charles d'un air malheureux.

— Je vais m'occuper de la répétition, proposa David vivement. Il n'y a rien d'important, juste des détails à mettre en place. Toi, va faire examiner ta cheville.

Il l'aida à se lever, et elle secoua l'ample tunique qui recouvrait son ventre. Elle était très chic, mais d'une pâleur mortelle et incapable de poser le pied par terre. Un fauteuil roulant surgit d'on ne sait où. Elle eut beau protester, personne ne l'écouta. Le directeur de l'hôtel était infiniment soulagé qu'un docteur soit là.

— Je vais t'emmener, dit Jean-Charles.

Il était à son cabinet quand David l'avait appelé, et il était venu aussitôt.

— Je peux prendre un taxi, répliqua-t-elle en évitant son regard.

Son cœur battait la chamade. Elle ne voulait pas le voir, ni monter en voiture avec lui. Sa seule présence lui brisait le cœur.

— Tu ne peux pas rester seule, répondit Jean-Charles avec son sens pratique de médecin. Cela ne me dérange pas, de toute façon j'ai un patient à voir à l'hôpital.

Le portier avança la voiture devant la porte, et Jean-Charles l'aida à monter. La douleur était telle qu'elle serra les dents pour ne pas crier.

Ils n'échangèrent pas un mot jusqu'à Neuilly. Timmie regardait par la fenêtre. A son grand soulagement, elle sentit le bébé donner des coups de pied, ce qui signifiait qu'il était bien vivant.

— Je sais que la situation est gênante. Mais je suis désolé que tu aies mal, finit par dire Jean-Charles.

— Je leur avais pourtant demandé de ne pas appeler de médecin.

— Ça ne m'étonne pas de toi, fit-il en souriant. Que s'est-il passé ?

— Je suis tombée du podium en reculant pour éviter une chute de rampe lumineuse. La journée a été difficile.

— Ce sont les hasards de la vie.

Il l'observa du coin de l'œil et trouva qu'elle avait le visage plus plein que dans son souvenir. Elle était très jolie.

— Tu fais un métier dangereux, ajouta-t-il pour plaisanter.

Quand ils arrivèrent à l'hôpital, il l'accompagna dans le service de radiologie.

— J'ai appelé un médecin orthopédiste qui passera te voir tout de suite après.

Quand on la fit monter sur la table pour prendre les radios, elle comprit qu'elle n'avait plus le choix.

— Je suis enceinte, dit-elle à voix basse.

— Vraiment ? s'exclama le radiologue.

Elle repoussa les pans de sa veste pour lui montrer.

— Je vous en prie, ne le dites à personne, c'est un secret.

— Vous êtes actrice de cinéma ?

Elle fit non de la tête et sourit. L'homme aurait été stupéfait de savoir qu'elle portait l'enfant de Jean-Charles.

Le médecin orthopédiste confirma le diagnostic : la cheville était cassée. Quand Jean-Charles revint une heure plus tard, elle était déjà plâtrée et encore plus pâle qu'auparavant.

— Tu avais raison, dit-elle posément.

— Viens, je te ramène à l'hôtel.

— C'est inutile, je vais prendre un taxi.

A peine eut-elle prononcé ces mots qu'elle se rendit compte qu'elle avait oublié son sac à main dans la salle du défilé et qu'elle n'avait pas d'argent.

— Finalement, c'est peut-être mieux. Merci.

De plus, la tête lui tournait, et elle était affaiblie par la douleur et par le choc.

— Très bien, dit-il en la dévisageant.

Quelque chose en elle était différent, mais il n'aurait su dire quoi exactement. Ce n'était pas ses cheveux. Son visage, peut-être ? Il était plus rond, plus doux. Il la trouvait encore plus belle qu'autrefois.

— J'espère que tu n'as pas trop mal, Timmie, dit-il dans la voiture. Ce n'est pas de chance pour toi.

Le médecin lui avait proposé des cachets contre la douleur, mais elle les avait refusés à cause du bébé.

— Ce n'est pas grave, fit-elle en haussant les épaules. Cela aurait pu être pire.

Soudain, alors qu'ils étaient arrêtés à un feu rouge, Jean-Charles se pencha pour mieux la regarder.

— Je suis désolé... de ce qui s'est passé. Tu as eu beaucoup de patience, mais tu avais raison, ce que je t'ai demandé était inhumain. Aucune autre femme n'aurait attendu aussi longtemps.

— Ce n'est pas ta faute. Ces choses-là arrivent.

Il sourit, et elle vit qu'il ne portait plus son alliance. Leurs regards se croisèrent.

— Je suis parti de chez moi le week-end dernier. Il était temps. Je pense que les enfants survivront. Ma femme va mieux, j'ai fait tout ce que je pouvais pour elle. Il fallait que je m'en aille.

— Comment l'ont-ils pris ? interrogea Timmie, stupéfaite.

— Pour le moment, ils sont en colère. Mais cela s'arrangera. J'ai eu un choc terrible en apprenant que tu voyais quelqu'un d'autre, reprit-il plus lentement.

Timmie eut l'impression d'avoir loupé le coche. Il avait fini par quitter sa famille. Elle n'en revenait pas.

— Je te trouve différente, dit-il, pour changer de sujet.

— J'ai pris du poids, avoua-t-elle d'un ton vague.

Sa cheville était douloureuse et elle avait la nausée.

— Cela te va bien. Combien de temps vas-tu rester à Paris ?

— Je repars après-demain. J'ai l'impression d'avoir déjà vu ce film, ajouta-t-elle en souriant.

Il se mit à rire. Il avait eu la même pensée. Les mots de leur première rencontre résonnaient encore dans sa tête.

— Nous devrions aller à la tour Eiffel et faire comme si nous étions le 1ᵉʳ septembre... mais je suppose que ce n'est pas une bonne idée ; cela ne plairait pas au nouvel homme de ta vie.

Timmie regarda longuement par la fenêtre avant de se tourner vers lui.

— Il n'y a pas d'autre homme dans ma vie, Jean-Charles. Il n'y a que toi.

— Vraiment !? Alors pourquoi m'as-tu dit ça ? Pour me faire du mal ?

Cela ne ressemblait pas à Timmie d'être cruelle.

— Mes raisons étaient plus compliquées. C'est un peu difficile à expliquer. Je voulais que tu croies que j'avais été infidèle, avoua-t-elle en soupirant.

Elle se sentait complètement idiote à présent.

— Mais pourquoi ? fit-il, éberlué.

— Parce que si tu ne venais pas vers moi, si tu devais rester avec ta femme, comme je croyais que tu allais le faire, je ne voulais pas que tu saches que le bébé était de toi.

Jean-Charles s'arrêta au feu rouge et la dévisagea, abasourdi.

— Quel bébé ?

D'un geste souple, elle écarta les pans de sa veste.

— Notre bébé. Je ne voulais pas exercer de pression sur toi. Je voulais que tu reviennes uniquement parce que tu m'aimais, pas parce que tu avais pitié de moi.

— Tu es folle... Oh, mon Dieu ! Tu étais enceinte, et pendant tout ce temps tu ne m'as rien dit ? Oh, mon Dieu... Timmie... Je t'aime... Quelle folle tu es !

Il la prit dans ses bras et l'embrassa. Le feu passa au vert, et des chauffeurs impatients se mirent à klaxonner et à crier. Un embouteillage se forma derrière eux.

— Je t'aime, Timmie. De combien de mois es-tu enceinte ?

— Six et demi.

Il redémarra.

— J'allais te l'annoncer. Mais ta femme est tombée malade juste quand je m'en suis aperçue. J'avais décidé de te le dire en septembre, à la tour Eiffel... mais il y a eu l'accident de Julianne, et j'ai dû attendre un mois de plus. Enfin, tu m'as dit que ton autre fille te faisait du chantage pour que tu ne partes pas... Alors là... J'ai perdu tout espoir.

— Timmie, je suis désolé. Je ne me suis pas bien conduit envers toi. Peux-tu me pardonner ?

— Je t'aime, Jean-Charles. Et j'aurais dû t'informer. C'était ridicule.

Ils traversèrent l'avenue Montaigne.

— Qu'allons-nous faire ? demanda-t-il. Quand le bébé va-t-il venir au monde ?

Il n'arrivait plus à réfléchir, il y avait trop d'informations à absorber d'un seul coup. Timmie l'aimait. Elle ne l'avait pas trompé, il n'y avait personne d'autre que lui dans sa vie. Et elle portait son enfant.

— Tu es sûre que le bébé va bien, après cette chute ? Il faudrait peut-être retourner à l'hôpital.

— Il doit naître en janvier, et il va très bien. Cela fait une demi-heure qu'il me donne des coups de pied.

— Je veux que tu t'allonges dès que tu seras rentrée à l'hôtel.

— Oui, docteur.

— Ne vous moquez pas de moi, madame O'Neill.

Il s'arrêta devant le Plaza Athénée et la considéra en souriant.

— Veux-tu monter prendre une coupe de champagne ? proposa-t-elle.

— Et ensuite, Timmie ? Que ferons-nous ?

— Que suggères-tu ? Je ne sais pas si je pourrai diriger la société depuis Paris, mais je veux bien essayer.

Elle avait réfléchi. Si quelqu'un devait déménager, c'était elle. Jean-Charles avait son cabinet, sa clientèle, et il ne pouvait exercer aux Etats-Unis.

— Et puis ?

Leurs rêves resurgissaient brusquement alors qu'elle les avait crus perdus pour toujours. Jean-Charles se pencha vers elle et l'embrassa.

— Je veux savoir si tu acceptes de m'épouser, dit-il doucement.

— A cause du bébé ?

— Non, parce que je t'aime, idiote. Je suis désolé d'avoir mis si longtemps à te faire ma demande.

— Alors, j'accepte.

Elle se renfonça sur son siège et le regarda avec un grand sourire.

— Cela signifie-t-il que je ne serai jamais obligée de retourner à l'orphelinat ?

— En effet, tu as tout compris.

Il descendit de voiture et vint lui ouvrir la portière.

— Tu ne retourneras jamais là-bas. Tu vas rentrer à la maison avec moi, Timmie. Et tu y resteras pour toujours.

Il la souleva délicatement et la porta jusque dans le hall de l'hôtel. Pour eux, tout allait commencer.

Vous avez aimé ce livre ?
Vous souhaitez en savoir plus sur Danielle STEEL ?
Devenez, gratuitement et sans engagement, membre du
CLUB DES AMIS DE DANIELLE STEEL
et recevez une photo en couleur dédicacée.

Pour cela il suffit de vous inscrire sur le site
www.danielle-steel.fr
ou de nous renvoyer ce bon accompagné d'une enveloppe
timbrée à vos noms et adresse au
Club des Amis de Danielle Steel
– 12, avenue d'Italie – 75627 PARIS CEDEX 13

Monsieur – Madame – Mademoiselle

NOM :
PRÉNOM :
ADRESSE :

CODE POSTAL :
VILLE :
Pays :

E-mail :
Téléphone :
Date de naissance :
Profession :

La liste de tous les romans de Danielle Steel publiés
aux Presses de la Cité se trouve au début de cet ouvrage.
Si un ou plusieurs titres vous manquent, commandez-les
à votre libraire. Au cas où celui-ci ne pourrait obtenir le
ou les livres que vous désirez, si vous résidez en France
métropolitaine, écrivez-nous pour le ou les acquérir par
l'intermédiaire du Club.

Composition et mise en pages
Nord Compo à Villeneuve-d'Ascq

Cet ouvrage a été imprimé au Canada
en avril 2015

MARQUIS
Québec, Canada

Dépôt légal : mai 2015